KB260699

읽기-말하기-쓰기

통합적으로
철학하기 2 성장

읽기-말하기-쓰기

통합적으로

읽기-말하기-쓰기

통합적으로 철학하기 2

성장

텍스트해석연구소 유헌식 외 지음

휴머니스트

읽기-말하기-쓰기의 그물로 철학을 낚다

생활은 '숨겨진 철학'이다. 여기서 '철학하기'는 생활 속에 묻혀 있는 철학적 요소를 밖으로 캐내는 활동이다. 철학은 생활 밖에서 생활에 '대해' 새로운 사실을 밝히는 활동이 아니다. 우리가 '이미 항상' 행하고 있는 것의 심층적 의미를 철학은 개념적으로 규정할 따름이다. 이제는 철학이 허울 좋은 '벌거숭이 왕'에서 벗어나야 할 때다. 철학은 위에서 아래로 내려와야 한다. 철학이 학문의 왕으로 군림할 수 있었던 것은 인간 생활의 가장 높은 곳이 아니라 가장 낮은 곳에서 활동했기 때문이다.

1. '통합적으로 철학하기' 란?

우리 앞에 텍스트가 놓여 있다. 그 안에 담겨 있는 것은 삶이다. '철학하기'는 텍스트를 읽는 일로 시작한다. 하지만 읽는 일로 그치면 곤란하다. 텍스트를 제대로 읽고 이해했는지 따져야 한다. 따지려면 서로 대화하고 토론

해야 한다. 생각들이 마주치면서 또 다른 새로운 생각이 나타난다. 정말이다! 여기서 그치면 안 된다. 토론한 결과를 바탕으로 자기 생각을 글로 쓸 수 있어야 한다. 글로 쓰지 않으면 생각은 자기 것이 되지 않는다. 이러한 흐름이 텍스트 해석을 통한 철학하기의 본령이다. '철학하기'란 결국 읽기, 말하기, 쓰기가 하나로 통하여 한 묶음이 될 때에 비로소 가능하다. 그래서 우리는 이를 '통합적으로 철학하기'라고 부른다.

우선, 읽고 생각할 거리로서 텍스트가 맨 앞에 제시된다. 텍스트는 작품 전체에서 해당 주제가 단적으로 묘사된 대목을 뽑았다.

다음으로, 텍스트를 읽는 방법이 소개된다. 텍스트는 마음 내키는 대로 읽을 수 없다. 다양하게 얽힌 텍스트의 이야기 안에서 주제와 관련되는 핵심 사항을 포착하도록 해야 한다. 이를 위해 우리는 읽기의 길잡이로서 텍스트의 어느 부분에 주목해야 하는지를 밝히고, 텍스트를 향해 어떻게 질문해야 할지에 초점을 맞추어 중심 질문과 보조 질문으로 나누었다.

셋째, 텍스트를 해석하여 말하는 단계다. 서로 의견을 교환하는 대화와 토론이다. 등장인물은 준서, 나연, 시후, 하람 네 명이다. 이들은 텍스트를 중심에 두고 그 해석의 옳고 그름에 대해 갑론을박한다. 말하기 과정에는 상대방의 말에 귀 기울이기, 상대방 논리의 맹점을 지적하기, 자신의 말에 허점을 인정하기가 포함된다. 대화와 토론을 통하여 그들은 잠정적이지만 최종적인 해석 결과, 즉 '텍스트에 감추어진 의미 구조'를 내놓는다. 텍스트 읽기에서는 텍스트에 표현된 내용에 충실하게 해석하는 자세가 요구된다. 텍스트 속에서 질문하고 토론하는 것은 그 자체가 훌륭한 철학적 활동이다. 여기서는 특히 텍스트에서 제기된 문제 상황에 걸맞게 묻고 답하는 태도가 중요하다. 모든 말이 다 말은 아니다. 말은 맥락에 맞을 때에만 말로서 가치를 지닌다.

마지막으로, 글쓰기다. 쓰기는 텍스트의 내용에 구애받지 않고 해석 결과를 삶의 일반적인 주제로 확대 적용한다. 네 인물이 각자의 관심에 맞는 주제를 골라 글쓰기를 맡는다. 글의 전반부는 주로 텍스트 해석의 결과에서 철학적 의미를 발견하고, 후반부는 이 의미에 부합하는 사실들을 주어진 텍스트 이외의 다른 작품들에서 끌어들여 앞의 서술 내용을 뒷받침하고 일반화한다. 여기서 제시되는 풍부한 자료는 텍스트 해석의 참고 자료로뿐만 아니라 우리 삶의 일반적인 현상을 이해하는 데 바탕이 될 수 있다. 쓰기는 읽기나 말하기에 비해 훨씬 적극적이고 명확한 사고를 요구한다. 생각이나 말이 곧 글이 되지는 않는다. 정확한 텍스트 이해와 명확한 사고 이외에 사태를 객관적이고 전체적으로 조망하는 철학적 사유가 요구된다. 그런 의미에서 글쓰기는 '통합적으로 철학하기'의 마지막 단계다.

2. 새로운 사실의 발견

'통합적으로 철학하기' 시리즈는 1편 고독, 2편 성장, 3편 죽음으로 되어 있다. 고독으로 출발하여 성장을 거쳐 죽음으로 끝난다. 누구나 홀로 태어나 자라며 살다가 죽는다는 데서 착안했다. 하지만 이들 요소는 시간적인 계기에 따라 출현하는 문제가 아니라 우리의 일상에서 시시각각 대면하는 실존적인 사항이다. 사람이 많은 데서도 문득 외로워지고, 시도 때도 없이 자기를 키워야 하며, 사랑에 실패하여 죽도록 괴로울 때도 있다. 이들은 전체적으로 어두운 색조를 띠고 있지만 삶 속에서 끊임없이 움직이면서 삶을 규정하고 위협하며 추진시키는 요소들이다. 어두운 주제의 선택이 어둠을 위한 것은 아니다. 더구나 삶에서 고독, 성장, 죽음을 철학적으로 읽어낼 경우 거기에는 '어두운 것을 어둡게 보지 않기'라는 밝은 측면이 포함되어 있다. 어둠 속으로 들어가지 않고는 그것이 두려워할 만한 것인지를 판단할 수 없다. 더구나 충분히 절망해야 제대로 희망할 수 있다.

우리의 작업에서 가장 심혈을 기울인 부분은 '말하기'다. 말하기는 텍스트 해석 작업의 꽃으로서 텍스트 해석을 둘러싼 대화와 토론을 통하여 우리는 지금까지 생각하지 못했던 새로운 사실들을 만나게 될 것이다. 각각의 주제에 대하여 철학이나 심리학 일반에서 충분히 고려하지 못했던 사실들을 우리는 접하게 될 것이다. 이러한 사실은 텍스트를 철학이나 심리학에 앞세울 경우에만 가능하다. 더구나 텍스트는 삶의 구체적인 현장을 담고 있기 때문에 그 안에 담긴 철학적 사실은 텍스트 해석자의 개인적인 삶에 밀도 있게 다가가게 된다. 우리가 선정한 텍스트는 대부분 이야기를 담고 있다. 삶의 현장은 항상 이야기로 이루어지기 때문이다. '이야기'로서의 삶은 '설명'으로서의 철학을 넘어선다. 그래서 삶의 텍스트 밖에서 철학의 개념으로 삶의 이야기를 낚으려 할 경우 삶에는 그 그물에 걸리지 않는 잉여가 생긴다. 바로 여기서 기존의 철학 활동이 간과하거나 침투하지 못했던 새로운 사실과 만날 여지가 주어진다.

텍스트 해석 작업이 '새로운 사실'과 만나기 위한 방법적 토대를 제공한다는 사실은 지금 우리나라에서 시행되고 있는 고등학교와 대학의 교과 과정에 대해 반성하게 한다. 논술이나 글쓰기 교육 그리고 비판적 사고력 향상을 위한 프로그램에서는 글쓰기의 기술과 자료 제시 그리고 명제의 논리적 분석에 주로 초점이 맞춰지고 있다. 하지만 논리를 배운다고 해서 논리적으로 사고하는 것은 아니다. 논리적이고 비판적인 사고는 텍스트 속에서 가능한 것이지 그 밖에서 이루어질 수 없다. 텍스트 안의 논리를 따라가는 과정에서 논리적 사고력이 성장한다. 우선 텍스트 속으로 들어가 부단히 새로운 사실과 만날 수 있는 기회가 제공되어야 한다. 그렇지 않을 경우 비슷한 재료와 비슷한 요령에서 틀에 박힌 글들이 나올 수밖에 없다. 텍스트 해석을 기초로 하는 읽기-말하기-쓰기의 통합적인 활동 자체는 새로운 사실을 만나게 하여 새로운 사고를 가능하게 한다.

3. 감추어진 의미 구조 찾기

철학으로 삶을 읽지 않고 삶에서 철학을 읽어내기 위하여 삶 속으로 들어간다. 삶의 바다에 뛰어들어 철학이라는 물고기를 낚으려 한다. 지금 '철학'이라고 말했지만 그건 엄밀하게 말하면 '삶을 조건 짓는 최후의 의미 구조'이다. '최후의'란 '더 이상 밑으로 내려갈 수 없는'이라는 뜻이며, '의미 구조'는 '삶의 행위를 가능하게 하고 결정하는 패턴'을 일컫는다. 그래서 우리는 특히 삶에서 출현하는 숱한 문제 상황을 사람들이 어떻게 극복하는지, 그 패턴을 찾는 작업을 시도한다.

패턴은 겉으로 드러나 있지 않고 감추어져 있다. 현상 밑의 본질인 셈이다. 패턴은 경험 이전에 확정되는 것이 아니어서 사후(事後)적으로만 파악할 수 있다. 그래서 이미 일어난 사태를 재구성함으로써만 패턴에 접근할 수 있다. 이 패턴을 우리는 사태의 '감추어진 의미 구조(the latent meaning structure)'라고 부른다. 이 의미 구조는 행위자의 주관적인 의도와 무관하게 성립한다는 점에서 '객관적'이다. 객관적인 의미 구조를 해석하는 일이 곧 우리가 지향하는 삶의 패턴 찾기다. 의미 구조의 객관성은 우리가 찾은 패턴이 당사자에게뿐 아니라 다른 사람의 경우에도 해당된다는 사실을 함축한다.

어떤 방식으로 '감추어진 의미 구조'를 찾을 것인가? 모든 삶은 '흔적'을 남긴다. 흔적은 발자국처럼 물질성을 띠고 있어서 그것에 객관적으로 접근할 수 있다. 그 흔적을 바탕으로 타인의 삶 속으로 들어갈 수 있게 된다. 흔적은 타인의 움직임을 포착할 수 있는 단서를 제공한다. 범죄가 발생했을 때 현장에 나타난 형사는 범인이 남긴 흔적을 채취한다. 흔적은 범인이 자신도 모르게 자기를 표현한 잔여물이다. 형사는 채취한 흔적을 토대로 범인을 추정하고 행방을 좇는다. 우리의 작업 역시 이와 같이 진행된다.

그런데 문제는 우리가 형사처럼 사건 현장을 매번 뛰어다닐 수 없다는 데 있다. 아니, 매번 현장을 뛰어다니는 일이 바람직하지도 않다. 여기서 우리는 삶에 진입하기 위해 우회로를 택하기로 했다. 삶의 진정한 모습을 묘사하는 일에 몰두하는 전문가들, 즉 '작가'의 힘을 빌리기로 한 것이다. 작가는 삶의 흔적을 재구성하여 작품을 생산한다. 작품의 허구성은 사태의 재구성 과정에서 나타나는 적극적이고 발견적인 특성이지, 허구 자체가 사태를 위장하거나 왜곡하는 것은 아니다. 작품은 오히려 삶을 움직이는 기본 동력 또는 줄기를 잡아낸다. 각각의 작품에는 삶의 특징적인 단면이 묘사되어 있다. 이 단면이 곧 우리가 해석 대상으로 삼는 '텍스트'이다.

이제 텍스트 속으로 들어간다. 텍스트 해석 작업에서는 주로 문학작품이나 영화가 자료로 동원되었지만, 이들을 포함하여 만화나 애니메이션처럼 허구적인 것과 법정 진술, 인터뷰 내용, 신문 기사 등 사실적인 기록들도 텍스트로서 가치를 지닌다. 인간의 의미 부여 행위가 담긴 모든 종류의 표현 형태가 텍스트로 채택될 수 있다. 하지만 우리는 특정 작품의 전체를 다루지는 않는다. 작품 전체의 주제가 우리의 주제와 꼭 맞지 않아도 특정 부분이 우리 주제와 관련되면 그 대목을 텍스트로 선정했다.

4. 텍스트해석연구소에서

우리는 우리의 작업 결과를 최종적인 것으로 보지 않는다. 우리도 텍스트를 잘못 해석할 수 있다. 하여 우리는 독자의 견해를 들을 준비가 되어 있다. 우리의 작업장이자 미팅 포인트는 '삶과 철학의 접점을 찾아서(www.phillife.net)'이다. 여기서 서로의 생각을 자유롭게 주고받을 수 있다. 그래서 이 책을 독자와의 대화를 통해 성장하는 책이 되도록 할 것이다.

이 책이 나오기까지 많은 진통을 겪었다. 3년 이상 거의 매주 모여 세 시간 이상씩 작업을 했지만 새로운 형태의 책을 구상하여 세상에 내놓는 일이 생각처럼 만만치 않았다. 그동안 전체적인 틀도 바꿨고 내용도 완전히 다시 써야만 했다. 우리 연구원들의 타고난 끈기와 열정, 그리고 휴머니스트 출판사의 집념과 애정이 없었던들 불가능한 일이었을 것이다. 이 시리즈의 승선을 환영한다.

2007년 1월에

텍스트해석연구소를 대표하여

유헌식

성숙이란 고독할 수 있는 능력이다.

— 마르콰르트(O. Marquard)

자라야 한다. 커야 한다. 모든 생명체에게 '성장'은 선택이 아니라 필수 사항이다. 생명체는 보통 필연의 단계를 밟아 성장한다. 하지만 인간은 자연적인 발육만으로 성장했다고 말하지 않는다. 인간에겐 신체의 자연적인 성장뿐만 아니라 지식의 축적이나 정신적인 성숙과 같이 '의지적으로' 추구해야 할 부분이 있다. 이 부분이 인간 사회에서는 오히려 성장의 핵심을 이룬다. 성장기의 아이는 주위 환경에 적응하기 위해 부지런히 지식을 습득해야 하고, 젊은이는 좀더 나은 사회생활을 위해 항상 현재의 자기에서 벗어나 새로운 자기를 모색한다. 그런데 '성장'을 단순히 특정한 지식의 습득이나 원만한 사회생활을 위한 능력 배양에 국한시키지 않고 '인간되기'의 영역까지 확대시킬 경우, 신체의 자연적인 성장이 멈추고 새로운 지식을 습득할 필요가 비교적 적은 성인까지도 '성장'의 문제를 비껴가기는 어렵다. 여기서 성장은 곧 '성숙'의 문제로 이어지고, 자연적인 나이와 지식의 양이 곧 인간적인 성숙의 지표일 수는 없게 된다. 나이가 든다고 자동으로 성숙한 인간이 되는 건 아니다. 살아 있는 동안 '성장' 또는 '성숙'이라는 화두에서 벗어나 있는 사람이 과연 몇이나 될까?

"인간은 극복되어야 할 어떤 것이다." 니체의 《차라투스트라는 이렇게 말했다》에 나오는 말이다. 자기를 넘어서지 못하는 인간은 '인간되기'에 실패한다. 공자의 《논어(論語)》에도 비슷한 말이 있다. "극기복례(克己復禮)." 자기를 극복하여 예(禮)로 돌아갈 때에만 인간은 '인간'으로 설 수 있다. 인간의 자연적인 상태만 가리켜 '인간'이라고 말하지 않는다. 인간에게는 '주어진 상태'에서 벗어나 그것 이상으로 나아갈 것이 요구된다. 그런 점에서 인간은 '생성의 존재', 즉 무언가가 되어야 하는 존재다. 지금의 자기를 부정하고 새로운 자기가 '되기' 위해서 인간은 애써야 한다. 그래서 인류의 정신사와 사상사는 '인간을 어떻게 성장시킬 것인가?' 하는 문제로 부심해왔다. 하지만 그 목표와 전략은 다양했다. 특히 무엇을 성장이라고 볼 것인가, 하는 문제에 쉽게 합의를 볼 수 없었다. 성장이 꼭 바람직한 것인가, 하는 문제도 제기되었다. 그래도 전체적으로 볼 때, 인간의 현재에 만족하여 이대로 머물러도 좋다고 규정하는 입장이 지지된 적은 거의 없었다. 개인과 사회와 역사는 어떤 식으로든 달라져야 한다는, 그래서 '성숙해져야 한다'는 요구는 오늘날까지 계속되고 있다. 인류가 성숙해지지 않고 지금 인류가 처한 곤경에서 벗어날 수 있는 길은 없어 보이기 때문이다.

이 책에서는 성장의 문제를 개인의 차원에 국한시키기로 한다. 선정한 텍스트들이 모두 개인의 성장을 중심에 놓고 있기 때문이다. 텍스트의 배열은 다음과 같다. 잘 알려진 동화《삐노끼오의 모험》, 헤세의 성장소설《데미안》, 일본 만화《하나오》, 신경숙의 자전적 소설《외딴방》, 아이들의 모험을 다룬 영화〈스탠 바이 미〉. 이들은 크게 보아 다음과 같은 물음의 울타리 안에 있다. 왜 성장해야 하나? 성장의 목표는 무엇인가? 어떤 성장이 올바른 성장인가? 어떻게 성장할 수 있나? 무엇을 성장의 징표로 볼 것인가? 대단히 큰 물음들이지만, 텍스트에서 출현하는 구체적인 문제 상황 속에서 이들은 우리가 일상에서 접할 수 있는 물음들로 탈바꿈하게 될 것이다. 하나의 텍스트에서 두 개의 문제 상황을 뽑아내어 각각 읽기-말하기-쓰기의 순으로 배열하였다. 각 장이 독립적인 성격을 띠고 있어서 어느 장을 먼저 보아도 상관은 없지만, 문제의 성질 면에서 볼 때 뒤로 갈수록 더 깊어진다고 할 수 있다.

1권 〈고독〉에 이어 2권 〈성장〉을 내놓는다. 첫 출산에 비해 진통은 덜했지만 그래도 출산은 출산이다. 우리 아기가 독자들에게 어떻게 비칠지 염려된다. 1권처럼 애정 어린 눈으로 보아주길 기대한다. 2권 작업을 하면서 머리를 떠나지 않았던 물음이 있다. 나는 어떤 모습으로 성장해 있는 나를 보고 싶은가? 그렇다. 자신에게 부끄럽지 않은, 나중에 후회하지 않을 자기를 어떻게 가꾸어가야 할 것인가? 이 책을 읽어가면서 독자들도 이 물음에 비추어 자신을 돌아볼 수 있기를 바란다. 죽기 전에 적어도 한 번은 '제대로 된 인간'의 삶을 살아보아야 하지 않겠는가?

난 무미건조하다. 사람들이 말 안 해도 내가 더 잘 안다. 감정에 둔감하고 논리만 따라다녀 여동생이 '논리박쥐'라고 놀린다. 그렇다고 내가 논리를 신념처럼 간직하고 사는 건 아니다. 난 신념에도 둔감하다. 내가 논리를 좋아하는 건 그것이 아름답기 때문이다. 내가 아름답다고 생각하는 건 동물의 율동보다 식물의 정적. 난 책에 담긴 진리와 유려한 말들을 즐기고, 특히 액자에 담긴 그림을 즐긴다. 클레와 마그리트는 나의 안식처. 내가 활달했다면 친구가 많고 평범했을 것이다. 난 무턱대고 아무거나 믿는 사람을 싫어한다. 난 우정과 사랑보다 진리와 자유라는 말이 더 좋다.

준서

나연이 본 준서

준서는 답답해. 논리제일주의자거든. 화가 났는지 안 났는지도 모르겠어. 녀석의 속내는 논리 밑에 잘 감추어져 있으니까. 뭘 생각하니? 기분 안 나빠? 난 자꾸 준서를 쑤셔보고 싶다. 딱 교수 타입이야. 뭐 썩 괜찮은 진중한 교수. 사실 녀석의 은근과 끈기는 날 점점 놀라게 한다.

난 별점을 믿어. 물고기좌와 전갈좌를 섞어놓은 게 바로 나지. 뒤집어 입어도 상관없는 옷을 즐겨 입고 예쁘고 작은 것들을 수집해. 외동딸이어서 그럴까? 난 어른들이랑 있는 게 편해. 할머니들이 해주는 옛날 얘기는 하나같이 다 재미있어. 아이들도 좋아하지만 사실은 동물들과 더 친하지. 불같이 화를 내도 사람들은 나더러 투정부린다고 해. 그래서 속상할 때가 많아. 난 소설가 지망생이야. 장대한 판타지 소설을 한 편 쓰고 홀연히 떠난다면 정말 멋지지 않을까? 그날이 오면 보란 듯이 배낭 하나 둘러메고 세계 일주를 떠날 거야. 친구들이 울보라고 놀리는데 이과수 폭포 앞에서 마음 놓고 울 거야.

나연

준서가 본 나연

나연이와 함께 다니면 깜짝 놀랄 때가 많다. 내가 보지 못한 작은 것, 내가 기억하지 못하는 사소한 일을 나연이는 너무나 잘 알고 있다. 눈에 확대경이 있나? 머릿속에 필름이? 스스로도 놀라는 사실이지만, 왠지 나연이 같은 애인이 있었음 하고 바랄 때가 있다. 매우 피곤하리라는 것은 안다. 감동과 흥분이 항상 도를 넘으니까.

난 심심한 사람. 방에 처박혀 있길 잘해서 사람들이 그렇게 부른다. 어쩌겠어. 게으름과 지저분함이야말로 내 정체성인걸. 생일을 챙기든 말든 그딴 관습이 무슨 상관이야. 아무튼 같이 밥 먹으러 가자고 치근대는 사람 딱 질색이다. 나의 낙은 귀찮은 듯 듣고 있다가 시비 거는 거. 그럴 땐 의외로 꼼꼼해진다. 그래도 역시 제일 즐거운 건 댄디보이 남동생과 한밤중에 영화 보는 일. 오늘은 〈킬빌〉 보고 내일은 〈희생〉 보고. 짜증나는 건 농담하고 있는데 친구들이 잘난 척한다고 넘겨짚을 때. 그나저나 장가는 갈 수 있을까? 워낙 퍼지길 좋아해서. 난 어딜 가도 내 집 같다. 물갈이도 안 하고 잠자리도 안 가린다.

난 바지를 주로 입고 주말이면 자전거를 타고 동네를 둘러본다. 사람 사는 모습은 언제나 경이롭다는 말을 믿으며 진심으로 이 경이로움에 내가 보탬이 됐으면 한다. 내가 싫어하는 건 작은 언니의 수다, 내가 좋아하는 건 나를 잘 따르는 남동생이다. 난 의욕적이지만 현실적이지 못하다는 말을 들으면 화가 난다. 이상만 앞서고 실천엔 젬병이라는 얘기인가? 그럴 때면 난 다시 중심을 잡기 위해 정태춘과 시네이드 오코너를 듣는다. 내 방에 걸려 있는 유명한 혁명가들의 초상을 물끄러미 바라보면서. 나는 최근 좌우명을 정했다. 따뜻한 마음으로 뜨겁게 행동하자.

시후

하람

하람이 본 시후

시후는 알다가도 모르겠다. 다른 사람한테는 별로 관심이 없는 것 같다. 혼자만의 시간을 즐기며 '나는 자유인이다!'를 외치는 시후를 보면 신기하다. 정말 혼자인 게 좋을까? 항상 농담 반 진담 반을 섞어 나를 당황케 하는 녀석. 그래도 언젠가는 어른스러워지겠지?

시후가 본 하람

사실 놈이 부럽다. 그렇다. 하람이는 여자이지만 나보다 더 놈이다. 마초의 육체를 가졌다는 얘기가 아니라 정신이 강건하다는 얘기다. 적극적이고, 약자에게 따뜻하고, 세상 사람 모두에게 주목한다. 그렇게 주목하기 때문에 적당히 감성적이기까지 하다. 하람이는 분명 나중에 일간신문의 사회면과 국제면에 자주 등장할 것이다.

1

성장의 틀

- 하고 싶은 대로 하면 왜 인간이 덜 되나?
- 해야 한다는 걸 알면서도 왜 못하나?

까를로 꼴로디의 《삐노끼오의 모험》(이현경 옮김, 창작과비평사,
2000)은 19세기 후반에 발표된 이탈리아 소설로 계몽동화의 고전에 속한다.
목각인형 '삐노끼오'는 늘 소년이 되고 싶다는 꿈을 갖고 있지만 좌충우돌
말썽쟁이다. 삐노끼오는 아빠 '제뻬또'와 '푸른 요정'의 가르침을 번번이 거스르고
그때마다 곤경에 처한다. 삐노끼오는 착한 소년이 되겠다고 거듭 약속하지만
이번엔 '장난감 마을'이라고 하는 커다란 유혹이 삐노끼오 앞에 닥친다.

25장

피노끼오는 착한 아이가 되고 공부도 열심히 하겠다고 요정과 약속했어요. 이제 꼭두각시로 사는 게 지겨워졌고 착한 어린이가 되고 싶어서예요.

(중략)

"난 요정님을 정말 사랑해요. 그러니까 이제 누나가 아니라 엄마라고 부를래요. 오래 전부터 나도 다른 아이들처럼 엄마가 있으면 좋겠다고 생각했어요! 그런데 어떻게 이렇게 빨리 자랄 수 있었어요?"

"그건 비밀이야."

"가르쳐 주세요. 나도 조금만 더 자라고 싶어요. 날 좀 보세요. 난 항상 난쟁이처럼 작아요."

"하지만 넌 자랄 수가 없단다."

요정이 대답했어요.

"왜요?"

"꼭두각시들은 더 이상 자랄 수 없기 때문이야. 꼭두각시로 태어나 꼭두각시로 살다가 꼭두각시로 죽어야 해."

"오! 난 계속 꼭두각시로 사는 게 지겨워요. 지금이라도 사람이 될 수 있다면……."

삐노끼오가 자기 머리를 때리며 소리쳤어요.

"네가 사람이 될 만한 일을 한다면 그렇게 될 수 있어."

"정말요? 사람이 될 만한 일은 어떻게 하는 건데요?"

"아주 쉽단다. 착한 소년이 될 수 있도록 좋은 습관을 들이는 거야."

"그러면 내가 착한 아이가 아니란 말이에요?"

"전혀 아니지! 착한 아이들은 어른 말을 잘 듣는데 넌……."

"난 한 번도 말을 잘 들은 적이 없어요."

"착한 아이들은 공부와 일을 사랑하는데 넌……."

"난 반대로 일 년 내내 빈둥거리고 게으름만 피웠어요."

"착한 아이들은 항상 진실만을 말하는데……."

"난 항상 거짓말만 해요."

"착한 아이들은 학교 가는 걸 좋아하는데……."

"난 학교만 가면 온몸이 쑤셔요. 하지만 오늘부터는 새 생활을 시작하고 싶어요."

"내게 약속해 줄래?"

"약속할게요. 난 착한 아이가 되고 싶어요. 그래서 아빠를 기쁘게 해드리고 싶어요. 우리 아빠는 지금 어디에 계실까요?"

"나도 모른단다."

"운 좋게 아빠를 다시 만나 얼싸안을 수는 없을까요?"

"그럴 수 있을 거야. 아니 분명 그렇게 될 거야."

이 대답을 듣자 삐노끼오는 너무나 기뻐 요정의 손을 잡고 열심히 입을 맞추기 시작했어요. 그런 다음 고개를 들고 다정스럽게 요정을 바라보며 물었어요.

"말씀해 주세요, 엄마. 그런데 엄마가 죽었었다는 건 거짓말이죠?"

"그럴 거야."

요정이 미소를 지으며 대답했어요.

"비석에 씌어 있는 '여기 눕다'라는 글을 읽었을 때 얼마나 가슴이 아프고 목이 메었는지 엄마가 아신다면……."

"안단다. 그래서 널 용서해 주는 거야. 네가 진심으로 슬퍼했기 때문에, 난 네가 착한 마음을 가진 아이라는 것을 알게 되었어. 비록 장난꾸러기에다 나쁜 버릇이 있는 아이라도 착한 마음을 가지고 있다면 항상 뭔가 기대할 만한 게 있단다. 다시 말하자면 옳은 길로 되돌아오리라는 희망이 있는 거지. 내가 너를 찾아 여기까지 온 건 바로 이 때문이야. 난 이제 네 엄마가 될 거야."

"오! 너무 멋져요!"

삐노끼오는 너무 좋아 펄쩍펄쩍 뛰며 소리쳤어요.

"넌 내 말을 잘 들어야 하고 항상 내가 시키는 대로 해야 돼."

"물론이에요, 물론이에요, 물론이고말고요!"

요정이 다시 말했어요.

"내일부터 넌 학교에 다녀야 해."

삐노끼오는 금방 풀이 죽었어요.

“그 다음에는 네가 원하는 직업이나 기술을 고를 수 있단다.”

삐노끼오는 심각한 표정을 지었어요.

“너 지금 뭐라고 투덜거리는 거지?”

요정이 화난 목소리로 물었어요.

“뭐라고 했냐면…….”

삐노끼오가 들릴락말락한 소리로 중얼거렸어요.

“지금 학교에 다니기엔 너무 늦은 것 같다고 했어요.”

“그렇지 않아요. 공부하고 배우는 데에는 때가 없는 거란다.”

“하지만 난 기술도 배우고 싶지 않고 직업도 갖기 싫어요.”

“왜?”

“일하는 게 힘들 것 같아서요.”

“애야.”

요정이 말했어요.

“그렇게 말하는 사람들은 결국에는 감옥이나 병원에서 인생을 마치고 만단다. 네게 분명히 말하지만, 사람은 가난하건 부자건 간에 무엇인가에 몰두하고 일하게끔 되어 있어. 게으름에 몸을 맡기면 큰일 난단다! 게으름은 아주 끔찍한 병이야. 어릴 때 빨리 치료를 해야 해. 그렇지 않으면 어른이 되어서는 더 이상 고칠 수가 없단다.”

이런 말은 삐노끼오의 가슴에 와 닿았어요. 삐노끼오는 다시 고개를 들고 요정에게 활기차게 말했어요.

“공부도 하고 일도 할게요. 엄마가 말하는 건 뭐든지 다 할게요. 어쨌든 난 꼭두각시로 사는 게 정말 지긋지긋해요. 그리고 난 어떻게 해서든 어린이가 되고 싶어요. 내게 약속하시는 거죠, 맞죠?”

"그래, 이제 모든 건 네게 달려 있단다."

30장

삐노끼오는 어린이가 되는 대신 친구 '램프 심지'와 함께 몰래 '장난감 마을'로 떠났어요.

말할 것도 없이 삐노끼오는 요정에게 친구들을 초대하러 시내를 한바퀴 돌고 오게 해달라고 부탁했어요. 그러자 요정이 말했어요.

"갔다 오너라. 하지만 명심하거라. 어두워지기 전에 꼭 돌아와야 한다. 알겠니?"

"약속해요. 한 시간 후엔 꼭 돌아올게요."

삐노끼오가 대답했어요.

"조심해라, 삐노끼오야! 아이들은 너무 빨리 약속을 하지. 하지만 그것을 지키는 데에는 시간이 걸린단다."

"하지만 난 다른 아이들과는 달라요. 한 가지 약속을 하면 꼭 지켜요."

"두고 보자. 만약 네가 말을 듣지 않는다면 정말 좋지 않은 일이 생길 거야."

(중략)

여기저기 찾아보다가 삐노끼오는 마침내 어떤 농부네 집 창고에 숨어 있는 램프 심지를 찾아냈어요.

“너 여기서 뭐하는 거니?”

삐노끼오가 가까이 다가가서 물었어요.

“자정이 되길 기다리는 거야, 떠나려고⋯⋯.”

“어디로 갈 건데?”

“멀리, 아주 멀리!”

“널 만나러 너희 집에 세 번이나 갔었어.”

“왜 날 만나려고 했는데?”

“너 굉장한 소식 모르니? 내게 무슨 좋은 일이 있는지 모른단 말이야?”

“무슨 일이 있는데?”

“내일로 꼭두각시 생활이 끝나고 너와 다른 아이들처럼 나도 어린이가 된단다.”

“잘됐구나.”

“그래서 내일 아침 식사에 널 초대하려고.”

“오늘 밤 떠난다고 말했잖아.”

“몇 시에?”

“조금 있다가.”

“어디로 가는데?”

“이 세상에서 가장 멋진 마을로 살러 가는 거야. 정말 지상 낙원이지!”

“이름이 뭔데?”

“뭐냐면 ‘장난감 마을’이야. 너도 갈래?”

“나? 난 정말 안 돼!”

"너 실수하는 거야, 삐노끼오! 내 말을 믿어. 나와 같이 가지 않으면 넌 후회하게 될걸. 우리 같은 아이들에게 그곳보다 더 좋은 곳이 어디 있겠니? 거기엔 학교도 없고 선생도 없어. 책도 없지. 그 축복받은 마을에서는 공부를 하지 않아도 된다고. 목요일엔 학교에 가지 않아도 되는데, 일주일에 목요일이 여섯 번이고 일요일이 한 번이야. 가을 방학이 1월 1일에 시작해서 12월 31일날 끝난다고 상상해 보렴. 정말 내 마음에 드는 마을이야! 문화적인 마을은 모두 다 그렇게 되어야 한다니까!"

"그러면 '장난감 마을'에서는 날마다 뭘 하며 보내니?"

"아침부터 저녁까지 장난감을 가지고 재미있게 노는 거지. 밤이 되면 침대에 누워 잠을 자고 아침이 되면 다시 놀기 시작하는 거야. 어때?"

"으흐흠!"

삐노끼오는 이런 소리를 냈어요. 그리고 가볍게 머리를 저었는데 꼭 이렇게 말하는 것 같았어요.

'나도 정말 그렇게 살고 싶어!'

"나하고 같이 가고 싶지 않니? 갈래, 안 갈래? 네가 결정해."

"안 돼, 안 돼. 안 되고말고. 난 이미 마음씨 고운 요정님께 착한 아이가 되겠다고 약속했는걸. 난 약속을 지키고 싶어. 게다가 해가 지고 있으니 빨리 너와 헤어져 돌아가야겠다. 그러면 안녕, 여행 잘해라."

(중략)

"잠깐만 기다려 봐."

"너무 머뭇거렸어. 요정님이 내 걱정을 하실 거야."

"불쌍한 요정! 네가 박쥐들에게 잡아먹혔을까 봐 걱정인가 보지?"

"그런데 그 마을엔 정말 학교가 없니?"

삐노끼오가 또 물었어요.

"학교 그림자도 없어."

"선생님들도 없어?"

"한 명도 없어."

"공부해야 할 의무 같은 것도 절대 없어?"

"절대, 절대, 절대 없어!"

"정말 멋진 곳이구나!"

입에 침이 고이는 것을 느끼며 삐노끼오가 말했어요.

"정말 멋진 곳이구나! 한 번도 가 본 적은 없지만 상상할 수 있을 것 같아!"

"우리와 함께 가지 않을래?"

"아무리 그래도 소용없어! 난 벌써 마음씨 고운 요정님에게 분별 있는 아이가 되겠다고 약속했어. 그리고 난 약속을 어기고 싶지 않아."

"그렇다면 잘 가라. 중학교에게 인사나 전해 주렴! 또 길을 가다가 고등학교가 나오면 인사 전해 줘라."

(2권 23~29쪽, 75~76쪽, 78~82쪽)

삐노끼오는 인간되기가
왜 어려웠을까?

'읽기'는 말하기와 쓰기에 앞선다. 읽기는 무엇을 말하고 어떻게 쓸 것인가를 결정하는 데 필수적인 항목이다. 읽지 않고 무조건 말하고 무조건 쓰려는 게 문제다. 말하고 쓸 거리의 출처는 '읽기'다. 읽기를 비단 고전이나 책에만 국한시킬 수는 없다. 읽기의 대상은 주변에 널려 있다. 친구의 마음도 읽어내야 하고, 생산자로서 소비자들의 취향도 읽어내야 한다. 읽기는 말하기나 쓰기에 못지않게, 아니 그것들에 선행해서 그것들을 가능하게 하는 토대다. 그래서 무엇을 어떻게 읽을 것인가 하는 문제는 항상 필요하고 긴요하다.

읽는다는 것은 해석한다는 것이다. "해석한다는 것은 텍스트가 열어주는 사유의 길을 따라가는 것이며, 텍스트가 발하는 서광을 향해 항해하는 것이다." 철학적 해석학자 리쾨르(P. Ricoeur)의 말이다. 텍스트가 제시하는 길을 따라가야지, 자기 마음대로 텍스트에 없는 길을 만들려고 해서는 읽기에 성공할 수 없다. 빛은 텍스트에서 나오지 나에게서 나오지 않는다. 내 마음대로 텍스트를 읽어서는 안 된다. 이 말은 무슨 뜻일까? 내가 이미 갖고 있는 틀을 가지고 텍스트를 재단해선 안 되며, 또한 나를 사로잡고 있는 다양한 생각들, 그러니까 선입견이나 편견에서 벗어나 텍스트와 순수하게 만나야 한다는 뜻이다. 아무것에도 사로잡히지 않고 진솔하게 텍스트와 만나기!

첫 번째 텍스트 《삐노끼오의 모험》은 우리가 어린 시절에 직접 읽었거나 그 내용을 들은 적이 있을 것이다. 거짓말을 하면 코가 길어지는 삐노끼오 이야기는 세계적으로 유명하다. 하지만 여기서 우리는 '삐노끼오'라는 캐릭터에 대하여 아무것도 알거나 들은 적이 없는 것처럼 텍스트를 대해야 한다. 텍스트를 처음 만났다는 듯이 순진하게 만나는 일이 중요하다. 자신에게 익숙한 텍스트가 아니라 새롭고 낯선 것처럼 접근해야 한다. 그래야 텍스트가 비치는 빛에 따라 인도될 수 있고, 그럼으로써 텍스트 속에 있는 것을 밖으로 살려낼 수 있다. 그럴 경우에만 우리는 '텍스트 해석'이라는 소기의 목적을 달성할 수 있다. 하지만 우리가 정말로 '아무 생각 없이' 텅 빈 머리로 텍스트를 만날 수 있단 말인가? 이 물음에 답하기는 쉽지 않다. 이것은 철학의 한 분야인 해석학에서 다루어지는 문제인데 여기선 단지 '그런 일은 불가능하다'라고만 말하고 넘어가기로 한다. 다만 주어진 텍스트에 대하여 자기가 이미 지니고 있던 생각들을 괄호에 묶고 어린아이가 세상을 처음 만나듯 텍스트를 새롭게 만나야 한다는 사실만 지적하자.

발췌된 텍스트는 《삐노끼오의 모험》 가운데 우리의 주제인 '성장'과 직접적으로 관련되는 부분이다. 여기서 무엇을 어떻게 읽을 것인가? 마땅히 삐노끼오가 겪는 갈등 상황에 초점이 맞춰져야 한다. 갈등 상황이 없는 성장은 기대할 수 없기 때문이다. 그렇다면 삐노끼오는 지금 어떤 갈등 상황에 놓여 있을까? 그는 어떤 일로 어려움을 겪고 있을까? 목각인형 삐노끼오에게는 소원이 있다. '착한 어린이 되기' 또는 '사람 되기'다. 여기서 '되기'가 중요하다. '무언가 된다'는 '아직 그것이 안 되었다'는 것을 뜻한다. 그렇다면 어떻게 '사람이 될' 수 있을까? 성장 문제와 직결되는 사항이다. 그런데 삐노끼오는 사람이 되는 게 꿈이지만 그게 뜻대로 잘되지 않는다. 그렇다면 무엇이 '삐노끼오의 사람 되기'를 방해하나? '성장'과 관련하여 중심에 위치하는 두 가지 물음이다.

여기서 앞서 언급한 '순진하게 묻기'가 중요하다. '착한 아이가 된다'는 게 뭐지? 왜 착한 아이가 되어야 하지? 어떻게 착한 아이가 될 수 있지? 착한 아이가 되지 않으면 어떤 일이 벌어지지? 이 물음들에 대해서 텍스트가 어떤 답변을 하는지 살펴보자. 어른 말 잘 듣기, 공부하기, 일하기, 학교 다니기 등을 텍스트에서 확인할 수 있다. 하지만 이들을 확인하는 것만으로 그쳐서는 안 된다. 그것들이 함축하는 심층적인 의미를 드러내는 쪽으로 한 발 더 다가서야 한다. 특히 '학교 가서 공부하기'와 관련하여 '학교는 왜 가야 하나?'라는 물음을 집중적으로 조명할 필요가 있다. 이 물음에 대한 답변이 쉽지 않으면 그 반대의 경우를 가정하여 거꾸로 물을 수 있다. 학교에 안 가면 어떻게 되지? 이에 대한 답변을 통하여 '학교에 간다'는 사실의 의미를 부각시킬 수 있다. 이를 바탕으로 인간에게 '교육'이 본질적으로 무엇을 뜻하는지 제시할 수 있어야 한다.

또한 삐노끼오의 경우 인간이 되기 위한 '착한 아이 되기'가 대단히 어려운 일이었다고 할 때 그 이유를 따지는 일이 다음으로 중요한 과제다. 여기서도 우리는 순진하게 물을 수 있다. 삐노끼오는 왜 학교 가기를 싫어하는 거야? 그런데 학교 가기를 좋아하는 사람이 어디 있겠어? 사람은 대부분 공부하기 싫어하고 놀고 싶어한다. 왜 놀기는 좋은데 공부하기는 싫은 걸까? 왜 하기 싫은 것을 해야 하는 거지? 공부하고 싶은 마음은 있어도 그게 생각대로 잘 안 되는 이유는 무얼까? 무언가를 해야 하는 걸 알면서도 왜 그걸 실행하기는 어려울까? 이런 물음들은 거칠기는 하지만 정직하며, 물음이 거칠다고 해서 서둘러 거칠게 답하려 하기보다는 텍스트의 내용을 면밀히 검토하여 차분하고 세련되게 답변할 수 있어야 한다. 그래서 삐노끼오가 "좋아!"라고 말하는 대목보다는 "싫어!"라고 말하는 대목에 주목해야 한다. 그리고 그 '싫은 이유'에 우리는 귀를 기울여야 한다.

하고 싶은 대로 하면
왜 인간이 덜 되나?

하고 싶은 대로 하면
왜 인간이 덜 되나?

하람 삐노끼오? 코 막 길어지는 애? 이탈리아 동화였어?

나연 응. 제목은 《삐노끼오의 모험》. 줄창 모험하느라 난리도 아니지. 숲 속에서 뱀을 만나면 어째야 되는지 아니? 뱀을 막 웃겨. 그럼 뱀이 웃다가 배가 터져 죽는다. 삐노끼오가 가르쳐준 비법 하나.

시후 푸, 썩 괜찮은 뱀 세계의 유머일세. 코주부에 영 어리버리해 보이더니만 이런 귀여운 구석이 있었구먼.

나연 난 옛날부터 귀엽더라. 코가 길어져서 방문을 빠져나가지도 못하고 쩔쩔매는 삐노끼오. 벽에 부딪히고 창문에 부딪히고 길어진 코 때문에 몸을 못 가누는 모습이 눈에 선해.

준서 거짓말을 해서 벌을 받는 거지. 삐노끼오의 수호천사 격인 푸른 눈의 요정이 일러준 것에 따르면 거짓말에는 두 가지가 있어. 하나는 다리가 짧아지는 거짓말, 다른 하나는 코가 길어지는 거짓말.

시후 쿵, 난 숏다리보단 코주부에 한 표.

하람 애가 좀 불쌍해지려 그런다. 눈물 뚝뚝 흘리고 다시는 거짓말 하지 않겠다, 착하게 살겠다고 요정에게 다짐해.

준서 다짐은 하는데 별로 변화가 없어. 25장에서 삐노끼오는 요정에게 고해 형식으로 자기 죄목을 열거하는 중이야. 못 말리는 장난꾸러기에다 거짓말쟁이, 게으름뱅이거든. 아빠와도 헤어져 있는 상태고.

하람 거짓말하고 게으름 피우기 일쑤지만 맘씨는 곱잖아. 푸른 눈의 요정도 그건 인정했어. 잘 우는 걸 보면 마음도 여리고.

시후 아니, 뭐 어른들 말 대충 들으면 될 거 아냐. 거짓말도 눈치껏 하고 학교도 좀 가주고 아빠 말도 적당히 듣고 말이야. 꼭 범생이가 되지 않더라도. 애가 대놓고 사고를 치니까 문제지. 대범한 문제아인지, 눈치 없는 문제아인지 모르겠네.

나연 난 눈치 없는 문제아 쪽에 한 표. 눈치가 없어서 대범해지는 거야. 애가 생각 있는 반항아처럼 보이진 않잖아. 삐노끼오는 자기 욕구에 충실하고 솔직할 뿐이야. 일하는 게 힘들 거 같고, 학교는 싫고. 하고 싶으니 하고 안 하고 싶으니 안 한다는 식이지.

준서　삐노끼오는 힘들고 어려운 일을 안 해. 재미있고 쉬운 건 시키지 않아도 하고. 대개 재밌고 쉬운 일은 괜찮지 않은 일이지.

시후　어떻게 노는 건 시키지 않아도 잘하노? 울 엄마 말씀이다. 사실 학교도 좀 땡땡이치고 장난질하고 뺑치고. 그게 재밌지. 거짓말 하지 마라, 공부 열심히 해라, 부모님 말씀 잘 들어라, 이런 건 참 고리타분하잖아. 난 땡땡이 삐노끼오에 십분 공감.

준서　삐노끼오는 "기술도 배우고 싶지 않고 직업도 갖기 싫어요." 라고 말해. 공부보다 나비 따라다니고 나무 위에 올라가 새둥지 훔쳐오는 걸 훨씬 재미있어하지. 삐노끼오가 꿈꾸는 직업은 딱 하나야. 먹고 마시고 자고 놀고 아침부터 밤까지 돌아다니는 거.

시후　끙~, 나의 로망과 비슷하구먼. 놀고먹고 세상을 떠도는 한량.

하람　청개구리 같네. 하지 말라는 건 하고 싶고, 해야 하는 건 재미 없다는 식이잖아. 그런데 하고 싶은 걸 하지 말라면 왜 싫지?

나연　신선한 질문이다. 하지 말라면 싫지. 그리고 어떤 것을 해야 한다면 더 싫고. 진짜 그래.

시후　하지 말라는 항목들 좀 보라고. 거짓말하지 말기, 학교 빼먹지 말기, 게으름 피우지 말기, 어른들에게 반항하지 말기. 원래 기본 덕목은 그 반대지. 사회 말씀, 학교 말씀, 부모 말씀 잘 듣기. 따분하고 지루해.

준서　부모나 학교, 사회의 가르침에 순응하자면 자기의 일차적인 욕구를 억압해야 해. 시후 말대로 따분하고 지루한 상태로 살아야 하지. 어렵고 힘든 상태이기도 해. 하고 싶다는 욕구는 자연발생적이지만 해야 하는 의무란 인위적이거든.

나연　물론 ‘해야 한다’보다는 ‘하고 싶다’가 앞설 테고?

준서　맞아. 욕구가 일차적이고 자연적이야. 해야 한다는 의무는 자연 상태와 거리가 멀어. 의무는 욕구를 제어하고 통제하니까.

시후　단지 거리가 먼 정도가 아니라고. 자연 상태의 적이야, 적. 이 나쁜 의무 녀석!

나연　꿀밤 한 대 먹인 거니? 잘했어. 해야 하는 일이란 하고 싶은 거랑 별 관계가 없어. 자연스러운 감정의 흐름을 억제하고 거부하니까 의무란 녀석은 인기가 없을밖에. 삐노끼오 봐. 학교만 가면 몸이 배배 꼬이지만, 학교도 선생도 없는 지상낙원이 있다는 말엔 ‘입에 침이 고인다’잖아. 램프 심지가 삐노끼오를 꼬드기는 장면을 봐. 지상

낙원 '장난감 마을' 얘기에는 눈을 번쩍 뜨며, 애가 완전히 살아난다 니까.

시후　입에 침이 고이는 건 자연스러운 현상이라고. 인력으로 막을 수 있는 게 아니야.

나연　내가 왜 시후 편을 들려 하는지는 모르겠지만 하고 싶은 대로 한다, 본능과 욕구에 충실하다는 게 쓸모없는 일은 아니잖아. 솔직 하고 자연스러운 인간의 본성인걸. 그건 자연인이자 자유인의 모습 일지도 몰라.

하람　그런데 난 그 점이 마음에 걸려. 삐노끼오가 하고 싶다는 게 본능적이고 유희적인 야성일 뿐이라는 거. 너 꿈이 뭐니, 앞으로 뭐 가 될래, 하는 식의 자기실현 문제와는 상관이 없어. 학교 가는 것보 다 안 가는 게 좋다, 일하는 것보다 노는 게 좋다. 맹목적인 본능일 뿐이야.

준서　맹목적인 삐노끼오들이 모여 사회를 구성할 수는 없겠지. 제 본능과 야성에 충실한 삐노끼오는 엄밀히 말하면 인간이 덜 된 상태 야. 소년으로 변신하기 전까지 삐노끼오는 쓸모없는 목각인형에 지 나지 않아.

하람　그래, 퍼핏(puppet), 목각인형, '꼭두각시'로 나와 있지. 실제로도 보잘것없어. 키도 한참 작고, 학교에서는 아이들에게 놀림을 받고. 난로 옆에서 졸다가 나무다리를 다 태워먹기도 해.

시후　자연적인 욕구에 충실하다 보면 아무래도 외모에 신경을 좀 덜 쓰게 되지, 흐흠.

준서　바로 그 점이 중요해. 자연적인 욕구에 충실하기만 하면 별거 없다는 말이야. 삐노끼오도 꼭두각시로서 고충을 하소연하고 있어. 하고 싶은 대로 하면 왜 안 되느냐? 사회 속으로 들어갈 수 없기 때문이야. 꼭두각시의 상태는 본능에 충실한 자연인의 상태일 뿐이야. 거기에 뭔가 더해져야 인간이 되는 거지. 요정이 말하는 '사람이 될 만한 일'이란 구체적으로 도덕을 배우고 학교를 다니고 직업을 가지는 거야. 사회의 테두리 속에서 공인된 가치관과 도덕관, 직업관을 습득해야 제대로 된 인간이 될 수 있지.

하람　우리 엄마가 잘 쓰는 말 중에 이런 게 있어. 인간이 덜 됐다, 인간 덜 된 건 나이 들어도 인간 안 된다. 게으르고 일 안 하고 주위 사람들한테 폐 끼치는 딱한 사람들 말이야. 주로 허구한 날 술 퍼먹고 빈둥거리는 뒷집 아저씨를 두고 하는 말이지만.

나연　하람이 어머니가 푸른 요정이시네. "게으름에 몸을 맡기면 큰 일 난단다! 게으름은 아주 끔찍한 병이야. 어릴 때 빨리 치료를 해야 해. 그렇지 않으면 어른이 되어서는 더 이상 고칠 수가 없단다." 놀라운 건 게으름이 병이란 거야. 병적 상태. 치료가 필요한 병든 상태. 요정은 게으르면 감옥이나 병원에서 일생을 마감하게 된다고 삐노끼오에게 겁을 줘.

하람　19세기에 씌어진 텍스트니까 산업사회가 요구하는 성실한 일꾼의 모습이 강조되었겠지. 요정의 말을 봐. 학교를 졸업하고 나서 원하는 직업이나 기술을 고르는 게 순서래. 그런데 사회 속에서 살아가는 사람들 대부분이 그렇게 생각하지 않나? 사회 속에서 쓸모없는 인간이 된다는 건 참 두려운 일이잖아. 삐노끼오형 인간은 사회적인 인간되기에 실패한 인간일지도 몰라. 적어도 삐노끼오가 소년이 되기 전까지는 말이야.

시후　허허, 이거 사회가 개인을 억압하는구먼. 개인의 자유와 욕망을 억압해. 사회 속에 편입되기 위해 치르는 대가가 너무 가혹한걸. 꼭 쓸모가 있어야 하나. 꼭 사회나 학교, 부모가 가르쳐준 관습과 질서에 따라야 하냐고. 삐노끼오처럼 '기술도 배우고 싶지 않고 직업도 갖기 싫다'고 말한다면?

나연　사회 밖으로 나가란 소린가 보다. 지구를 떠나거라～.

준서　삐노끼오의 경우를 두고 성실하지 않으면 사회의 낙오자가 된다, 자연적인 욕구에만 충실한 실패한 인간이 된다, 라는 교과서적인 협박으로만 읽을 순 없어. 그리고 '해야 한다'는 의무사항을 두고,

그렇게 하지 않으면 나중에 일 난다는 식으로만 설득할 수도 없고.

시후　거 말 좀더 해봐. 요지가 뭔가.

준서　왜 하고 싶은 대로 하면 안 되나 하는 물음을 놓고, 하고 싶은 대로 한다고 가정해보자. 완전한 혼란 상태가 아니겠어. 모두들 자기 하고 싶은 대로만 하는 상황에서는 누구도 자신의 욕망을 실현할 수가 없어. 극단적인 상황을 상상해볼까. 내 욕망을 실현하기 위해 남을 죽일 수 있지만 누군가가 또 자기 욕망의 실현을 위해 날 죽이려 들겠지.

나연　사회가 개인의 자유와 욕망을 억압한다고만 볼 수 없다는 얘기니?

준서　사회 속에서야 비로소 자신의 욕망과 타인의 욕망 사이에 효과적인 접점을 찾을 수 있어. 사회는 기본적으로 개인의 자유와 욕구 실현을 보장해주는 틀이야.

하람　동의해. 사회가 개인을 억압하고 구속한다는 논리 일변도는 곤란해. 인간이 사회를 필요로 한다는 사실이 먼저야. 같이 사는 게 필요해서 같이 살아. 함께 사는 게 좋아서 함께 사는 거야. 결과적으로 혼자 사는 것보다 함께 사는 게 자기의 이기적 욕망을 극대화시키는 방법이지.

시후 쿵~, 역시 공동체주의자 하람이구먼. 똘똘한 소리네. 사회가 인간을 억압한다는 사실보다 인간이 사회를 필요로 한다는 사실이 먼저라…….

하람 인간이 사회를 이루고 산다는 건 각자의 욕망을 조절하고 합의를 볼 수 있는 '함께살이'의 규칙을 따른다는 거야. 그런데 삐노끼오는 지금 함께살이의 규칙과 덕목을 제대로 익히지 못한 상태지. 그걸 익혀야 비로소 인간이 될 수가 있는데.

나연 그래. 삐노끼오는 '분별'이 없어. 자기 입으로 그렇게 말하잖아. "분별 있는 아이가 되겠다고" 약속했다잖아. 조금만 신중하면 램프 심지의 허황된 유혹에 넘어가지 않을 텐데. 딱 넘어가기 좋게 생겼어. 고생길이 열렸지. 엄벙덤벙하다가 좌충우돌하는 우리의 삐노끼오, 모험의 길은 참 험난해.

준서 하람이 좋은 표현을 썼어. 함께살이의 규칙. 함께 사는 데 합의 봐야 할 규칙은 자연적으로 주어지지 않아. 어디까지나 인위적으로 익혀야 할 틀이야. 그 점에서 자연적이 아니라 문명적이고 문화적이지. 단적으로 말하자면 문명사회의 바깥은 없어. 사회 속에 들어가 활동하는 한에서만 인간은 인간으로 남을 수 있어. 인간되기는 곧 사회화되기이자 문명화되기야.

하람 인간은 인간으로 태어나는 게 아니라 인간으로 되어가는 존재들이 아니겠어.

나연   맞아. 갓 태어난 조카를 봤더니 인간이 아니던데. 완전 빨간 괴물이에요. 머리는 또 얼마나 큰지……. 인간이 태어날 땐 사등신이 래. 그런데 자라면서 팔등신을 꿈꾸니 참 꿈들도 야무지지.

하람   하하, 인형 삐노끼오도 인간이 아니지. 말하자면 덜 된 인간이 었는데 결국 인간이 되어가잖아. 네 조카도 슬슬 인간 형상을 갖출 거야.

준서   나중에 소년으로 변신한 삐노끼오는 아버지를 이해하게 되고, 못된 이의 꾐에 빠지지 않는 분별력도 생겨. 사회적, 문화적인 요구 에 충실한 모습을 보여주지. 우리 인간의 성장 과정과 많이 닮았어.

시후   그려, 그려. 인간되자고, 내가 인간되고 말지.

나연   오늘 시후 편에 서는 이상 모드로 들어선 김에 끝까지 한번 가 보지 뭐. 분별력이랬잖아. 분별력이 생긴 이후에 자기의 틀에 대해 반성하고 자기 자유를 추구할 수 있는 여지가 생기는 거 아니겠니. 시후의 항변도 자기와 사회와 문명에 대해 비판적으로 돌아볼 수 있 는 계기가 될 수 있어.

시후   오늘 나연 양 왜 이래. 이거 불안한데. 무슨 꿍꿍이속이라도 있는 거야. 늘 도끼눈을 뜨고 있더니, 평소 날 흠모했던 게로구먼~.

나연 으이그~, 살려주겠다는 데도 그걸 마다하는구나. 꿀밤 세 대
만 맞고 지구를 떠나거라. 꽁! 꽁! 꽁!

틀 없이 사람 없다

　공부하기를 좋아하는 사람은 별로 없다. 왜 그럴까? 재미가 없어서다. 왜 재미가 없을까? 건조하기 때문이다. 공부에는 습기가 없다. 무슨 뜻인가? 감성을 자극하지 않는다는 말이다. 교과서를 보면서 누가 감동의 눈물을 흘리겠는가? 하지만 공부가 재미없는 데에는 더 큰 이유가 있다. 공부에는 항상 목적이 따른다. 공부는 그 자체가 목적이 아니라 다른 어떤 것을 하기 위한 수단이다. 공부는 어떤 목적을 위한 통과의례다. 그리고 통과의례의 평가 기준이 곧 시험이다. 문제는 시험이다. 시험만 보지 않으면 모든 공부가 그런대로 할 만하다. 시험만 없으면, 그리고 시험을 통해 무언가를 해야만 하지 않는다면 공부를 재미로 할 수도 있으리라. 그런데 과연 시험이 없다면 공부를 재미로 할 수 있을까? 거의 불가능하다. 시험이 없으면 공부를 게을리 할 것이 분명하다. 사람은 재미를 원하지만 재미만 따를 경우 공부를 접어야 한다. ‘공부’의 목적지향적이고 수단적인 성격은 처음부터 ‘재미’와 거리를 두고 있기 때문이다. 여기서 공부와 재미의 상호 배타성이 성립한다. 우리의 '삐노끼오'도 이 문제의 울타리 안에서 배회한다.

재미가 있다 없다는 순전히 개인의 취향과 관련된 사항이다. 수학에 취미가 있는 학생은 수학이 재미있을 것이고, 영어에 취미가 있는 학생은 영어가 재미있을 것이다. 그러나 수학과 영어를 유달리 재미있어하는 사람도 소수에 지나지 않거니와 타고난 성향보다는 그 이전에 이 분야에 어느 정도 학습 경험이 있기 때문에 재미를 느끼는 경우가 많다. 재미를 느끼는 학생이라도 일정한 수준까지는 재미로 할 수 있지만, 그 이상을 넘어서면 별도의 노력과 이에 따른 긴장을 감수해야 한다.

'취미'는 기본적으로 미학적 특성을 띤다. 취미 또는 '취향'은 칸트(I. Kant)에 따르면 아무런 이해관계를 전제하지 않는다. 칸트는 이를 개념적으로 "무관심성(disinterestedness)"이라고 표현한다. 자기가 어떤 것을 좋아하는 데 아무런 이익이나 목적이 개입되어 있지 않은 상태다. 어떤 인물이나 예술작품이나 자연현상이 자기 맘에 들 때 거기에는 어떤 종류의 이해관계도 끼어들지 않는다. '그냥' 좋은 것이다. 이러한 상태를 '무관심성'이라고 한다. 조건은 어떠해도 상관이 없다는 뜻이다. '재미있다'는 느낌은 이렇게 어떤 것의 수단, 즉 '무엇을 위한 것'이 아니라 그 자체로 '자기 목적적'이다. 그 자체로 독자적인 의미체로 존립한다는 말이다. 이를테면 아무 부담 없이 영화나 만화를 그냥 볼 때는 재미있다. 하지만 그것을 보고 감상문을 써내는 숙제를 해야 할 때는 재미가 반감된다. 작품 감상 그 자체가 목적일 때와 그것이 다른 것의 수단으로 전락할 때의 차이다.

· · ·

삐노끼오도 공부하기를 싫어한다. 학교 가기 싫어하고, 가서도 땡땡이 치고, 노는 아이들과 어울려 다녀서 자기를 만든 제뻬또 할아버지를 화나게 한다. 그는 "착한 아이"가 아니다. 목각인형 삐노끼오는 '사람'이 되는 게 꿈이지만, 사람이 되기 위한 첫 관문인 '착한 아이'를 통과하기에는 그를 유혹하는 것이 너무 많다. 그는 '착한 아이'가 되고 싶은데도 그게 맘대로 되지 않는다. 착한 아이에게 요구되는 '공부'와 '일'을 삐노끼오는 하기 싫어한다. "학교만 가면 온몸이 쑤셔요." "일하는 게 힘들 것 같아요." 이뿐만 아니다. 삐노끼오는 어른 말을 듣지 않고, 약속을 어기며, 자주 거짓말을 한다.

여기서 의아스런 점이 있다. 삐노끼오는 '사람'이 되기 위해 '착한 아이'로 행동해야 하는데도 그에게는 그것이 왜 그렇게 어려울까? 삐노끼오를 '의지박약아' 또는 '놀라리'로 취급해야 할까? 물론 번번이 약속을 어기는 걸 보면 분명 그가 의지가 굳세고 심지가 곧은 인물로 보이진 않는다. 하지만 취학 전 아동에게 굳센 의지와 곧은 심지를 요구할 수 있을까? 삐노끼오는 보통의 취학 전 아동에게서 나타나는 일반적인 행태를 그대로 보이고 있지 않은가? 그렇다면 삐노끼오의 빗나간 행동의 원인을 그 개인의 성향에서보다는 그 밖에서 찾는 게 옳지 않을까? 더구나 착한 아이가 되고 싶은데도 그게 뜻대로 잘 안 되는 것이라면 그 원인은 의지의 문제 밖에 있다고 보아야 하지 않을까?

삐노끼오는 왜 착한 아이가 되고 싶은데도 그렇게 하지 못할까?

무엇이 삐노끼오로 하여금 착한 아이가 되는 것을 방해할까? 그의 입을 통해 발설된 내용을 보자. 학교만 가면 온몸이 쑤신다, 일을 하면 힘들 것 같다. 일차적으로 그는 사람이 되기 위해 요구되는 공부와 일에서 벗어나고 싶어한다. 왜 온몸이 쑤시고 힘들까? 노는 건 재미있으나 공부하고 일하는 건 재미없다. 공부와 일은 긴장과 고통을 수반한다. 학교에서 똑바로 앉아 선생님 말씀을 듣는 일은 지루하기도 하지만 힘들다. 고통은 누구나 피하고 싶어한다. 대개의 학생들이 고통을 참아내는 이유는 현재의 재미와 즐거움을 포기함으로써 미래의 재미와 즐거움을 누릴 수 있을 것으로 기대하기 때문이다. 미래의 기쁨을 위해 현재의 기쁨을 보류하는 것이다.

그런데 삐노끼오는 현재를 위해 미래를 희생하고 싶어하지 않는다. 그는 현재도 즐겁고 미래도 즐겁기를 바란다. 아니, 미래는 모르겠지만 우선 당장 즐겁고 볼 일이다. 미래가 어음이라면 현재는 현찰이다. 어음은 나중에 현금으로 돌아온다는 가능성을 지닐 뿐 확실한 보장은 아니다. '현재의 즐거움'이라는 현찰은 무조건 챙겨야 한다. 미래의 즐거움을 위해 현재를 희생하고 수단화하는 것은 어리석다. 삐노끼오에게서 삶이란 시간을 넘어서서 항상 즐거워야 한다. 왜 어른들은 나에게 미래의 즐거움을 위해 현재의 즐거움을 포기하라고 요구하나? 삐노끼오는 무의식중에 어른들을 향해 이렇게 반문한다.

삐노끼오의 행동은 철저하게 '미학적'이다. 자신의 즐거움과 취향을 다른 것의 수단으로 삼고 있지 않기 때문이다. 그가 세상과 만나면서 벌이는 모험은 그 자체로 신나고 재미있다. 세상과의 놀이가 그에게 아무런 물질적 또는 정신적 이득을 주지 않고 오직 주관적인 즐거움만 준다 해도 모험 속에서 그는 행복하다. 물론 악한들을 만나 고생하기도 하고, 당나귀가 되기도 하며, 상어 뱃속에 들어가 죽을 고비를 넘기기도 한다. 하지만 이런 구성은 놀기 좋아하는 삐노끼오에게 경각심을 일으켜 착한 아이로 만들려는 서사적인 장치일 뿐 작가 콜로디는 삐노끼오가 얼마나 신나게 모험을 즐기는지 작품 전체를 통해 잘 보여준다. 그렇지 않았다면 그는 책 제목을 '삐노끼오의 모험'이라고 짓지 않았을 것이다. 순진한 목각인형 삐노끼오는 모든 이해관계를 떠나 오직 자신에게 신나고 즐거운 일에만 빠져든다. 표면적으로는 자기가 하고 싶은 대로만 하면 어떤 위험과 불이익이 따르는지를 보여주지만 그것은 어디까지나 결과적인 이야기일 뿐 작품 전체는 그가 학교와 일을 떠나 신나게 모험하는 내용으로 채워져 있다. 이렇게 신나는 모험이라면 공부를 마다하고 삐노끼오처럼 모험을 즐길 아이들이 상당수 있을 것이다.

삐노끼오는 자기에게 당장 즐거움을 주는 일에만 몰두했다. 힘든 일을 피하고 "설탕이 약이라면" 하고 바라면서 눈앞의 달콤한 세계에 탐닉했다. 주위의 조언과 충고에도 아랑곳하지 않고 자기의 욕구와 취향에만 충실했다. 밝은 빛을 향해 몸을 던지는 불나방처럼. 그러나 찬란한 불빛 속에서 그를 기다리는 것은 예기치 않은 사고와 불운과 불행이었다. 삐노끼오는 오직 자기 주관적인 목적에 따라서 행동했지만 그 결과는 파국적이었다. 스릴 넘치는 모험이 즐겁고 재미있기는 했지만 그건 자기가 꿈꾸던 '사람 되는 길'에서 점점 멀어지는 일이었다.

• • •

그런데 삐노끼오에게 즐거운 일이 왜 사람 되기에서는 멀어지는 길이었을까? 누구나 공부보다는 놀기를 좋아하지 않는가? 그 자연스런 길을 삐노끼오도 따라갔을 뿐이기에 공부와 일을 싫어하는 그에게 누구도 쉽게 돌을 던질 수 없다. 하지만 그의 행위의 결과는 부정적으로 평가되고 있다. 어떤 근거에서 그에게 비난의 화살을 돌릴 수 있을까? 그가 자기 목적적으로 행위한 것 자체를 비난할 수는 없다. 그것은 그 자체로 훌륭한 미학적 가치를 지니기 때문이다. 문제는 현실에서 미학적 가치가 유일한 가치로 인정되지 않는다는 데 있다. 재미와 취향의 자기 목적성에는 타인의 욕구가 고려되지 않는다. 하지만 타인과 더불어 사는 '세계'에서는 이해관계를 고려하지 않은 자기 목적이 통용되지 않는다. 타인과 더불어 구성되고 진행되는 '사회'는 주관적인 세계가 아니다. 미학적 세계에는 대상이나 타인이 인정될 수 있는 여지가 없다. 바로 여기에 삐노끼오의 슬픔이 있다.

삐노끼오가 사람 되기 위한 조건은 '착한 아이 되기'와 '공부하기'로 크게 나뉜다. 어른 말 잘 듣기, 약속 지키기, 거짓말 안 하기는 전자에 속하고, 일하기, 기술 익히기, 직업 갖기는 후자에 해당한다. 전자는 도덕적인 인간을 향하고, 후자는 지식을 갖춘 인간을 지향한다. 책에서는 삐노끼오가 목각인형으로 희화화되어 있지만 현실적으로는 '사회화되기 이전의 어린이'라고 볼 수 있다. 사람은 태어나는 순간에는 자연인으로서 아무런 방향성을 갖지 않은 무(無)규정

자이다. 딱히 무어라고 규정할 수 없기 때문에 그 자체로는 무한히 열린 가능성이지만 다른 한편으로는 어느 쪽으로든 방향이 정해져야 한다. 여기서 '교육'이 필요하게 된다. 교육은 독일어로는 'Bildung(빌둥)'이라고 하는데, 이는 '형태를 만듦'이라는 뜻으로서 '도야(陶冶)', '문화(文化)', '교양(敎養)'을 동시에 의미한다.

인간은 '인간'으로' 태어나지 않는다. 인간이 되기 위해서는 별도의 과정을 거쳐야 한다. 인간의 격(格), 즉 인격을 갖추기 위해 인간은 갈고 닦아야 한다. 그래야 야만인에서 벗어나 문화인/교양인이 될 수 있고, 교육은 바로 이 점을 목표로 삼는다. 교육의 장에 들어가면 인간은 자신의 욕구를 보류한 채 주어진 교육 체계에 자기의 형성을 맡겨야 한다. 삐노끼오가 사람이 되기 위해서는 이 과정을 밟아야 한다. 인간은 생성(becoming)되어야 하는 존재다. 생성되기 위해서는 자기를 대상화하고 수단화할 수 있어야 한다. 학교라는 교육기관은 인간이 스스로 생성하지 못하고 누군가 타인에 의해 생성되어야 하는 존재라는 전제에 존립 근거를 두고 있다.

교육을 받아야 하는 존재로서의 인간, 다시 말하면 타인의 의지에 자기의 형성을 맡겨야 하는 존재로서의 인간에게 처음에는 자기 목적적인 행위가 용납되지 않는다. 아직 성숙하지 못한 자에게 자기 목적이란 대단히 위험한 것이다. 칼을 다룰 줄 모르는 아이에게 칼을 맡길 수 없는 노릇이다. 미성숙한 아이에게는 모든 방향으로 가능성이 열려 있다는 사실은, 뒤집어 말하면 어느 길을 가기에도 그는 아직 준비가 덜 되어 있다는 걸 뜻한다. 그런 한에서 피교육자는 아직 주체적인 결정을 내릴 능력을 갖추지 못한 것이다. 아니 스스로 결정을 내리더라도 타인/어른에게 검증을 받아야 한다.

검증은 그를 구속하기 위해서가 아니라 보호하기 위한 것이다. 삐노끼오의 경우 그가 이 사실을 모르고 있다고 보이진 않는다. 다만 이 사실을 충실히 따르기에는 그가 호기심이 지나치게 많고 자유분방한 기질의 소유자였다. 그래서 삐노끼오는 스스로를 타인들이 만든 틀에 가두기보다는 자기가 스스로 삶의 틀을 만들어가려고 하였다. 그러나 그건 현실성이 없었다. 현실은 자기 기대에 부응하지 않았을 뿐만 아니라 작은 틈만 보여도 여지없이 기습하여 자기를 궁지에 몰아넣었다. 현실은 냉혹했다. 현실은 어디서도 자기를 보호하려 하지 않았고 오히려 자기를 이용하고 파괴하려 하였다. 가족과 학교라는 타인의 뜻과 틀에서 벗어나 자기의 욕구에 따라 살아가려 하는 이가 치러야 할 대가는 혹독했다.

삐노끼오는 공부도 재미있어야 하는 걸로 착각했다. 공부는 재미가 아니라 의미로 하는 것이다. 공부는 힘들다. 하기 싫다. 긴장과 고통을 수반한다. 그래도 해야 한다. 재미가 아니라 의미를 위하여. 삐노끼오처럼 자기 멋대로 살면 재미는 있겠지만 의미는 없다. 가능적 존재로서의 인간은 '가능성'을 계발하여 특정한 방향으로 자기를 유도해야 한다. 존 듀이(J. Dewey)가 지적하듯이, 교육이란 기본적으로 방향 제시다. 교육을 통하여 이 방향을 습득하지 않을 경우 타인과 관계하는 방식을 알지 못하여 사회생활을 영위할 수 없게 된다. 바로 여기에 '학습의 의미'가 있다. 학습의 의미는 자기가 아니라 타인과의 관계를 지향한다. 여기서는 자기의 욕구뿐만 아니라 타인의 욕구도 고려해야 한다.

　　문화 사회학자 엘리아스(N. Elias)는 인간의 정체성을 개인이 아니라 타인과의 관계에서 찾는다. 그렇다고 해서 개인이 없이 공동체적인 가치가 개인의 욕구를 압도한다는 것은 아니다. 다만 개인은 상호 의존적인 다수의 인간들이 구성하는 결합태(figuration) 속에서만 '자기'를 찾을 수 있다는 것이다. 이 결합태는 구성원 개개인의 특성이 반영되면서 끊임없이 변화하는 '과정'의 성격을 띠기 때문에 개인이 매몰되는 구조화된 체계와는 다르다. 교육은 바로 이러한 결합태에 진입하는 통로로서 작용한다. 여기서 결합태로의 진입은 한 개인이 자신의 취향을 발휘하는 미학적 사태가 아니라 인간으로서의 생존과 생활에 관련되는 실존적인 사태이기 때문에 여기에는 취향의 재미가 아니라 생활의 의미가 중심축을 이룬다.

　　그렇다면 생활의 의미를 향한 노력은 구체적으로 어떤 성격을 띨까? 사회적 관계 속으로 진입한다는 것은 무엇을 뜻할까? 앞에서 '도덕'과 '지식'이라고 언급한 내용들은 사람이 사람으로 다시 태어나는 데 갖추어야 할 사회화의 기본 덕목이다. 약속을 지키지 않거나 거짓말을 하는 자는 신뢰를 저버리기 때문에 대인관계에 성공할 수 없으며, 지식을 습득하지 못해 직장에서 일을 하지 못하면 생계를 유지할 수 없을뿐더러 원만한 사회생활을 영위할 수가 없다. 니체(F. Nietzsche)가 지적하듯이, 도덕과 지식은 강자가 약자에게 강요하는 일종의 최면제 같은 성격을 띠기도 한다. 도덕과 지식은 항상 고통과 격식을 요구하기 때문이다. 하지만 도덕과 지식이 인간의 근원적인 자유의식과 감성적인 의지를 방해한다고 해도 긴장과 고통과 격식을 거치지 않고 인간이 성장할 수 있는 다른 길은 없다. 《삐노끼오의 모험》은 바로 이 사실을 보여준다. 그런 점에서 도덕과 지식은 인간에게 필요악이다. 이 문제는 철학자들 사이에서 많은 논란을 불러일으키고 있다. 하지만 분명한 것은 도덕과 지식 자체가 거부될 수는 없다는 사실이다. 서양의 염세주의와 동양의 고등종교에서 이들의 한계를 지적하고 있지만 도덕과 지식 자체를 부정하는 단계까지 나아가지는 않는다.

도덕과 지식은 인간이 자신의 격(格), 즉 '틀'을 갖추는 데 불가피한 사항이다. 틀을 갖추지 않고 인간으로 행세할 수 있는 길은 없는 셈이다. 그런데 이 '틀'이라는 것은 엄밀하게 말하면 인간이 세계와 관계하는 데서 요구되는 '매개자'이다. 인간은 세계와 직접적으로 관계하지 않는다. 삐노끼오는 자기의 욕구에 따라 세계와 '직접' 관계하려고 했지만 그 결과는 실패와 좌절로 끝났다. 세계와 관계하는 데서 요구되는 매개자를 익히지 않았기 때문이다. 도덕 교육과 지식 교육은 인간이 세계와 관계하기 위해 인간에게 필수불가결한 '다리' 역할을 떠맡는다. 신칸트학파에 속하는 카시러(E. Cassirer)는 이러한 사실을 최초로 체계적으로 지적한 인물이다. 그에 따르면, 인간은 과학과 예술, 종교 등의 '상징체계(symbol system)'를 중간항 또는 매개자로 하여 세계 또는 자연과 관계한다. 이 중간항이 다름 아닌 '문화'이다.

'인간'은 기본적으로 '문화인'이다. 문화인으로서 인간은 세계와 항상 매개적으로 관계한다. 이에 반해 세계와 '직접적으로' 관계하는 사람들을 우리는 미개인 또는 야만인이라고 부른다. 매개자로서의 문화는 인간이 만드는 틀이다. 문화가 틀의 성격을 지니지 않으면 인간을 형성할 수 없다. 틀로서의 문화는 인간을 억압하는 면이 있지만 동시에 인간에게 세계와 특정한 방식으로 관계를 맺게 하는 통로를 열어준다. 틀을 거부하고 인간으로 성장할 수 있는 길은 없다.

해야 한다는 걸
알면서도 왜 못하나?

해야 한다는 걸
알면서도 왜 못

시후 하고 싶은 대로 하면 인간이 못 된다니. 슬프구먼.

하람 하고 싶은 대로 하면 사회에 진입할 수 없으니까. 그러면 인간 구실을 제대로 할 수 없으니까.

시후 그런데 가만히 보면 하고 싶은 대로 다 하는 사람들 생각보다 꽤 많아. 비주류라 눈에 잘 안 띌 뿐이지.

나연 그 반대 아니니? 그런 사람들 대개 튀잖아. 생각보다 많다는 말엔 동감.

하람 그럼 심각한 사회 문제네. 튀는 사람들에겐 더러 신선한 구석 이 있는 건 사실이지만, 많으면 좀 곤란하잖아.

준서 사회 걱정은 좀 뒤로 미루고 하고 싶은 거 다 하는 사람들, 우선 거기에 초점을 맞춰보자. 그 사람들은 사회의 필요성을 알면서도 일부러 하고 싶은 걸 다 하며 사는 걸까? 아니면 삐노끼오처럼 그럴 만한 능력이 아직 부족해서 그러는 걸까?

하람 8할은 훈련이 덜 된 것 아닐까? 나머지 2할은 어느 정도 고의성을 가진 사람들. 그럴듯하게 변명 잘하는 예술가들처럼 말이야. 내 경험으론 그래.

나연 그럴듯한 변명? 난 나머지 2할을 창조적 백수라 부르고 싶어. 변명 잘하는 것도 능력이야. 소설가들을 봐. 하고 사는 꼴은 완전 날백수인데 결과는 좋잖아. 그 결과를 우리가 사서 읽는 거고.

시후 어머머! 나연 양 어휘사전에 날백수란 단어도 있구나. 하긴 소설가 지망생에게 다양한 어휘 습득은 필수지. 그럼 나머지 8할은?

나연 하람과 같아. 사회를 따르지 않는 게 아니라 따르지 못하는 거야. 그런데 진짜 그 사람들은 왜 그걸 못하는 거지? 언제까지고 계속 훈련만 받을 순 없잖아. 학교 다니고 직장 다니는 게 그렇게 어려운 일은 아닌데.

시후 힘드니까. 딩동댕!

나연 넌 항상 답이 빨라. 그리고 가벼워.

시후 머뭇거릴 게 뭐 있어? 여길 봐. 삐노끼오가 왜 "기술도 배우고 싶지 않고 직업도 갖기 싫어" 하는지 알아? "일하는 게 힘들 것 같아서" 야.

하람 힘든지 누가 모르나? 알지만 다 따라가는 거라고. 그래야 제대로 살아남지. 힘들다는 게 이유가 돼? 자기 눈앞에 닥친 재미와 즐거움만 생각하면 미래가 불행해져. 자기가 속한 공동체 전체로 봤을 때도 손해고. 이건 너무 자명한 사실이잖아. 힘들다는 건 순전히 훈련이 덜 된 사람들의 투정 같아. 삐노끼오가 그렇잖아.

준서 글쎄……, 그게 과연 자명한 사실일까? 방금 나연이가 "그 사람들은 왜 그걸 못하는 거지?"라고 물었는데 시후가 "힘드니까."라고 아주 쉽게 대답했어. 나도 사실 그런 뻔한 답은 생각조차 안 하고 있었거든. 근데, 맞아. 이게 가장 정확한 답이야.

하람 그야 그렇지. 삐노끼오 입장에서 보자면. 근데, 우리 5분 후에 집에 가야 되겠다. 힘드니까, 딩동댕! 뭐 더 할 얘기 있어?

나연 삐노끼오가 서운해 하겠다. 삐노끼오 입장치곤 너무 심드렁한데. 여길 봐. "난 학교만 가면 온몸이 쑤셔요." 삐노끼오에겐 학교가 몸살을 일으킬 정도로 심각한 곳이야. 단지 귀찮은 정도가 아니라고.

준서　중요한 얘기다. 귀찮다는 건 최소한 어떤 일에 대해 '해야 한다' 또는 '하면 좋다'는 걸 알고 있는 거야. 알고는 있지만 하기 싫다는 말이지. 하지만 온몸이 쑤시는 삐노끼오의 반응은 뭐랄까, 즉각적인 거부반응이야. 몸이 받아들이지 못하는 거지. "일 년 내내 빈둥거리고 게으름만" 피우는 삐노끼오에게 학교는 적응이 불가능한 곳이야.

나연　이제 확실히 이해가 된다. "일하는 게 힘들 것 같아서요."라는 어이없는 발언 말이야. 삐노끼오는 정말 그렇게 느낀 거야. 삐노끼오의 머릿속엔 사람이란 무릇 재미없고 육체적으로 힘든 일도 해야 하는 법이다, 라는 가치관이 없어. 그러니까 삐노끼오에게 학교란 곳은 순수하게 견디기 힘든 장소일 뿐이야. 순수한 고통이라고나 할까?

하람　그러니까 훈련이 덜 된 거지. 아직 못 깨달은 거야. 램프 심지에게 "공부해야 할 의무 같은 것도 절대 없어?"라고 물어보면서 '의무'란 단어를 쓰긴 하는데, 아직 몰라. 의무 뒤에 보상이 뒤따른다는 걸 모른다고. 그걸 경험하는 게 중요한데.

시후　너야말로 모르는 것 같다. 일하는 게 얼마나 힘이 드는지.

하람　무슨 소리야? 이번엔 또 무슨 속임수를 쓰려고?

시후 그걸 의무라고 생각하는데 힘들다는 느낌이 끼어들 여지가 있겠느냐 이 말이다. 힘들지만 참아야 한다. 우리는 일을 하면서 힘들다는 사실보다 미래를 위해 참아야 한다는 것에 더 집중하지. 지금 당장 힘이 드는데, 그 고통을 자꾸 외면하는 거야. 아! 고통이 얼마나 서운해 할꼬!

준서 그럴싸한 반전이네. 그만큼 힘들다는 것이 근본적인 문제라는 거지? 우리가 종종 삐노끼오처럼 일의 고통을 있는 그대로 표현하면 핀잔을 듣기 일쑤잖아. "세상에 안 힘든 사람이 어디 있냐?" 이런 얘기들 말이야. 그러면서 항상 생각을 전환하라고 요구하지. '힘들다. 하지만 미래를 생각하면……' 이런 식으로. 이렇게 '하지만'이라는 단서가 붙으면서 '힘들다'는 부차적인 문제가 되어버리는 거야. 그런데 우리는 정말로 힘들거든. 단서를 떼어내면 느낌이 달라. 우리는 '힘들다'.

나연 삐노끼오가 자꾸 탈선하는 이유는 간단하면서도 중대하구나. 요정의 요구대로 하면 삐노끼오는 힘들어지니까. 학교 가고 공부하고 일하고 기술을 배우는 건 하나같이 삐노끼오가 힘들어하는 것들이야. 왜 해야 하는지 모르니까 더 힘들고 싫을 수밖에. 당장 어떤 사람이 나에게 아무런 설명도 없이 100미터 달리기를 할래, 아이스크림을 먹을래, 이렇게 묻는다면 당연히 아이스크림을 택하지 않겠어? 내 몸은 언제나 편한 것을 원해. 그게 몸의 원리 아니니? 자연의 원리.

준서　설령 100미터 달리기는 몸을 건강하게 하는 운동이고 아이스크림을 먹는 건 비만을 초래하는 행위일 뿐이다, 라는 좀더 큰 맥락을 안다고 해도 사람들은 대부분 100미터 달리기를 싫어해. 제아무리 정신이 미래를 내다본다고 해도 몸은 언제나 지금에 충실하니까. 몸에겐 오로지 지금밖에 없어. 몸에는 '하고 싶다'만 있을 뿐, '해야 한다'가 없어. 그러니까 해야 한다고 하는 걸 몸이 한다는 건 굉장한 긴장과 고통인 거지. 몸이 '하고 싶은 것'에 거슬러 움직인다는 게 참 대단해.

시후　그렇게 몸이 학대받는 걸 참지 못하는 사람들이 있다 이 말씀이야, 이 사회에는. 내 몸이 호소하는 긴장과 고통을 충분히 존중하겠다. 힘든 걸 있는 그대로 힘들다고 말하겠다.

하람　그래서 몸이 욕구하는 대로 살자는 거야? 설마 그건 아니겠지. 아무튼 사회가 제시하는 훈련 프로그램을 따르지 않는 사람들이 존재하는 건 그것이 그들을 힘들게 하기 때문이라는 거잖아. 그건 변명이 아니라 가장 근본적인 이유이고. 오케이, 동의해. 그런데 너희들 그거 아니? 이 세상엔 힘든 걸 있는 그대로 힘들다고 표현하지 않고 인간다운 인간이 되기 위한 당연한 수고라고 생각하는 사람이 더 많다는 거. 이게 바로 인간 고유의 능력이란 거.

나연　그렇지. 나도 그 능력 갖고 있어. 그런데 그 능력 때문에 그동안 몸과 마음 모두 힘들었다는 걸 너무 방치한 것 같아. 준서 말대로

'하지만' 이 단서 하나 믿고 도대체 얼마나 많은 시간을 뺏겨온 거니? 세상에나. 가슴이 막 답답해지는 것 같아.

시후 또 도졌다. 오버하는 병.

준서 음……, 얘들아! 해야 하는 걸 하지 못하는 게 전적으로 내 소관일까? 힘들다 생각하면 못하고 괜찮다 생각하면 할 수 있고, 이게 전부일까? 램프 심지 때문에 그래. 그래도 발췌 부분 30장을 보면 삐노끼오가 많이 발전했어. 요정 덕에 마음을 고쳐먹었으니까. 그런데 램프 심지가 고쳐먹은 마음을 다시 망가뜨려 놔.

하람 그래, 유혹. 이것 참 문제지. 다는 아니지만 유혹은 사람을 그르쳐. 항상 좋은 조건을 내거니까. 장난감 마을 좀 봐. "학교도 없고 선생도 없어. 책도 없지." "목요일엔 학교에 가지 않아도 되는데, 일주일에 목요일이 여섯 번이고 일요일이 한 번이야." 이 말을 듣고 삐노끼오는 "입에 침이 고이는 것을" 느꼈대. 정말 적나라한 표현이다. 놀고만 싶은 욕구가 완전히 되살아난 거야.

시후 글쎄, 내가 볼 때 유혹은 보조에 지나지 않는 것 같은데. 네 말대로 욕구가 완전히 되살아난 거야. 삐노끼오는 놀고만 싶은 욕구를 꾹꾹 눌러서 숨겨두었던 거라고. 숨어 있던 욕구가 불씨라면 램프 심지의 유혹은 기름인 거지. 무엇이 삐노끼오의 통금 시간을 어기려고 하지? 유혹이? 아니지. 욕구가 어기려고 하는 거지. 항상 좋은 조건을 내건다는 게 뭐겠어. 몸이 편해지는 거야. 몸은 어떻게든 힘든 걸 안 하려고 궁리한다는 거, 이게 핵심이야. 지금 삐노끼오가 '달리는 게 좋은 거야.'라고 마음먹고 100미터를 달리려고 폼 잡고 있는데, 램프 심지가 슬쩍 다가와서는 '한 번 정도 아이스크림 먹는 거는 괜찮아.'라고 꼬드기는 거지. '거봐, 어쨌든 싫지?' 이렇게 치고 나오는데 방법이 있나.

하람　내 참……, 그래, 내 말이 그 말이야. 욕구를 되살린 원인이 바로 유혹이잖아. 맨 마지막으로 작동하는 거야 당연히 삐노끼오의 욕구지. 몸이 반응하는 거. 하지만 램프 심지가 없었더라면 그런 일이 일어나지도 않았어. 결국 램프 심지 때문에 삐노끼오는 통금을 어기게 된 거야. 지금 중요한 건 다른 사람이 날 꼬드겼다는 사실이야. 나 스스로 존중하건 남이 귀띔해주건 그것이 '힘들다'의 문제인건 맞는데, 그걸 누가 힘들다고 하느냐, 해야 하는 걸 누가 못하게 하느냐, 이게 진짜 문제라는 거지. 내가 못하는 것과 남이 못하게 하는 것이 어떻게 같을 수가 있어? 지금 달리려고 했는데 램프 심지가 못 달리게 한 거잖아.

준서　하람이 말이 맞다. 음……, 유혹은 환경에 많이 좌우되는 것 같아. 같은 신념을 가진 두 사람이 있다고 치자. 그런데 한 사람은 자기와 같은 신념을 가진 사람 열 명을 이웃으로 두고 있고, 다른 한 사람은 자기와 정반대의 신념을 가진 사람 열 명을 이웃으로 두고 있는 거야. 후자의 경우 상당히 힘들지 않겠어? 램프 심지가 이렇게 말했어. 장난감 마을에 같이 갈 아이들이 백 명도 넘는다고.

하람 요즘은 지천으로 널린 게 훼방꾼이야. 사람뿐이 아니지. 집 안엔 텔레비전 CF, 집 밖엔 각양각색의 음식 체인들. 다이어트 하기 정말 힘들어.

나연 나도 빵집 쇼윈도에 있는 치즈 케이크는 그냥 못 지나치겠더라. 하지만 결국 문제는 나에게 있는 것 같아. 내 몸. 여기 봐봐. "아이들은 너무 빨리 약속을 하지. 하지만 그것을 지키는 데에는 시간이 걸린단다." 요정이 하는 말이야.

준서 그래서? 몸하고 약속하고 무슨 관계지?

나연 약속이 뭐니? 말이잖아. 어떤 행동을 '하겠다'는 말. 그러니까 약속은 '하고 싶다'는 몸과 '하겠다'는 말을 한 세트로 엮는 거야.

시후 아하, 그런데 삐노끼오는 세트 플레이에 실패했다, 이 얘기군.

나연 응. 말과 행동이 따로 노는 거지. '하겠다'라고 말했으면 정말로 그렇게 해야 하는데, 사실 그게 쉽지가 않아. 둘을 한 세트로 붙여만 놓는다고 해결될 일이 아니잖아.

준서 아, 약속과 행동은 별개라는 얘기구나. 맞아. 약속은 행동을 보장하지 못해. 행동은 몸이 하는 거니까. 만날 늦잠 자던 사람이 당장 내일부터 '아침 일찍 일어나야지!' 하고 자신에게 약속한다고 몸이 일찍 일어나질까? 절대로 그럴 수 없어. 몸은 만날 하던 것만 하니까.

나연 알람을 맞춰놔도 못 일어날걸, 아마. 시후야, 안 그러니?

준서 애들은 말만 던져놓으면 그게 그냥 저절로 지켜지는 줄 알아. 약속을 지키는 데는 시간이 걸린다는 요정의 말에 삐노끼오는 "한 가지 약속을 하면 꼭 지켜요."라고 말해. 벌써 지키기라도 한 것처럼 말이야. 어른들도 마찬가지야. 무슨 결심을 하거나 약속을 하면 몸이 당장 그걸 따라올 거라고 생각해. 하지만 실상은 그렇질 않지. 따라오려면 한참 걸려.

시후 옳으신 말씀. 지금 당장 놀고먹는 게 편한 것만큼 지금 당장 약속하는 것도 편하지. 둘 다 힘이 안 들어. 역시 핵심은 힘이 드는가 안 드는가, 이거라니까. 왜, 그런 말 있잖아. "말은 쉽지." 세상에 말하는 것만큼 쉬운 게 어디 있어, 안 그래? 어떻게든 말로 수습해보려고 하는 이 안일한 자세 좀 보라고. 평소에 안 하던 걸 지금부터 무턱대고 하겠다고 하니 그게 될 턱이 있나. "난 이미 마음씨 고운 요정님께 착한 아이가 되겠다고 약속했는걸. 난 약속을 지키고 싶어." "난 벌써 마음씨 고운 요정님에게 분별 있는 아이가 되겠다고 약속했어. 그리고 난 약속을 어기고 싶지 않아." 개뿔도 못 지켰지.

하람 그래도 약속은 필요하지 않을까? 내 생각엔 힘이 드니까 약속하는 것 같아. 해야 하는 일은 말 그대로 힘이 드는 일이니까. 묵묵히 실천하라고 마냥 내버려두면 어느 세월에 해야 하는 걸 하겠어? 몸이 해야 하는 일에 알아서 적응할 때까지 기다리라고? 아까 내가 말했잖아. 사람은 힘든 걸 힘들지 않다고 여기는 놀라운 능력을 지녔다고. 하라고 등 떠밀면 꾸역꾸역 해치우는 능력.

나연 아무튼 푸른 요정처럼 "내게 약속해 줄래?" 하면서 새끼손가락 걸자고 할 땐 조심해야 돼. 몸이 약속 지킬 준비가 안 돼 있는 상황에서 덜컥 "약속할게요." 이랬다간 나중에 "너 왜 안 했어!" 하고 혼나는 일밖에 안 남아. 자기 자신한테 약속하는 것도 마찬가지야. 요정 말대로 시간이 걸리는 문제니까 계획을 세심하게 잘 짜야지.

하람 아무리 세심하게 잘 짜도 한두 번은 엎어져서 코 깨지게 돼 있어. 내가 볼 때 혼나는 건 성장의 피할 수 없는 과정이야. 약속 못 지켜서 혼나고, 힘들다고 투정 부리다가 혼나고. 그렇게 자극 받으면서 인간이 되는 거잖아. 너희들은 그렇게 안 컸어? 난 너희들이 오늘 한 얘기를 격려로 새겨들을래. 인간이 되고 사회인이 되는 게 쉽지 않은 건 사실이니까. 난 밖으로는 나를 좀먹는 온갖 유혹에 분노하면서 안으로는 내 몸을 열심히 다그칠 거야. 대신, 최소한 힘든 걸 너무 억지로 참는 짓은 안 할 거야.

시후 어머머! 악다구니 하람 양 어휘사전에 '힘들다'란 단어가 추가되는 거야? 정말로?

나연 난 네 사전에 '정시 기상'이란 단어가 추가됐으면 좋겠다.

몸의 한계는 나의 한계다

'해야 한다는 걸 알면서도 왜 못하나?' 언뜻 보면 이 물음은 별거 아닌 것처럼 보인다. 사람들은 이 문장에서 앞쪽에 강세가 있다고 생각할 수 있다. 내가 '해야 한다는 걸 알고 있는 존재'라는, 이 사실에 먹먹해 할 따름이다. '왜 못하나?'라는 물음은, 그러니까 일종의 투정인 셈이다. 바닥에 주저앉아 발을 동동 구르며 "난 왜 못하지, 난 왜 못하는 거야!" 하며 '못하는 나'는 '아는 나'를 향해 도리질을 하는 것이다. 어찌 보면 앎과 함의 괴리를 깨닫는 일은, 거기까지는 누워서 떡 먹기다. 문제는 그 괴리를 깨달아도 여전히 난 '못하는' 존재에 머문다는 사실이다. 이쯤 되면 '알고 있는 것'은 '알다가도 모를 일'로 둔갑한다. 그리고 이 둔갑술은 대부분의 범인(凡人)들을 평생토록 따라다닌다. 그것도 삐노끼오처럼 일찌감치 어린 시절부터. 정리정돈 잘해야 한다, 음식은 골고루 먹어야 한다, 놀기보다 일에 더 열중해야 한다, 일찍 일어나야 한다, 등등. 많은 사람들이 이 지당한 말씀들을 인생의 황혼녘에 이르도록 몸에 익히지 못해 낑낑

댄다. 세 살 버릇 여든까지 간다고, 아마 이 말씀들을 거역하고자 하는 욕구는 지구인 공통의 버릇일 것이다. 도대체 사람들은 왜 이깟 말씀 몇 개를 실천하지 못해 안달일까?

여기 그 답을 몸소 실천해 보이는 삐노끼오가 있다. 그야말로 몸으로 실천한다. 이 꼬마 나무인형의 욕구는 하나같이 몸과 관련되어 있다. 몸이 편하고 몸이 만족하는 것, 배불리 먹고 실컷 자고 "일 년 내내 빈둥거리고 게으름만" 피우는 것, 이것이 삐노끼오에게 내린 지상명령이다. 이 지상명령을 따르느라 삐노끼오는 위에 열거한 말씀들을 실천하지 못한다. 한마디로 삐노끼오는 인간의 고매하지 못한 단면, 본능에 충실한 동물적 단면을 대변한다. 그렇다고 이 동물적 단면을 무시할 순 없다. 당연히 제거할 수도 없다. 특히 먹고 잠자는 등의 생리적 욕구는 인간이 인간답기 위해 우선적으로 해결해야만 하는 과제다. 굶주리고 헐벗는다면 일단 살아남을 수가 없다. 인간이 인간답기 시작하는 것은 어디까지나 생존이 보장된 다음부터이다.

고매한 정신 속에 살아가는 인간에게도 이러한 생리적인 욕구는 불쑥불쑥 찾아들어 강력한 지배력을 행사한다. 발췌된 텍스트에는 없지만, 《삐노끼오의 모험》 30장에서 삐노끼오의 친구들이 그의 초대에 응한 이유는 단순하다. 커피와 우유, 그리고 둥근 빵과 버터가 준비되어 있었기 때문이다. 몸의 생리적 욕구만 따르던 동물적 단계에서 벗어나 이제는 의무와 계획이라는 것도 고려할 줄 아는, 진짜 인간이 되기로 작정한 삐노끼오를 축하해주는 자리건만 친구들은 그 축하의 의미보다 축하 자리에 마련된 먹을거리에 먼저 끌린다.

어른들이라고 뭐 다를까? 결혼식에서 결혼의 의미를 일목요연하게 설파하는 주례에 사람들은 관심이 없다. 솔직히 사람들의 일차적인 관심은 오늘의 메뉴가 뷔페인가 갈비탕인가 하는 점이다. 염불보다는 젯밥에 눈이 어둡다.

• • •

진화생물학의 입장에서 인간의 질병을 새롭게 바라보고자 한 네스(R. M. Nesse)와 윌리엄스(G. C. Williams)의 공동저작《인간은 왜 병에 걸리는가》에는 다음과 같은 구절이 나온다. "우리 식생활의 문제는 석기 시대에 진화한 미각과 그 미각이 현대에 끼치는 효과 사이의 부조화에서 생겨난다. 지방, 설탕, 소금은 우리가 진화해온 역사에서 거의 항상 부족했다. 대부분의 시대에 거의 모든 사람이 이런 물질들을 많이 섭취할수록 더 큰 이득을 얻었으므로, 그것들을 구하려 애쓰고 좀더 많이 먹으려는 행동은 언제나 적응적(adaptive)이었다." 이 시대에 왜 이토록 소아 비만 환자가 많은지 절로 고개가 끄덕여진다. 적어도 아이들에겐 잘못이 없다. 아이들은 몸이 요구하는 동물적 생존 법칙을 따를 뿐이다. 사탕을 많이 먹으면 충치로 고생한다고 거듭 충고해봤자 몸의 기준은 여전히 석기 시대다.

삐노끼오가 내뱉은 "설탕이 약이라면" 이 한마디는 인간 몸의 생물학적 진실을 가감 없이 드러내는 표현이다. 진화생물학은 또한 먹고 잠자는 등의 생리적 욕구뿐 아니라 게으름까지도 몸의 진실이라고 말한다. 만약 30장에서 삐노끼오가 램프 심지를 만나지 않아 파티가 예정대로 진행되었다면 어땠을까? 아프리카 초원의 새끼 사자들처럼 실컷 먹고 적당히 나뒹굴었을 것이다. 배가 부르니 자리에 앉고 싶고, 앉아 있자니 눕고 싶고⋯⋯. 이 '싶고'의 메커니즘 역시 위의 책은 이렇게 설명한다. "인간이 진화해온 거의 전 기간 동안, 상황이 허락하는 한도 내에서 되도록이면 게으름을 피워 에너지를 비축하는 편이 적응적이었다." 결국 "오늘날 이 무사태평한 적응 때문에 우리는 직접 테니스를 치면 더 나을 시간에 방 안에 틀어박혀 테니스 중계나 보고 있다."

이러한 생물학적 진실이 삐노끼오에겐 '힘들다'고 하는 현실의 문제로 구체화된다. 몸의 진실을 따르려고 하는 자연스러운 방향에 어른들이 제동을 걸기 때문이다. 어른들은 너의 주변 여건이 생존을 충분히 보장하는데도 왜 계속 일차적인 욕구 단계에만 머무르려 하느냐고 나무란다. 의식주가 기본적으로 보장되는 상황에서 대개 사람들은 더 나은 의식주, 더 나은 게으름과 유희를 누리기 위해 지금의 수고를 견뎌낸다. 하지만 동물적인 삐노끼오는 기술을 배우고 직업을 갖는 것이 더 큰 배부름을 위한 거시적인 설계임을 알지 못한다.

삐노끼오는 '지금'과 '당장'에 철저히 지배당한다. 눈앞의 버터 바른 빵은 먹으면 당장 배부르지만, 눈앞에 닥친 일은 행하면 당장 힘들고 허기질 뿐이다. 삐노끼오가 일하기를 꺼리는 이유는 그것이 "힘들 것 같아서"이다. 또 학교 가기를 싫어하는 이유는 "온몸이 쑤셔"오기 때문이다. 삐노끼오는 지금 말도 안 되는 변명을 하고 있는 것이 아니다. 삐노끼오는 실로 절박하다. 삐노끼오에겐 지금 당장 주어지는 보상만이 진짜 보상이다. 미래의 보상은 전혀 고려의 대상이 아니다. 납득할 수 없는 보상에 이끌려 학교를 가자니 온몸이 쑤셔올 수밖에 없다. 누구나 한번쯤 학교에서 잡초를 뽑았던 기억을 가지고 있을 것이다. 선생님들은 '나의 학교'를 깨끗이 하는 일이라고 다그쳤지만, 그것은 나의 성적과 아무런 관련도 없는 일이었을뿐더러, 그 일의 진짜 목적은 교육감 방문에 대비한 교장 선생님의 고육지책인 경우가 허다했다. 잡초 뽑기는 결코 즐겁지 않았다.

우리나라 전래동화 〈소가 된 게으름뱅이〉의 주인공 게으름뱅이도 마찬가지다. 이 아이 역시 일하는 것이 하나도 즐겁지 않다. 열심히 일하는 것이 미래를 위한 투자라는 걸 이해하지 못했던 게으름뱅이는 들판에서 한가로이 풀을 뜯고 있는 소를 보며 부러워한다. 저렇게 허구한 날 먹고 잠만 잘 수 있다면 얼마나 좋을까! 이때 산신령이 나타나 "정말 소가 되고 싶으냐?"라고 묻자, 게으름뱅이는 기다렸다는 듯이 "그렇습니다."라고 대답한다. 하지만 기대했던 것과는 정반대로 산신령이 소가 된 게으름뱅이를 한 농사꾼에게 헐값에 넘긴다. 매일 중노동에 시달리고 고작 풀죽밖에 먹지 못하는 신세가 되자, 게으름뱅이는 "전 원래 사람이에요!"라고 울부짖는다. 하지만 농사꾼에겐 그 소리가 "음머! 음머!" 하는 소 울음소리로밖에 들리지 않는다. 삐노끼오 역시 실컷 놀 수 있다는 램프 심지의 말만 믿고 장난감 나라에 따라갔다가 당나귀로 변한다. 비록 삐노끼오가 당나귀가 되길 원한 것은 아니지만, 두 아이 모두 가축으로 변한 자신의 모습을 보고 지난 행적을 뼈저리게 후회한다.

그렇다면 삐노끼오와 게으름뱅이가 철부지가 아니라면 어떨까? 두 아이가 뼈저린 후회 끝에 기술을 배우고 직업을 갖는 것이 미래를 위한 온당한 투자라고 믿게 되었다면 어떨까? 그렇게 믿게 되면 지금의 수고가 힘들지 않을까? 아니다. 당연히 힘들다. 몸이 힘든 건 속일 수 없는 진실이다. "이 일 보람 있어요."라고 답한다고 해서 그 일이 수월해지는 건 아니다. 힘든 건 분명한 사실이다. 실제로 농부들은 밭을 일구면서 한 이랑 두 이랑 일을 마칠 때마다 "어이구 힘들다!"를 외친다. 하지만 바로 이 대목에서 삐노끼오와 농부는 차이를 보인다. 지금 농부는 육체적 고통을 존중하는 차원에서 '힘들다'를 외친 것이 아니다. 다가올 수확의 계절에 좀더 많은 채소를 얻으려면 이만큼 힘들어야 한다는 걸 겉으로 드러내려는 의도이다. 지금 수확을 위한 대가를 충분히 치르는 중이라는 자기 증명인 것이다. 이 정도 고통을 감내하지 않고서 미래를 보장받으려고 하는 것은 떳떳치 못한 일이다.

우리는 이런 성실한 농부의 마음가짐을 존경한다. 몸의 고통을 기꺼이 자기 것으로 체화하지 않고서는 미래의 더 큰 결실에 도달할 수 없다는 걸 안다. 이처럼 사람들은 어느 정도 힘들어야 안도한다. 힘들지 않으면 개운치가 못하다. 하지만 이것이 지나친 강박이 되어선 곤란하다. 몸은 미래를 위해 언제든지 혹사할 준비가 되어 있어야 하는 수단이 아니다. 몸이 힘들다고 계속 신호를 보내는데, 그 신호를 나의 의지박약으로만 해석하는 건 어리석다. 사람들은 미래에 덜 힘들 것을 기대하며 지금 힘들고 있다. 그렇지만 지금 힘든 것에 완전히 길들여져 힘들지 않은 상태를 견디지 못하는 정도까지 치닫는다면 그건 비극이다. 때로는 힘들다는 몸의 신호를 존중할 필요가 있다. 하지 못하는 나를 자책만 할 것이 아니라, 하지 못하는 나를 인정할 줄도 알아야 한다. 먼 훗날을 위해 지금의 수고를 감내한다는 것은 그 자체로 대단한 일이다. 힘들다고 하는 것은 해야 하는 일을 하지 못하는 충분한 이유가 될 수 있다. 아니, 어쩌면 가장 근본적인 이유이다. 힘들다는 것을 너무 우습게 봤다간 일중독증이 되어 과로사로 생을 마감할 수도 있다.

• • •

사람들은 대개 해야 하는 걸 아는 것과 해야 하는 걸 하는 것, 이 두 가지를 잘 연결시키지 못한다. 사실 그것은 당연하다. 이 둘은 원래 저절로 연결되는 것이 아니다. 연결되지 않는데도 '해야 한다는 걸 알면서도 왜 못하나?'라며 하나의 질문으로 통합하다 보니 고민이 깊어지는 것이다. 사실 두 가지는 서로 다른 영역이 관장한다. 전통적인 심신이원론으로 보면, 정신은 알기만 하고 몸은 하기만 한다. 특히나 몸은 오로지 하기만 한다. 정신은 삐노끼오의 것처럼 모르기도 하고 농부의 것처럼 알기도 하지만, 몸은 오로지 하기만 한다. 하기만 할 뿐 못하질 않는다. 못한다고 하는 건 어디까지나 정신의 투정이다. 물론 정신이 해야 한다고 하는 걸 몸이 억지로 따를 수는 있다. 하지만 그러면 필경 몸은 병이 난다. 생전 100미터 달리기도 안 하던 사람이 상금에 눈이 먼 정신에 이끌려 마라톤 대회에 참가한다면 몸은 죽음으로 답할 수도 있다. 몸은 오로지 하고 싶은 것과 하던 것만 한다. 몸이 하고 싶은 것은 만인에게 공통된 생물학적 진실이고, 몸이 하던 것은 각자 살아온 방식에 따라 저마다 다르다.

해야 하는 걸 하는 것과 해야 하는 걸 못하는 것의 차이는 몸이

'해야 하는 것'에 얼마나 익숙해져 있나에 달려 있다. 몸이 하던 것이 해야 하는 것과 멀다면 그 사람이 하던 것은 대개 몸이 하고 싶은 것이다. 반대로 몸이 하던 것이 해야 하는 것에 가깝다면 그 사람은 해야 하는 걸 하기가 훨씬 수월하다. 때문에 매일 5킬로미터씩 조깅하며 몸을 단련한 사람은 생전 100미터 달리기도 안 하던 사람보다 마라톤을 완주할 가능성이 월등히 높다. 어릴 적부터 어른 앞에서 몸가짐을 조심했던 우리나라 사람들은 그렇지 않은 몽골 사람들보다 어른을 공경할 가능성이 매우 높다.

한번은 아는 분의 소개로 몽골 유학생 두 명이 우리 집을 방문한 적이 있는데, 처음 보는 할아버지와 할머니 앞에서 아무렇지도 않게 벌렁벌렁 드러눕는 것이었다. 이 사건은 조그만 충격이었다. 몽골 사람들은 왜 저토록 예의가 없을까 하고 기분이 상했던 것이 아니다. 몽골 사람 전체가 저들처럼 드러누울 거라고 단정 지을 수도 없었다. 오히려 나는 나의 몸이 철저히 훈련되어왔다는 사실을 새삼 깨닫게 되었다. 나의 몸은 처음 보는 어른 앞에서 절대로 눕지 않도록 길들여져왔다. 어른과 마주할 때마다 매번 '어른 공경!'이라고 정신의 다짐이 작동할까? 그렇게 정신이 알기 이전에 몸이 먼저 알고 있다. 몸이 먼저 알고 있으면 '해야 한다'는 고민은 필요 없다. 나의 몸은 나도 모르는 사이에 어른을 공경하고 있다. 그러니까 몸은 하기만 하고 알지는 못한다는 앞의 얘기는 몸이 하지 않던 것에만 해당된다. 몸이 하지 않던 것은 몸이 모르는 것이다.

율곡 이이가 지은 《격몽요결(擊蒙要訣)》은 올바른 행동거지와 몸가짐에 어떤 것들이 있는지를 나열하는 데 많은 지면을 할애한다.

해야 하는 것이 하던 것이 되도록 가르치기 위해서이다. 여기서 몽(蒙)이 뜻하는 '무지몽매'의 대상은 지식이 아니라 몸이다. 몸이 모른다면 그것이 바로 무식이다. 그래서 무식한 몸을 격파하는 일이 관건이다. 물론 푸른 요정도 이러한 몸의 작동 원리를 알고 있다. 삐노끼오가 "사람이 될 만한 일"이 무엇인지 묻자, 요정은 "좋은 습관을 들이는 거야."라고 대답한다. 아리스토텔레스가 《니코마코스 윤리학》에서 선(善)을 행하는 데는 플라톤이 말하는 것처럼 선의 이데아를 아는(知) 것에 그치지 말고 "좋은 습관"을 지니는 것이 무엇보다 중요하다고 말한 것도 같은 맥락이다. 하지만 구체적인 훈련 프로그램을 가지고 있지 않다는 게 요정의 맹점이다. 습관을 들이는 일을 두고 요정은 "아주 쉽단다."라고만 대답한다. 그게 어디 쉬운 일인가?

"일 년 내내 빈둥거리고 게으름만" 피우는 삐노끼오에게 "착한 소년"이 되라는 푸른 요정의 요구는 무리일 수밖에 없다. 엄청난 육체적 · 정신적 충격을 받지 않는 이상, 사람이 하루아침에 바뀔 수는 없는 법이다. 그래서일까? 삐노끼오는 약속을 남발한다. "약속할게요. 난 착한 아이가 되고 싶어요." "공부도 하고 일도 할게요. 엄마가 말하는 건 뭐든지 다 할게요." 하지만 삐노끼오는 "한 가지 약속을 하면 꼭 지켜요."라는 자신감에도 약속의 대부분을 지키지 못한다. 정신은 충분히 자신감을 가질 수 있고 또 약속도 할 수 있지만, 그건 몸과는 상관없는 일이기 때문이다.

몸은 약속을 모른다. 사실 뭔가를 약속하는 것만큼이나 쉬운 일이 세상에 또 있을까? 그냥 말 한마디 뱉으면 그만이다. 그 말 한마디

믿고 이 시대의 아버지들은 당장 금연을 약속하지만 십중팔구 실패한다. 손이 스멀스멀 담뱃갑을 향하는데도 정신은 이를 막을 길이 없다. 우리의 정신은 분명 위대하지만 반대로 그만큼 무책임하기도 하다. 금연 일차 시기에서 보란 듯이 성공하는 아버지들도 있지만, 대부분은 몇 차례의 실패를 거듭한 끝에, 흡연 횟수를 차츰차츰 줄여나가는 각고의 노력 끝에 성공한다. 따라서 몸에게 새로운 습관을 익힐 만한 충분한 시간도 주지 않고 새로운 습관을 익히려는 구체적인 프로그램도 제시하지 않고서 덜컥 약속부터 한다면 그 약속은 보나마나 지킬 수 없다. 그건 '해야 한다는 걸 알면서도 왜 못하나?'라는 고민에 전혀 도움이 되지 않는다. 해야 하는 걸 더 못하게 할 뿐이다. 괜한 죄책감만 키울 뿐이다.

그렇다고 해야 하는 걸 알면서도 못하는 이유를 전적으로 나에게 돌릴 필요는 없다. 내가 아무리 생리적 욕구에 집착하지 않고 좋은 습관을 가지려 노력하며 신중하게 약속한다 할지라도 주변 사람들이 나를 유혹한다면 해야 하는 걸 하기는 그만큼 더 힘들어진다. 좀 더 달콤하고 좀더 안락한 것을 그쪽에서 제시한다면 나의 몸은 즉각 '하고 싶다'는 반응을 보인다. 아무리 마음을 다잡고 미래를 위해 매진하려고 해도 램프 심지 같은 인간이 나타나면 그 곧았던 심지는 흐물흐물 흔들리게 마련이다. "목요일엔 학교에 가지 않아도 되는데, 일주일에 목요일이 여섯 번이고 일요일이 한 번"이라면 어떤 아이인들 마다하겠는가? "입에 침이 고이는 것을" 막을 수 있겠는가? 램프 심지가 말한 장난감 마을을 푸켓이나 발리 같은 휴양지로 대체한다면 분명 너도나도 '행복한 마을 입구까지 데려다줄 마차'가 될 비행기에 탑승하기 위해 몰려들 것이다.

　요즘 세상은 더욱 유혹적이다. 장난감 마을을 소개한 램프 심지 같은 중개인이 필요치 않을 만큼 장난감은 우리 곁에 가깝고 그 광채는 어느 때보다 찬란하다. "갖가지 빛깔은 사람의 눈을 멀게 하고, 갖가지 소리는 사람의 귀를 멀게 하며, 갖가지 맛은 사람의 입을 버리게 한다(五色令人目盲 五音令人耳聾 五味令人口爽)."는 노자(老子)의 《도덕경(道德經)》 12장의 말은 기원전에 씌어졌지만 꼭 21세기를 위해 마련된 잠언 같다. 요즘 세상은 온갖 방법과 온갖 기술을 총동원하여 극한의 감각을 선사한다. 대문을 한 발짝만 벗어나도, 텔레비전 채널 어디를 선택하더라도 우리는 감각의 유혹과 대면한다. 인생을 좌지우지하는 단 한 번의 거대한 유혹이 아니라, 셀 수 없는 자질구레한 유혹이 내 주위를 겹겹이 둘러싸고 있다. 공상과학 영화의 허무맹랑한 액션 앞에, 최신 가요의 상투적인 멜로디 앞에, 아이스크림의 시원한 단맛 앞에 나의 몸은 굴복한다. 그리고 이 무수한 굴복이 쌓이고 쌓여 나의 미래를 야금야금 좀먹는다. 결국 우리는 램프 심지와 똑같이 변명하기에 이른다. 우리는 우리가 사는 이곳을 그 어느 때보다 "문화적인 마을"이라고 부른다. 해야 하는 걸 하는 건 그 어느 때보다 어렵다.

· · ·

　핵심은 역시 해야 하는 걸 하는 최후의 보루는 몸이라는 사실이다. 하지만 일상생활에서 우리는 이 핵심을 자주 망각한다. 부모들은 자식들에게 "넌 머리는 좋은데 노력이 부족하다."라는 말을 시도 때도 없이 해댄다. 공부를 잘할 자격이 충분한데도 왜 그렇질 못하느냐고 나무란다. 그런데 이 나무람은 틀렸다. 공부를 잘할 자격은 두뇌의 명석함에 있는 것이 아니라 그 두뇌를 실질적으로 다스릴 몸에 있다. 책상에 앉아 책을 들여다보는 습관을 들인 사람, 몸이 책상에 붙어 있기를 좋아하는 사람에게 진짜로 공부를 잘할 자격이 있다. 자식의 노력 부족을 탓하기 전에 부모는 먼저 자식에게 어떤 환경을 조성해주었는지 스스로를 돌아봐야 할 것이다. 노력의 부족은 몸에 배어 쉽사리 고쳐지지 않는다. 물론 '하면 된다'는 정신의 다짐이 전적으로 쓸모없는 건 아니다. 때론 그런 다짐이 상상치도 못했던 힘을 몸에 불어넣는 것도 사실이다. 가정과 학교, 군대, 직장에서까지 우리나라는 '하면 된다'는 슬로건을 강조한다. 그러나 그 다짐이 실패했다고 털썩 주저앉아 자기 정신력만 탓해서는 안 된다. 계속 정신에게만 기회를 줘봤자 절망만 커져간다.

'난 할 수 있어!', '오늘부터 난 달라질 거야!'를 정신이 남용하도록 하지 말자. 이럴 땐 차분히 자신의 몸을 돌아봐야 한다. 정신은 어제의 나와 오늘의 나를 전혀 다른 존재로 단절시킬 수 있지만 몸에겐 그럴 능력이 없다. 정말로 달라지고 싶다면 몸이 하던 것에 비추어서 조금씩 교정해나가야 한다. 영화 속에서 몇 미터나 되는 나무를 훌쩍 뛰어넘는 소림사 쿵푸 고수들의 비법은 실로 간단하다. 몇십 센티미터밖에 안 되는 어린 묘목을 심어놓고 아주 어렸을 적부터 하루에 몇 차례씩 뛰어넘는 것이다. 여기에 효과를 더하려면, 자기가 원하는 방향으로 이미 행동하고 있는 사람들 틈에 수시로 끼어들어 그들의 색깔에 서서히 물들게 할 필요가 있다. 담배를 끊고 싶

으면 가능한 한 담배를 피워서는 안 되는 공간에 자기 몸을 끌고 가
든지, 담배를 안 피는 사람들과 자주 어울릴 일이다. '하면 된다'라
는 무조건적인 의식에 자기를 맡기는 일은 무모하다. 그것은 몸이
긴 시간에 걸쳐 축적한 '하던 것'의 무게를 간과하는 어리석고 위험
한 태도이다.

2

성장의 길

- 타인은 나의 성장에 방해가 되나?
- 무엇을 향한 성장인가?

《데미안》(전영애 옮김, 민음사, 1997)은 헤르만 헤세가 1차 세계 대전 직후에 발표한 소설이다. 이 소설은 신실한 가톨릭 가정에서 자라난 주인공 '싱클레어'가 홀로서기를 겪으면서 자기를 찾아가는 과정을 다룬다. 주인공이 성장하는 데 핵심적인 조력자가 바로 '데미안'이다. 소설의 마지막에 싱클레어가 전쟁에 참여하게 되기까지 데미안은 주인공의 성장 과정에서 정신적인 지표 역할을 한다. 발췌된 부분에 나오는 '피스토리우스'도 주인공이 만난 정신적 스승 가운데 하나이다.

　한 사람 한 사람의 삶은 자기 자신에게로 이르는 길이다. 길의 추구, 오솔길의 암시다. 일찍이 그 어떤 사람도 완전히 자기 자신이 되어본 적은 없었다. 그럼에도 누구나 자기 자신이 되려고 노력한다. 어떤 사람은 모호하게 어떤 사람은 보다 투명하게, 누구나 그 나름대로 힘껏 노력한다. 누구든 출생의 잔재, 시원(始原)의 점액과 알껍질을 임종까지 지니고 간다. 더러는 결코 사람이 되지 못한 채, 개구리에 그치고 말며, 도마뱀에, 개미에 그치고 만다. 그리고 더러는 위는 사람이고 아래는 물고기인 채로 남는 경우도 있다. 그러나 모두가 인간이 되라고 기원하며 자연이 던진 돌인 것이다. 그리고 사람은 모두 유래가 같다. 어머니들이 같다. 우리 모두는 같은 협곡에서 나온다. 똑같이 심연으로부터 비롯된 시도이며 던져짐이지만 각자가 자기 나름의 목표를 향하여 노력한다. 우리가 서로를 이해할 수는 있다. 그러나 의미를 해석할 수 있는 건 누구나 자기 자신뿐이다.

　(중략)

　특이한 음악가 피스토리우스로부터 압락사스에 대하여 들은 것을 짧게 다시 들려줄 수 없지만 그에게서 배운 가장 중요한 것은 나 자신에게로 가는 길 위의 또 한 걸음이었다.

(중략)

시간이 가면서 서서히 내 마음속에서는 느낌 하나가, 내 친구 피스토리우스를 그렇게 절대적으로 지도자로 인정하는 것에 저항했다. 내 청년 시절 극히 중요한 몇 달 동안 내가 체험했던 것은 그와의 우정이었고 그의 충고, 그의 위로, 그의 친근함이었다. 그를 통해 신이 나에게 말했다. 그의 입으로부터 내 꿈들이 나에게로 되돌아왔다. 밝혀지고 해석되어서. 그는 나에게 나 자신에게로 가는 용기를 선사했다. 아, 그런데 이제 서서히 자라가면서 나는 그에 대한 저항을 감지한 것이다. 이제 들으니 그의 말에는 지나치게 많은 가르침이 담겼고, 그가 완전히 이해하는 건 나의 한 부분뿐이라고 느껴졌다.

우리들 사이에 다툼은 없었다. 요란한 장면도 없었다. 결론도, 청산조차도 없었다. 나는 그에게 다만 단 한마디의, 사실은 무해한 말을 했다. 그러나 그 해롭지 않은 한마디가 던져진 바로 그 순간 우리들 사이에 있었던 환상이 색색깔 조각으로 깨어져 흩어졌다.

어떤 예감이 이미 한동안 나를 짓누르고 있었다. 그것이 분명한 느낌으로 구체화된 것은 어느 일요일 그의 낡은 서재에서였다. 우리들은 불 앞 방바닥에 엎드려 있었고 그는 비밀 의식과 종교 형태들을 이야기했다. 그런 것들을 그는 연구하고 명상하며, 그 가능한 미래에 열중하고 있었다. 그러나 나에게는 그 모든 것이 인생을 결정할 만큼 중요하다기보다는, 오히려 기이하고 재미있는 것으로 보였다. 나에게는 그저 현학적인 과시로 들렸다. 내 귀에는 이전 세계들의 폐허를 뒤지는 고달픈 탐색의 소리가 거기서 들려왔다. 그리하여 문득 나는 이 모든 방식, 이런 신화 예배, 전승된 신앙 형식을 모자이크처럼 짜맞추는 유희에 대한 거부감이 느껴졌다.

"피스토리우스" 내가 갑자기 말했다. 스스로도 놀랄 만큼 악의가 담겨 있었다. "제게 다시 한 번 꿈 이야기를 들려주셔야겠어요. 밤에 꾸신 진짜 꿈 이야기를요. 지금 말씀하시는 것, 그건 참 지독하게 (인용 텍스트는 본래 '빌어먹게'였으나, 원문에 비해서 지나치게 과격하다고 생각되어 '지독하게'로 수정하였다 —저자 주) 골동품 냄새가 나네요!"

(중략)

오랜 시간 우리는 다 타버린 불 앞에 그대로 엎드려 있었다. 불 속에서는 타오르는 모습 하나하나, 구부러져 들어가는 막대 모양의 재 하나하나가 나에게 행복하고 아름답고 풍요로웠던 시간들을 기억 속에 불러왔고 피스토리우스에게 내가 진 빚더미를 점점 더 크게 쌓아올렸다. 마침내 나는 더 견디지 못했다. 일어서서 나왔다. 오래 나는 서 있었다. 그 집 문 앞에, 어두운 계단 위에, 집 바깥에서, 그가 혹시 와서 나를 따라오지나 않을까 한동안 더 기다리며. 그 다음에는 계속 걸었다. 몇 시간이고 시내와 교외, 공원과 숲을 돌아다녔다.

저녁까지. 그리고 당시에 나는 처음으로 내 이마에 찍힌 카인의 표지를 느꼈다.

하지만 서서히 나는 생각하게 되었다. 나의 생각은 모두가 나 자신을 비난하고 피스토리우스를 옹호하려는 뜻뿐이었다. 하지만 모든 것이 그 반대로 끝나버렸다. 수천 번이나 나는, 나의 경솔했던 말을 후회했고 다시 거두어 담을 용의가 있었다. 그러나 그래도 그것은 사실이었다. 이제 비로소 피스토리우스가 이해되었다. 그의 모든 꿈을 떠올려볼 수 있었다. 이런 꿈이었다. 사제가 되어 새로운 종교를 알리려는 꿈, 찬양, 사랑과 예배의 새로운 형식을 주고 새로운 상징들을 세우려는 꿈이었다. 그러나 그건 그의 힘으로 될 일이 아니었다. 그의 직분이 아니었다. 그는 너무도 편안하게 이미 존재하는 것 속에 머물렀다. 그는 너무도 정확하게 예전의 것을 알고 있었다. 그는 이집트에 대해, 인도에 대해, 미트라스에 대해, 압락사스에 대해 너무도 많이 알고 있었다. 그의 사랑은 이미 지구가 보았던 형상들에 매여 있었다. 그러면서 마음속 가장 깊은 곳에서 그 스스로가 잘 알고 있었다. 새로운 것은 새롭고도 달라야 한다는 것, 새 땅에서 솟아야지 수집되거나 도서관에서 길어내어져서는 안 된다는 것을. 그의 직분은 어쩌면, 나에게 해주었듯이, 인간이 그 자신에게로 이르도록 돕는 일일 것이다. 그들에게 들어보지 못한 전대미문의 것, 새로운 신들을 제시하는 것, 그것은 그의 직분이 아니었다.

그리고 여기서 갑자기 예리한 불꽃 같은 인식이 나를 불태웠다. 누구에게나 하나의 〈직분〉이 있지만, 그것은 그 누구도 자의로 택하고 고쳐 쓰고 그리고 마음대로 주재해도 되는 직분은 아니라는 것. 새로운 신들을 원한다는 것은 틀렸다. 세계에다 그 무엇인가를 주겠다는 것은 완전히 틀린 생각이었다! 각성된 인간에게는 한 가지 의무 이외에는 아무런, 아무런, 아무런 의무도 없었다. 자기 자신을 찾고, 자신 속에서 확고해지는 것, 자신의 길을 앞으로 더듬어 나가는 것, 어디로 가든 마찬가지였다. 그 생각이 내 마음을 깊이 뒤흔들었다. 그리고 그것이 내게는 이 체험에서 얻은 열매였다. 나는 자주 미래의 영상들을 가지고 유희했었다. 어쩌면 시인으로 혹은 예언자로, 혹은 화가로 혹은 어떻게든 나를 위하여 예비되었을 역할들을 꿈꾸곤 했었다. 그 모든 것이 아무것도 아니었다. 나는 시를 짓기 위하여, 설교하기 위하여, 그림 그리기 위하여 존재하는 것이 아니었다. 나도 또 다른 그 어떤 인간이 되라고 존재하는 것이 아니었다. 그 모든 건 다만 부수적으로 생성된 것이었다. 모든 사람에게 있어서 진실한 직분이란 다만 한 가지였다. 즉 자기 자신에게로 가는 것. 시인으로 혹은 광인으로, 예언가로 혹은 범죄자로 끝장날 수도 있었다. 그것은 관심 가질 일이 아니었다. 그런 건 궁극적으로 중요한 게 아니었다. 누구나 관심 가질 일은, 아무래도 좋은 운명 하나가 아니라, 자신의 운명을 찾아내는 것이며, 운명을 자신 속에서 완전히 그리고 굴절 없이 다 살아내는 일이었다. 다른 모든 것은 반쪽의 얼치기였다. 시도를 벗어남이고, 패거리의 이상(理想)으로의 재도피이고, 무비판적 적응이자 자기 자신에 대한 두려움이었다. 새로운 영상이 무섭고도 성스럽게 눈앞에서 솟았다. 수백번 예감했고 어쩌면 자주 입 밖에 내었지만 이제 비로소 체험한 것이었다. 나는 자연이 던진 돌이었다. 불확실함 속으로, 어쩌면 새로운 것으로, 어쩌면 무(無)로 던져졌다. 그리고 측량할 길 없는 깊은 곳으로부터의 이 던져짐이 남김없이 이루어지게 하고, 그 뜻을 마음속에서 느끼고 그것을 완전히 내 것으로 만드는 것, 그것만이 나의 직분이었다. 오직 그것만이!

이미 많은 고독을 나는 맛보았다. 이제 예감했다. 더 깊은 고독이 있으며 그 고독은 벗어날 수 없는 것임을.

(중략)

그때 나는 목적지에 와 있었다. 밤이었다. 의식은 분명했다. 이제 막 내 안의 끌림과 충동이 힘차게 느껴졌던 참이었다. 이제 나는 넓은 홀에, 바닥에 깔린 자리에 누워 있었다. 내가 부름을 받은 곳에 와 있다는 느낌이었다. 주위를 바라보았다. 내 매트리스 바로 곁에 다른 매트리스가 바싹 붙어 놓여 있었고 누군가가 그 위에 있었다. 그 사람이 앞으로 몸을 숙이고 나를 바라보았다. 이마 위에 그 표적이 있었다. 그것은 막스 데미안이었다.

나는 말을 할 수 없었다. 그도 말할 수 없었거나 말하려고 하지 않았다. 다만 나를 바라보았다. 그의 얼굴에는 그 너머 벽에 달려 있는 신호등 불빛이 드리워져 있었다. 그가 나를 향해 미소지었다.

무한히 긴 시간 동안 내내 그는 내 눈을 들여다보았다. 천천히 그의 얼굴이 더 가깝게 내게 다가왔다. 우리가 거의 닿을 때까지.

"싱클레어!" 그가 나직이 말했다.

나는 그에게 눈으로 그의 말을 알아듣고 있다는 표시를 했다.

그가 다시 동정하는 표정으로 미소지었다.

"어린 소년이 됐네!" 그가 미소 띠며 말했다.

그의 입이 이제 내 입 아주 가까이에 있었다. 나직이 그가 계속 이야기했다.

"프란츠 크로머 아직도 기억해?"

나는 그에게 눈을 깜박여 보였다. 미소지을 수도 있었다.

"꼬마 싱클레어, 잘 들어! 나는 떠나게 될 거야. 너는 나를 어쩌면 다시 한 번 필요로 할 거야. 크로머에 맞서든 혹은 그 밖의 다른 일이든 뭐든. 그럴 때 네가 나를 부르면 이제 나는 그렇게 힘차게 말을 타고, 혹은 기차를 타고 달려오지 못해. 그럴 때 넌 네 자신 안으로 귀기울여야 해. 그러면 알아차릴 거야. 내가 네 안에 있다는 것을. 알아듣겠니? 그리고 또 뭔가 있어! 에바 부인이 말했어. 네가 언젠가 잘 지내지 못하면 날더러 네게 당신의 키스를 해달라고. 나에게 함께 해준 키스를……. 눈을 감아, 싱클레어!"

나는 선선히 눈을 감았다. 내 입술 위에 가벼운 입맞춤이 느껴졌다. 입술에서는 계속해서 조금씩, 그러나 결코 줄어들지 않고 피가 흘러내리고 있었다. 그리고 나는 잠이 들었다.

아침에 사람들이 깨웠다. 붕대를 감아야 했던 것이다. 마침내 완전히 잠이 깼을 때, 나는 얼른 옆 매트리스로 몸을 돌렸다. 한번도 본 적 없는 낯선 사람이 거기 누워 있었다.

붕대를 감을 때는 아팠다. 그때부터 내게 일어난 모든 일이 아팠다. 그러나 이따금 열쇠를 찾아내어 완전히 내 자신 속으로 내려가면, 거기 어두운 거울 속에서 운명의 영상들이 잠들어 있는 곳으로 내려가면, 거기서 나는 그 검은 거울 위로 몸을 숙이기만 하면 되었다. 그러면 나 자신의 모습이 보였다. 이제 그와 완전히 닮아 있었다. 그와, 내 친구이자 나의 인도자인 **그**와.

(9쪽, 146쪽, 166~167쪽, 170~172쪽, 220~222쪽)

싱클레어의 방황은 결국 무엇을 향했나?

헤르만 헤세의 《데미안》은 대단히 친숙한 작품이다. 하지만 후반부로 갈수록 숱한 비유와 신비스런 분위기로 인하여 그 내용을 깔끔하게 이해하기는 만만치 않다. 그런데도 이 작품에 나오는 '새는 알을 깨고 나온다'는 평범한 한마디는 전 세계의 성장기 젊은이들에게 큰 반향을 불러일으켰다. 하지만 이 말에 담긴 상징적인 의미를 파악하기는 수월치 않다. 이 말은 '새가 알을 깨고 나온다'는 사실의 서술이 아니라 '인간도 알을 깨고 나와야 한다'는 은유적 표현이다. 새들과 달리 인간에게는 '알을 깨고 나오는 행위'가 당연한 일이 아니라는 판단이 그 배경에 깔려 있다. 그러니까 '알 깨고 나오기'는 당위적인 표현이지 사실적인 표현이 아니다. '성장의 과정'을 비유적으로 표현한 이 말에서 관건은 '어떻게 알을 깨고 나올 것인가' 하는 방법의 문제다. 이 물음은 성장을 원하는 이들에게 하나같이 화두로 던져진다. 우리가 텍스트로 발췌한 부분은 이 물음과 직접적으로 관련되어 있다.

그런데 발췌한 텍스트에서 우선 눈에 띄는 대목은 '자기 자신에게 이르는 길'이라는 말이다. 자기 자신에게 이르다니? 이 말의 뜻을 해석하는 일이 궁극적으로 성장의 문제를 푸는 열쇠다. 하지만 여기서 성급하게 답을 찾으려 해서는 안 된다. 이를테면 두괄식의 논법을 사용하는 글에서 결론이 먼저 주어졌다고 해서 곧바로 해명이 따라오지는 않는다. 거기에는 일정한 시간적인 경과가 필요하다. 이 경과는 앞에 제시된 결론적인 진술의 의미를 찾아가는 과정이다. 이 과정은 우여곡절 없이 순조롭게 진행되지 않는다. 여기에는 반드시 위기 상황이 출현한다. 위기 상황에서는 앞에 제시된 결론에 도달하는 데 걸림돌이 되는 사건이 개입한다. 제시된《데미안》텍스트에서 '피스토리우스'라는 인물의 등장이 바로 여기에 해당한다.

언뜻 '자기 자신에 이르기' 위해서는 자기 자신 속으로만 들어가면 될 것처럼 보인다. 하지만 텍스트의 이야기는 그런 식으로 진행되지 않는다. 타인과의 접촉이 자기에게로 이르는 도정에 필수적인 것으로 서술된다. 주인공 싱클레어의 삶에는 끊임없이 타인들이 개입한다. 더구나 그 타인들은 싱클레어에게 자기로 향하는 길을 알려주는 안내자 역할을 맡기도 한다. 그런데 텍스트의 전반부에 등장하는 피스토리우스는 싱클레어에게 친구이자 스승의 역할을 하면서도 결과적으로 싱클레어의 성장, 즉 자기 자신에게로 이르는 길에 도움이 되기보다는 오히려 방해가 된다. 자기에게 이르는 방법의 문제에서 잘못된 방법의 사례가 제시되고 있는 것이다. 이와 관련하여 우리는 텍스트 안에서 다음과 같이 물을 수 있어야 한다. 피스토리우스는 왜 싱클레어의 성장에 걸림돌로 작용했을까? 그가 싱클레어에게 제시한 자기 찾기의 방법은 어떤 점에서 싱클레어의 성장을 돕지 못하는 걸까? 그가 제시한 길이 싱클레어의 눈에 참된 길이 아닌 까닭은?

하지만 모든 타인이 성장에 걸림돌이 되는 것은 아니다. 데미안의 경우는 피스토리우스의 경우와 다르게 묘사되고 있다. 텍스트의 후반부에 서술된 내용을 보면 데미안은 싱클레어의 성장에 직접적으로 영향을 미친다. 그는 타인인데도 싱클레어의 '자기되기'에 적극적인 후원자이다. 왜 그럴까? 데미안은 싱클레어에게 어떤 존재였을까? 그는 어떤 점에서 싱클레어가 자기 자신에게 이르는 데 기여했을까? 데미안과 싱클레어의 '자기' 사이에는 어떤 관계가 있을까? 이 물음을 해명할 수 있는 부분을 찾아 적극적으로 분석할 일이다.

이제 우리는 '자기 자신에게 이르기' 또는 '자기되기'가 무슨 뜻인지 정확하게 이해해야 한다. 성장의 목표로서의 '자기 자신'이란 무엇인가? 텍스트에 따르면 '자기되기'는 전반부에 서술된 '인간되기'와 떼어놓고 생각할 수 없다. 하지만 양자의 관계는 무엇인가? 또한 '자기되기'는 단순히 자기의 욕구에 따라 살기와 다를 수밖에 없다. 더구나 자신의 삶을 우연에 맡기지 말고 필연에 따를 것, 그리하여 하늘이 자신에게 명한 직분과 운명에 따라 살 것을 말하는 대목은 '자기되기'와 어떻게 연결되는 것일까? 인간은 '자연이 던진 돌'로서 '불확실함'과 '무(無)'의 불안과 고독에서 어떻게 벗어나 참된 나를 만날 수 있을까? 그리하여 어떻게 인간의 최종적인 성장에 다다를 수 있을까?

타인은 나의 성장에 방해가 되나?

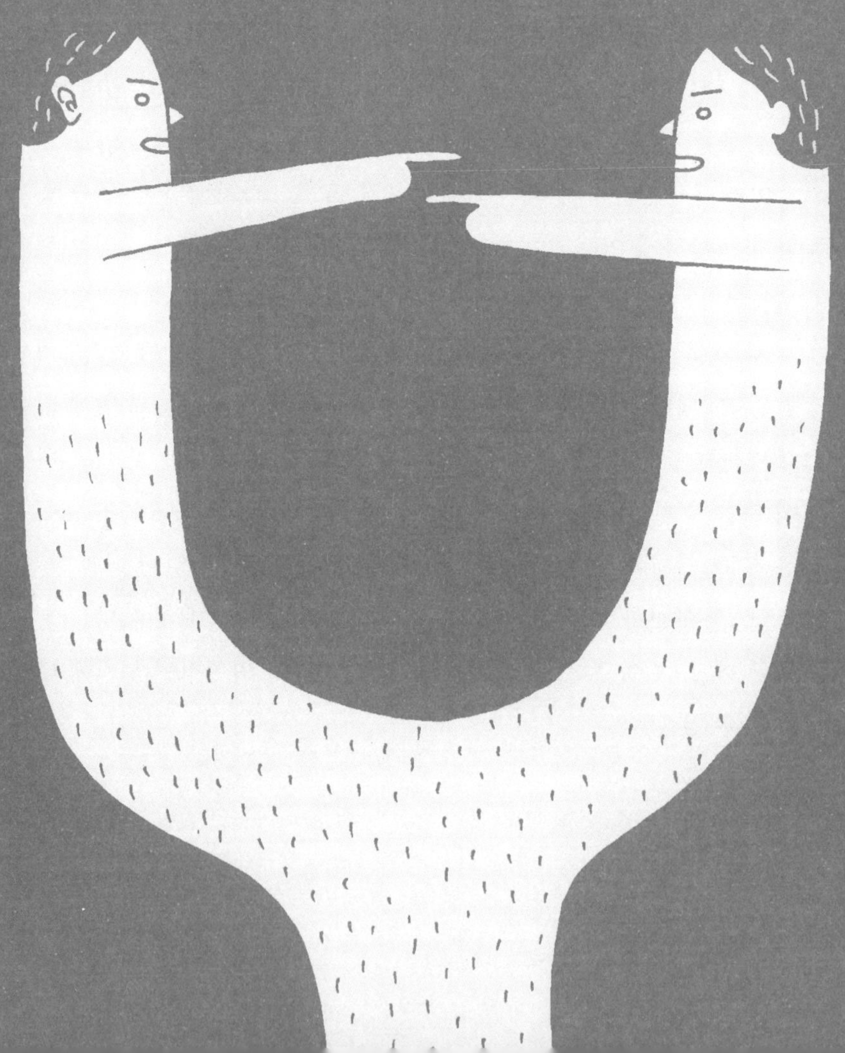

나연   옆 골목에 사는 사촌 동생 때문에 정말 못 살겠어. 오늘 또 나 몰래 내 빨간 코트를 가져갔어. 엄마는 동생을 혼내주겠다고 하시면서 매번 "네가 언니니까 한 번만 더 참아라." 이러시니. 다른 건 다 양보해도 빨간 코트만은 안 된다고. 정말 속상해. 집을 확 나가버릴까?

시후   그래, 제발 좀 나가라. 집 나간다고 말한 게 벌써 몇 번째냐. 여덟 번짼가? 내가 동네 놀이터에 텐트라도 쳐줄까?

나연   너 나한테 관심 있니? 쓸데없이 그런 횟수는 왜 세고 앉아 있대.

하람   애들아, 나 할 얘기 있어. 나 …… 진짜로 집 나왔어. 집 나왔다고 하니까 말이 조금 이상하긴 한데, 조금 전에 부모님과 내 자취방 계약하고 오는 길이야.

시후 으윽, 하람이 드디어 일냈구나. 우리 람이가 약간 엉뚱한 구석
이 있어서 무슨 일이 날 것 같긴 했다만, 진짜로 한 방 먹일 줄이야.

준서 무슨 이유로 집에서 나온 거야? 특별한 계기라도 있어?

하람 아니. 그런 건 없어. 그냥 나와야 할 것 같다는 생각이 들었어.
우리 부모님이 꽤 자유분방한 분들이라 나 간섭 안 하시는 거, 너희
도 잘 알지? 하지만 그분들과 같은 공간에 살다 보니까 내가 정말 하
고 싶은 걸 못한다는 느낌이 들더라. 아니 내가 무엇을 하고 싶은지
거기까진 아직 모르겠고, 정확히 말해서 여태껏 내가 하고 싶은 게
아니라 부모님이 원하는 대로 산 느낌이었어. 이런 느낌이 자꾸 드
니까 집에 더 못 있겠더라. 그래서 부모님께 말씀드렸지.

나연 역시 부모님이 멋지니까 딸도 멋지구나. 자기가 자기 삶을 못
살고 있다는 건 세상 누구나 느끼지만 정말로 자기 삶을 살려고 모
험하는 사람은 드물잖아. 하람아, 부럽다. 축하해.

하람 축하할 거까진. 쑥스러우니까 내 애긴 그만하고 《데미안》 애
기하자. 《데미안》만큼 자기 삶을 사는 문제로 고민하는 책도 없잖
아. 싱클레어에 비하면 내 고민은 아직 걸음마 수준이야. 난 특히 싱
클레어와 피스토리우스 사이가 흥미로워. 싱클레어가 피스토리우스
를 왜 떠났는지, 피스토리우스가 싱클레어의 성장에 무슨 역할을 했
는지, 이런 게 궁금해.

나연　피스토리우스라면 그 약간 괴짜인 음악가를 말하는 거지? 예전엔 사제였고 지금은 고대 종교에 심취해 있는. '새는 알에서 나오려고 투쟁한다. 알은 세계다. 태어나려는 자는 하나의 세계를 깨뜨려야 한다.' 이런 의미를 가지는 압락사스를 잘 알아서 싱클레어랑 잘 통하는 사람 말이야.

하람　맞아. 싱클레어는 피스토리우스를 잘 따르고 스승으로까지 생각해. 하지만 둘의 관계가 오래가진 않아. 싱클레어 말대로 어떤 "다툼"이나 "요란한 장면" 같은 건 없었지만 싱클레어가 피스토리우스한테 상처 줄 만한 말을 하고 그를 떠나.

시후　"지독하게 골동품 냄새가 나네요!" 이런 말이었지? 그런데 싱클레어 애는 왜 이렇게 피스토리우스를 비난하는 거야?

하람　그가 심취했던 고대 종교를 '골동품'이라고 비꼰 거지. 싱클레어는 오래된 종교에 너무 빠져 있던 피스토리우스가 마음에 안 들었던 거야. 싱클레어의 삐딱한 시선은 이런 표현에도 잘 드러나. 고대 종교를 공부하는 피스토리우스를 이렇게 표현해. 그에게서 "이전 세계들의 폐허를 뒤지는 고달픈 탐색의 소리"가 들린다고.

나연　내 생각에 피스토리우스가 비난받는 이유는 거기서 한 발 더 나아가야 할 것 같아. 고대 종교에 지나친 관심을 갖고 있어서 비난받기도 하지만 그 종교들을 바탕으로 새로운 종교를 만들려고 해서 더 비난받는 것 아닐까?

준서　맞아. 싱클레어의 비난은 피스토리우스가 새로운 종교의 사제가 되려는 계획에 더 초점을 맞추고 있어. "세계에다 그 무엇인가를 주겠다는 것은 완전히 틀린 생각이었다!" 싱클레어는 이처럼 강하게 그를 비판해. '세계에 무엇을 주겠다'는 게 바로 새로운 종교를 세워 그것을 사람들에게 퍼뜨리겠다는 계획이야.

시후　난 아직도 잘 모르겠는데. 싱클레어 애는 피스토리우스를 정말 왜 비난하는 거야? 자기가 좋아서 고대 종교를 신봉하고 그걸 갖고 새 종교를 만들겠다는데, 그게 뭐가 잘못됐어?

하람　준서가 방금 읽었던 부분, 바로 그 다음 대목에 싱클레어가 피스토리우스를 비판한 이유의 실마리가 있어. "각성된 인간에게는 한 가지 의무"밖에 없는데 그게 뭐냐 하면 "자기 자신을 찾고, 자신 속에서 확고해지는 것, 자신의 길을 앞으로 더듬어 나가는 것." 자기 자신을 찾는다는 게 뭐냐, 자신 속에서 확고해지는 게 뭐냐, 이런 식으로 물으면 할 말이 없지만, 어쨌든 싱클레어가 보기엔 피스토리우스는 인간으로서 다해야 하는 "의무"에 소홀한 거지.

시후　자기를 알고 자신을 믿고 자기 길을 간다. 이것이 말하자면 피스토리우스가 못다 한 인간의 의무라는 얘긴데…… 어이구, 피스토리우스가 아니라 감히 어느 누가 이 의무를 완수하겠어? 이거 평생

숙제만 하다가 죽으라는 소리잖아.

준서 그 의무란 것을 그렇게 거창하게 생각할 필요가 있을까? 자기 길을 간다는 것은 남이 아니라 자기 자신에 준거해 사는 것, 자기 내면의 목소리에 귀 기울이며 사는 것, 이런 것과 크게 다를까? "세계에다 그 무엇인가를 주겠다는 것은 완전히 틀린 생각이었다!" 그 다음 대목을 봐. '자기 자신에 준거해 살기'에 대한 내용도 나와. 자기의 길을 간다고 할 때 그 자기, 즉 '나'는 "시인"도 아니고 "화가"도 아니고 "예언자"도 아니야. 싱클레어는 아마 학생, 주부, 회사원, 이런 것도 '내'가 아니라고 말했을 거야. 나는 나의 사회적 역할과 다르다. 이 말은 나 자신에 준거한다는 말과 뜻이 통해. 나는 내 바깥에 기준을 둬선 안 되는데, 사회적 역할은 내 바깥의 것인데도 내 삶의 중심으로 들어오려고 해.

하람 자기의 진심보다는 자기의 역할에 맞춰 사는 경우는 정말 허다해. 한국의 장남들을 봐. 장남이기 때문에 가족의 생계를 책임져야 한다, 이런 의무감에 짓눌려서 자기가 정말 하고 싶은 걸 포기해. 물론 예전에 비하면 장남의 역할을 강조하는 풍토가 많이 사라지긴 했지만 완전히 없어졌다고는 못할 거야. 불쌍한 장남에게는 자기의 위치가 자기보다 앞서. 자기가 자기 위치에 맞게 사는 게 아니라 자기의 위치가 자기를 사는 셈이지.

나연 장남 못지않게 한국의 장녀들도 불쌍해. 장자로서 짊어지는 부담감에다 여자이기 때문에 강요받는 역할이 더해지잖아. 어쨌든 피스토리우스는 신비 종교의 사제란 역할에 너무 열중했어. 신비한 상징과 이국적 신들에게 관심을 쏟느라 자기 내면에 충실하지 못했지. 그런 한에서 피스토리우스는 한 뼘도 자라지 않은 거야. 그는 잘못된 길을 가고 있었던 거지.

준서 그런데 …… 단지 잘못된 길을 갔다, 가야만 하는 길을 가지 않았다, 이런 식으로밖에 피스토리우스의 잘못을 말할 수 없나? 그러니까 피스토리우스가 인간으로서 의무를 다하지 않았다는 '소극적' 의미에서만 잘못했느냐는 말이야. 그의 잘못에는 어떤 '적극적' 의미가 없나?

시후 소극과 적극……, 이거 또 웬 난데없는 철학자 모드인가. 뭔 말인지 알아듣게 다시 설명해보게.

준서 난 피스토리우스의 계획에 대해서 말하는 거야. 새로운 종교를 만들려고 하는 계획. 그러니까 그 계획은 단지 자기에 준거하는 일이 아니어서 잘못된 거야? 그렇다면 그 계획은 자기에 준거하지 않는 다른 일, 예컨대 장남으로서 맡은 역할을 하기 싫어도 하는 것과 아무 차이가 없어? 다른 예로, 정신 못 차리고 여자를 쫓아다니는 거와 똑같아?

시후 준서 군, 여자 따라다니기는 타인과 자기 자신에 동시에 준거하는 아주 묘한 일이라네. 뭐 부정확한 예를 들었지만 무슨 말을 하고 싶어하는지는 알아들었네. 피스토리우스의 꿈인 '사제되기'에 이의를 제기해보자, 그 꿈의 내용이 수상하다, 이런 얘기 아닌가?

나연 이제 알겠다. 피스토리우스가 하려 한 일은 우상 숭배를 퍼뜨리는 게 아닐까? 피스토리우스는 자기 자신을 따라서 살지 않고 자기 바깥의 것을 따라서 살았어. 자기 삶이 마땅히 따라야 하는 걸 신이라고 부를 수 있다면, 그는 자기 안의 신이 아니라 자기 밖의 우상을 따랐지. 그는 지금 다른 사람들마저 우상 숭배자로 만들려고 해. 새로운 종교를 만들고 전파해서.

준서 "들어보지 못한 전대미문의 것, 새로운 신들을 제시하는 것"이라고 싱클레어가 피스토리우스의 꿈을 표현한 적이 있어. 누군가 피스토리우스의 종교를 믿게 된다면 '들어보지 못한 새로운 신들'은 그 사람에게 우상이 되는 거야. 그 신도는 자기 안의 신이 아닌 우상을 따르는 거지. 자기 속에 오래 있어서 목소리가 익숙한 신이 아니라 들어보지 못한 낯선 신을 믿으니까. 그리고 오로지 자기 속에만 있는 유일한 신이 아니라 바깥의 여러 '신들'을 믿으니까.

하람 피스토리우스가 하려고 한 일이 그거구나. 우상을 제시하고 사람들로 하여금 그것을 따르도록 만드는 일. 다시 말해서 사람들이 각자의 내면에 주의를 기울이지 못하도록 하는 거네.

시후   이제 피스토리우스의 '죄목'이 좀 정리되는구면. 그는 스스로 잘못된 길을 갔을 뿐만 아니라 다른 사람들도 잘못된 길로 이끌려 했다.

준서   그걸 성장과 관련해서도 말할 수 있어. 피스토리우스는 자기 자신이 성장하지 못하는 사람이었다. 뿐만 아니라 그의 꿈에는 다른 사람의 성장을 방해할 여지가 있었다.

하람   네 말대로 피스토리우스는 다른 이의 성장을 방해할 뻔했어. 근데 그가 《데미안》에서 실제로 다른 누구의 성장을 방해했다고 말한다면 그건 틀린 얘기야. 그는 오히려 싱클레어가 성장하는 데 도움을 줬어. 이건 싱클레어 자신이 인정해. "인간이 그 자신에게로 이르도록 돕는 일"이 피스토리우스가 했어야 하는 일인데, 이것을 "나에게 해주었"던 일이래.

준서   《데미안》에서 피스토리우스가 한 일을 객관적으로 바라보자는 데 동의해. 이제까지 그의 단점만 살펴봤으니까. 하지만 싱클레어에게 해가 되기보다 도움이 됐다면 싱클레어가 굳이 그를 떠날 필요가 있었을까?

하람   실망감이 결별의 가장 큰 이유일 거야. 자기 길을 안 가는 것도 불만스러운데 다른 사람의 성장까지 방해하려는 길을 갔으니. 피스토리우스가 싱클레어에게 새 종교를 전파하진 않았으니까 싱클레어의 성장을 직접 방해한 건 아니지만, 그가 잘못된 길을 가고 있다는 사실에 크게 실망했겠지. '근주자적(近朱者赤)'의 위험이라고나 할까. '붉음을 가까이 하는 사람이 붉어지듯' 자기에게 충실하지 않은 태도를 알게 모르게 배울까봐 두려웠던 거지.

시후　싱클레어는 결단을 잘 내렸어. 타인의 영향력은 생각보다 아주 강하거든. 나도 모르게 내 안에 속속들이 침투하기 때문에 피하기도 어려울뿐더러 나중에는 그것이 있는지조차 모르게 돼. 그런 점에서 나는 우리 람이가 대단하다고 생각한다. 늦었지만 나도 축하.

나연　난 시후 네가 성장의 또 다른 빨강이 될까 두렵다. 하람이 방을 네 아지트로 삼을 생각 말더라고.

준서　하람이 방을 선점하시겠다? 뭐 좋을 대로. 가끔 가서 드러눕게 구석 자리 조금만 떼어줘.

하람　이것들이! 단칸방 신혼부부는 사절하겠어. 단, 놀러올 때 떡볶이와 순대 지참하면 내 눈감아주지.

나의 스승은 내 안에 있다

　헤르만 헤세(H. Hesse)의 《데미안》을 읽고 '피스토리우스'라는 인물을 기억하는 사람은 많지 않을 것이다. 그는 주인공 싱클레어가 성장하는 과정에서 만난 여러 인물 가운데 한 사람일 뿐이다. 그렇다고 그가 가볍게 스쳐 지나가는 사람은 아니다. 싱클레어는 텅 빈 교회에서 오르간을 연주하고 있는 그를 처음 만난다. 시간이 지나면서 그를 더 잘 알게 되는데 사제였던 그는 신학을 연구하며 신비적인 종교에 심취해 있었다. 이러한 종교적 성향 탓에 피스토리우스는 싱클레어를 잘 이해하고 마찬가지로 싱클레어도 그를 가깝게 느낀다. 여기서 주목하고자 하는 것은 싱클레어가 그와 결별하는 대목이다. 싱클레어는 그에게 정신적으로 많은 빚을 졌으면서도 왜 그를 떠났을까? 이 물음은 '성장과 타인의 관계'를 따지는 문제와 직접 관련된다.

　성장과 타인 사이의 관계를 알아보기 위해서는 우선 성장의 목표가 무엇인지 살펴야 한다. 싱클레어의 단언적인 몇 마디 말에서 답변의 실마리를 찾아보자. 성장이 인간의 의무 중에 하나라면, 싱클레어는 그 의무를 이렇게 서술한다. "자기 자신을 찾고, 자신 속에서 확고해지는 것, 자신의 길을 앞으로 더듬어 나가는 것" 이것 외에 인간에게는 "아무런 의무도 없었다." 싱클레어의 말은 멋있고도 모호하다. 일단 자기가 누군지 알고 자기를 믿으며 자기가 가야 할 길을 가야 한다는 그의 말의 핵심은 '자기되기'로 요약할 수 있다. 그렇다면 자기되기란 무엇인가?

《데미안》에서 묘사되는 성장의 과정을 보면 자기되기는 좁은 의미의 '나'되기와는 다르다. 다른 사람과 나를 구별짓는 개별성을 발견하고 계발한다고 해서 자기가 되는 것이 아니라, 성장은 오히려 그 개별성을 어느 정도 포기하는 데서 가능하다. 피스토리우스는 싱클레어가 성장하는 과정에서 겪게 될 경험을 다음과 같이 예견한 적이 있다. "자네를 계속 낚아채가는 커다랗고 알 수 없는 보편적인 힘에다가 하나의 섬세하고 작은 자신의 힘이 더해지는 것을 발견하네." 피스토리우스는 곧이어 개인의 힘과 어우러지는 이 보편적 힘을 "하나의 방향 키"라고 표현하는데 이것을 결여한 사람은 "미친 사람"이라고까지 말한다.

피스토리우스가 말하는 '보편적 방향 키'는 '보편적 의지'로 바꿔 부를 수 있다. 여기서 보편적 의지는 좁은 의미의 개인적 의지와 대조되는데, 한 개인으로서 바라는 것을 이루려는 결심이 아니라 타인과 사회 등 개인을 초월하는 실체가 '바라는' 것을 이루려는 마음가짐을 의미한다. 공동체에 꼭 필요한 일을 하는 사람, 역사의 요구에 맞게 행동하는 사람, 신이 뜻하는 바를 실현하는 사람이 보편적 의지에 따라 사는 사람이다. 삶과 연관시켜 설명한다면, 초월적 실체가 바라는 대로 산다는 것은 나 자신의 성향과 이익에 좌우되지 않고 나를 넘어서는 실체를 염두에 두고 산다는 뜻이다.

• • •

　성장소설의 원형(原型)이라고 불리는 괴테(J. W. Goethe)의 《빌헬름 마이스터의 수업시대》에서 주인공 빌헬름이 도달하는 경지도 개인의 사적인 차원에 머무르지 않는다. 빌헬름은 한 개인으로서뿐 아니라 자신의 후손을 생각하며 세계를 대하게 되는 순간에 비로소 성숙한 어른이 되기 위한 '수업시대'를 일단락 짓는다. 그에게 세계는 더 이상 자기만이 잠시 머물다 갈 임시 거처가 아니다. "그가 설계하려고 생각하는 모든 것은 아들을 위주로 계획되어져야 하고 건설하는 모든 것은 몇 세대는 존속되어야 한다고 여겼다. 이런 의미에서 그의 수업시대는 끝난 것이었으며, 아버지로서의 감정을 느끼면서 또한 한 시민으로서의 모든 덕성까지도 갖추게 된 것이었다."

　그런데 보편적 의지의 실현이라는 성장의 목표에서 전체주의적인 냄새를 맡는다면 그건 잘못이다. 어떤 초월적인 것이 요구하는 것을 무조건 행하는 사람은 보편적 의지에 따라 행위하는 성숙한 인간으로 간주할 수 없다. 초월적인 것의 요구사항이 자기가 진정으로 욕망하는 것과 합일될 때에만 성장 또는 성숙의 증서를 받을 수 있다. 자기 자신뿐만 아니라 타인과 인류를 위해 일하고자 하는 의지는 자기 자신 안에서 솟아나는 보편적 의지와 맞물려 있으며, 따라서 자기 '밖'의 초월적인 것은 자기 '안'에서도 찾을 수 있게 된다.

정확히 말하면 자기에 근거하지 않고 자기 외적인 것에 따라서만 움직일 때 '자기'는 사라지고 남의 장단에 맞추어 춤추는 꼭두각시만 남게 된다.

자기 성장의 방향과 내용이 자기에 근거를 두지 않는다면 그 성장은 허무맹랑하다. 이러한 성장의 자기 준거적인 특성으로 인해 '타인'은 '나'의 성장을 방해할 소지를 갖게 되는 것이다. 나를 돌아보고 내 안에서 보편적 의지를 구하는 대신 남에게서 그 의지를 찾는다면 성장의 마디가 나의 연속선상에 서 있지 않기 때문에 나의 성장으로 이어지지 않는다. 나의 길은 내 안에 있지 내 밖에서 구할 수 있는 게 아니다. 나와 '접점'이 없이 일방적으로 타인의 의지에 나를 맞추는 것은 결과적으로 나의 성장을 지연하고 방해한다.

내 안에 있는 보편적 의지란 신을 믿는 사람에게는 자기 내면에서 분명하게 들려오는 신의 목소리일 수 있다. 신을 믿지 않는 사람도 양심이나 선한 의지를 자기 내부에서 느낄 경우 이는 신적인 목소리에 견줄 만하다. 그래서 '내 안의 신'에 귀를 기울이고 이에 순종하는 것은 그 신이 실체이든 상징이든 상관없이 자기 성장을 위한 출발점이 아닐 수 없다. 그런데 피스토리우스는 어땠나? "우리의 내면에 없는 것은 결코 우리를 흥분시키지 않는다."는 말은 피스토리우스 자신이 한 말이다. 하지만 입으로는 '자기 안'을 말하면서도 실제로 그의 눈은 '자기 밖'을 향하고 있었다. 신실한 사제였던 피스토리우스의 경우 자기 밖의 '종교적인 어휘들'로 대중들을 교화하려 하였다. 거기에는 대중들 각각의 '자기'가 고려되지 않는다. 싱클레어의 설명에 따르면, 피스토리우스는 대중에게 "새로운 신들"을 제시

하려 했으며, 더 나아가 그 신들을 경배하는 형식을 마련함으로써
외부의 신에 대한 숭배를 공고히 하려 했다. 그는 자신이 제시한 신
에 걸맞은 "찬양, 사랑과 예배의 새로운 형식을 주고 새로운 상징들
을 세우려" 했던 것이다. 피스토리우스는 선한 의도에서 외부의 신
들을 제시했지만 그의 의도와 상관없이 상대방은 자기 밖의 것에
의존하게 되고 이는 결과적으로 상대방의 성장을 적극적으로 방해
한 꼴이 된다. 신의 상(象)을 제시하고 그것을 숭배하게 만듦으로써
사람들이 자기 내면의 신에 주의를 기울이지 못하게 방해했기 때문
이다.

내부의 신 대신 외부의 신을 따를 때, 외부의 신이 내부의 신과 접
점을 갖지 못할 때 그것은 우리의 성장을 가로막는다. 19세기의 영
국 시인 윌리엄 블레이크(W. Blake)는 우상을 숭배하느라 자기 성장
이나 구원에 이르지 못하는 아이러니를 이렇게 표현했다. "왜 우리
는 도움을 구하고자 신을 부르면서 여기 서서 떨고 있나? 신이 살고
있는 우리 자신을 부르지 않고서? 신이 타락해가는 인간을 구하려
손을 뻗고 있는데." 블레이크는 '신'이라는 동일한 단어로 "우리 자
신" 안에 "살고 있는" 신과 '그렇지 않은 신'을 모두 지칭함으로써
아이러니를 극대화한다. 첫 번째 아이러니는 멂과 가까움에 관련된
다. 우리는 자신 안에 있는 신을 놔두고 자기 밖에 멀리 있는 신을
구한다. 다른 아이러니는 구원과 타락, 성장과 방황의 문제와 관련
되어 있어서 이보다 좀더 심각하다. 우리 안의 신은 "인간을 구하려
손을 뻗고 있는데", 우리 밖의 신은 우리를 떨게 하며 우리의 타락에
속수무책이다. 우상을 섬기는 사람은 굳이 먼 곳에서 아무 힘도 없

는 '신'을 찾고자 애를 쓰는 셈이고 결국 구원받을 수 없다.

피스토리우스를 따라 그의 종교를 신봉하게 된 사람들은 자기 밖의 신을 따르느라 성장하지 못하며 결국 구원받을 수 없다. 피스토리우스는 결과적으로 타인의 성장을 방해했을 뿐 아니라 같은 이유에서 자기 자신도 성장하지 못하고 있었다. 바로 이러한 이유에서 싱클레어는 그를 떠난다. 피스토리우스는 자기 안의 신을 외면한 채 외부의 신을 좇았고 구체적으로 그것은 고대의 종교였다. 그는 현재의 '내'가 아니라 "이미 존재하는 것", "예전의 것", "이미 지구가 보았던 형상"에 관심을 기울였고, '내' 안에서 신적인 것을 찾는 대신에 "이집트"와 "인도"의 종교의 "미트라스" 같은 이국적 신을 찬양했다. 그와 결별하는 장면에서 싱클레어는 그를 심하게 비난한다. "그건〔피스토리우스의 말은〕 참 지독하게 골동품 냄새가 나네요!" 골동품이라는 표현대로 이 모든 것은 오래되어 고색창연하기는 하지만 성장에는 전혀 쓸모 없는 것들이었다.

• • •

피스토리우스의 '우상'은 하나의 비유이다. 우상은 꼭 종교적 신이 아니라도 자기 자신이 진정으로 믿지 않으면서 따르는 모든 것을 포함한다. 그런데 우상의 내용뿐만 아니라 우상이 만들어지는 방식도 다양하다. 앞에서 보았듯이 피스토리우스처럼 타인이 내가 의존할 만한 '신'을 제시하고 그 신에 의존하는 방법까지 알려주는 것은 소극적인 방식이다. 이보다 훨씬 적극적으로 타인이 나의 자기 준거적인 성장을 방해하는 경우가 있다. '내 안에 없는 것'을 나에게 주입하려 하는 경우이다. 내 안에 없는 것은 나의 내재적 성향과 맞지 않기 때문에 내가 알 수 없으며, 또한 내가 받아들이려고 해도 그것을 수용할 그릇이 없기 때문에 일시적으로는 나의 표면에 머물겠지만 이내 물거품처럼 사라지게 된다. 이러한 '이물질'의 주입은 나의 내적인 필연성에 호응하지 못하여 아무런 생산성을 가져오지 못할뿐만 아니라 억지로 들어오는 과정에서 고통만 수반할 따름이다. 나의 내면을 도외시한 외적인 강제에 의해 주어지는 요소는 내 안에 뿌리내리지 못할뿐더러 나의 성장의 근거가 될 수 없다.

데미안은 싱클레어에게, 자기 안에 없는 것은 자기를 깨우지 못한다는 사실을 일러준다. 내 안의 '나'를 자극시키는 것을 통해서만 그 '나'가 밖으로 드러나 결국 나를 성장시킨다. 나의 내면을 도외시한 채 내가 성장할 수 있는 길은 없다. 데미안은 여기서 한 걸음 더 나아가 말한다. "우리들 속에는 모든 것을 알고, 모든 것을 하고자 하고, 모든 것을 우리들 자신보다 더 잘 해내는 어떤 사람이 있다." 나는 내 속의 나를 충분히 파악하지 못하고 있지만 그 '나'는 나를 새로운 길로 인도할 수 있다. 내 안에 있는 자는 내가 계발하기를 기다리는 소극적인 존재가 아니라 나를 새로운 방향으로 이끌 수 있는 적극적인 존재다. 이 존재에 진지하게 귀 기울일 때에만 나는 참된 나를 만날 수 있다. 흔히들 세 사람이 가면 그 가운데 나의 스승이 있다고 하지만 나의 스승은 엄밀한 의미에서 내 안에 있다. 교육이란 내 안의 스승이 밖으로 드러나게 하는 일과 다름없다.

우리 사회에서 입시 위주의 교육은 늘 문제로 지적되어왔다. 타인과 성장의 관계에 비추어볼 때 각 개인의 '자기'가 아니라 '자기 밖의 사회'를 중심으로 교육의 방향과 내용이 결정된다는 사실은 문제다. 물론 사회를 등한시한 교육은 교육일 수 없지만, 개인의 잠재력과 욕구를 도외시한 교육 또한 참교육이라고 할 수 없다. 고등학교는 대학 진학을 위하여, 대학은 사회 진입을 위하여 기계적이고 기능적인 인간을 육성해낸다. 사정이 이렇다 보니 대학에 진학해서도 자기가 무엇을 하고 싶은지를 모르는 학생들이 허다하다고 한다. 왜 그런 걸까? 학생들은 '자기 안'을 들여다보기보다는 '자기 밖'이 자기에게 무엇을 원하는지 눈치를 살피고 맹목적으로 따라가기 일쑤이다. 자기는 없고 타인과 사회밖에 없다. 자기 안을 들여다보는 연습과 훈련이 절대적으로 부족한 상황에서 우리는 무작정 자기 밖을 향해서 내몰린다. 낯선 타인이 모는 마차에 자기를 맡긴 채 그게 마치 자기가 원한 것인 양 길을 떠나는 모습이다. 목적지도 없다. '자기 없는 자기'에 익숙해진 자에게 벌어지는 비극적인 풍경이다.

• • •

찰스 디킨스(C. Dickens)의 소설 《어려운 시절》에도 당대의 공교육이 지닌 모순이 그려지고 있다. 디킨스의 눈에는 19세기 초반 영국 사회의 학교가 당대의 지배적인 공리주의적 가치관을 주입시키기에 바쁜 것으로 비쳤다. 소설에 묘사된 풍자적인 수업 장면은 그가 생각하는 교육의 실체와 문제점을 잘 보여준다. 시찰 나온 장학관 앞에서 그랫그라인드 선생은 장학관이 좋아할 만한 질문을 학생들에게 던진다. 마침 말(馬)이 수업 주제였기에 그는 이렇게 질문한다. 말의 정의는 무엇인가? 창백한 얼굴의 한 학생이 일어나 모범

답안을 제시한다. "네 발 짐승, 초식동물, 마흔 개의 이빨 중 어금니 스물네 개, 송곳니 네 개, 그리고 앞니 열두 개. 봄철에 털갈이를 하고 습지에서는 발굽도 감. 발굽은 단단하지만 쇠를 씌울 필요가 있음. 나이는 입 안에 있는 표시로 알 수 있음." 공리주의적 합리성은 살아 있는 생물조차 관찰과 수치에 따라서만 규정하고 계산하려 든다는 점을 그는 신랄하게 풍자한다.

지나치게 합리성을 강조하는 영국의 공리주의는 사태를 계산 가능한 것으로 전환시키는 데 그치지 않고 감성적인 것을 무가치하고 나쁜 것으로 간주하기까지 한다. 공리주의의 이러한 '반(反)'감성적인 교육은 학생들이 어린 시절부터 지녀온 감성적 성향을 등한시하고 억압한다. 교육이 '내 안에 없는', '나와 맞지 않는' 이치와 계산을 일방적으로 주입함으로써 '내 안에 있는' 즐거움과 감정을 파괴하는 것이다. 디킨스의 풍자는 소설의 후반에 이를수록 어두운 색조를 띠는데, 모범 답안을 말했던 창백한 얼굴의 소년은 결국 성격 파탄자가 되고 그랫그라인드 선생의 자식들마저 비뚤어진 모습을 보인다. 결말이 가까워지면서 선생을 비롯한 일부 인물들은 그들의 잘못을 깨닫지만 후회하기에 때는 이미 늦었다. 《어려운 시절》에서 두 세기가 지난 지금 우리도 같은 잘못을 반복하고 있지는 않을까?

타인은 '내' 밖의 신을 제시하고 그 신을 믿는 형식까지 제공함으로써 내가 우상을 숭배하게 할 수도 있고, 내 안에 본래 없는 가치를 주입하여 내가 그 이질적 가치를 따르게 만들 수도 있다. 다시 말해 우상을 따르게 하는 타인은 내가 내 안의 보편적인 의지에 따라 살지 못하게 방해한다. 따라서 나의 성장을 방해한다. 다만 타인의 개입이 위험하다고만 말하지 말자. 오히려 '내'가 그러한 위험에서 벗어나야 할 필요가 있다. 성장이 지연되고 정지된 상태에서 벗어나기란 매우 어려운 일이다. 우상이 우상인 줄 알아야 하며, 나아가 우상을 거부하고 자기가 진정으로 믿는 것을 찾아 헤맬 수 있어야 한다. 똑똑한 눈과 뜨거운 마음, 부지런한 몸이 만나야 나는 비로소 성장할 수 있다. 성장하는 일은 어렵고 불편하다. 태어날 때부터 우리에게 주어지는 우상을 따르기는 편하지만 자기를 알아내고 주장하는 일은 어렵고 불편하며 고통스럽다. 주어진 외부의 우상에 따라 사는 삶은 안락하고 평온하지만 그것은 여전히 유아적 상태에 머물러 있는 것이다. 성장은 유아기의 안락과 평온에서 떨어져 나오는 데 따르는 고통을 인내할 것을 요구한다.

싱클레어는 피스토리우스가 가슴 깊은 곳에서는 성장의 고통을 몹시 두려워하고 있다는 사실을 예민하게 감지하고 그와 결별한 셈이다. 싱클레어는 자신의 고통을 피하지 않고 적극적으로 끌어안는 삶의 방식을 택한다. 자기만의 길을 걸어 나가는 그의 모습은 제임스 조이스(J. Joyce)의 성장소설 《젊은 예술가의 초상》에 등장하는 주인공 스티븐 디달러스와 많이 닮아 있다. "내가 믿지 않게 된 것은, 그것이 나의 가정이든 나의 조국이든 나의 교회든, 결코 섬기지 않겠어. 그리고 나는 어떤 삶이나 예술 양식을 빌려 나 자신을 가능한 한 자유롭게, 가능한 한 완전하게 표현하기 위해 노력할 것이며, 나 자신을 방어하기 위해서는 내가 스스로에게 허용할 수 있는 무기인 침묵과 유배, 간계를 모두 이용하겠어." 이렇게 스티븐은 절친한 친구에게 고국 아일랜드를 떠날 결심을 밝힌다. 그는 가정과 조국과

교회의 우상에서 벗어나 자기의 길을 걸어갈 것이다. 그래서 우상이 시키는 일 대신 자기가 진정 사랑하는 예술을 완성하는 데 혼신의 노력을 다할 것이다. 여기서 그는 예술가의 길을 온전히 걸을 수 있도록 "무기"를 쓰겠다고 표현한다. 그 무기는 어떠한 물질적 대상이 아니라 바로 타인과 우상을 겨냥한다.

무엇을 향한 성장인가?

하람 유후~, 좋구나~. 이보다 더 좋을 순 없다. 집 나오니 살맛 난다.

시후 누구냐 너. 뭘 복용했길래 흥분 모드냐. 정신 챙겨라.

나연 너 지금 뭔가 우울한 거지? 강한 여성 콤플렉스. 약함을 노출 시키는 데 서투른 모습을 보인다. 퀭한 얼굴로 과장된 제스처를 하며 주위 사람들을 불안하게 만든다.

하람 무슨 말을 못하겠네. 나연아, 너 자리 깔아도 되겠다. 귀신같이 맞히네. 나 실은 좀 우울해. 언니와 동생, 강아지 두 마리가 뒤엉킨 그 시장통에서 벗어나면 정말 좋을 줄 알았거든. 처음 몇 주는 정말 좋더라고. 근데 지금은 마냥 주말이 오기만 손꼽아 기다리고 있어. 집에 가고 싶어서. 밤에 혼자 누워 있으면 괜히 마음 한구석이 허해져.

시후　봐, 넌 외동딸 모드가 아니라니까. 시끌벅적한 집 안을 휘젓고 다니는 게 더 어울려. 밤이 심하게 허하다 싶으면 허벅지 째진 원피스 입으면서 시름을 달래라고.

준서　그래. 독립이 만사형통은 아니지. 싱클레어도 이 사실을 보여주고 있어. 인근 기숙사 중학교로 진학하면서 제대로 방황하잖아. 술 마시고 학교도 안 나가고. 얌전한 도련님이 사춘기를 맞고 자기에게 주어진 자유를 감당해내지 못하지. 방황하던 시기에 피스토리우스도 만난 거고.

시후　둘이 결국 찢어졌잖아. 잘 어울려 다니더니만. 여러 가지로 맘에 안 든다면서 말이야. 짜식이 은근히 의리가 없어요.

준서　결과적으로 피스토리우스가 싱클레어를 구제해주지 못했지. 아니 싱클레어는 누가 누구를 구제한다는 것 자체가 허황된 것임을 깨달았던 거지. 자기 문제를 해결할 수 있는 사람은 자기밖에 없으니까. 자기 내면을 들여다볼 수 있는 사람, 자기에 준거하는 삶이 어떤 삶인가라는 질문에 대답할 수 있는 사람이 내가 아닌 다른 누군가가 될 순 없을 테니까. 피스토리우스는 그 점에서 싱클레어가 한 번은 극복했어야 할 정신적 스승이었던 셈이야.

하람　《데미안》을 읽으면서 내게 가장 와 닿았던 얘기가 뭔지 알아? 내 안에 없는 것은 나를 절대로 흥분시키지 못한다는 얘기였어. 난 참, 그런 생각 못해봤거든. 나는 무엇인가, 내 안에 무엇이 있나, 이런 생각보단 어떻게 하면 사람들과 더 많이 소통하고 어울릴 수 있을까, 이게 관심사였거든.

시후 그게 바로 한국의 비빔밥 문화 아니냐. 나보다는 우리. 같은 걸로 주세요. 김치찌개로 통일~.

준서 애들아, 우리 텍스트에 좀더 집중해보자. 문제는 싱클레어가 피스토리우스와 의미심장하게 결별하고 나서도 명확하게 제 갈 길을 가지 못한다는 데 있어.

하람 이 얘기는 발췌 부분에 정확하게 나와. "불확실함 속으로, 어쩌면 새로운 것으로, 어쩌면 무(無)로 던져졌다." 피스토리우스를 극복하면서 싱클레어가 홀로서기의 한 고비를 넘겼다고 해야 할까. 더 크고 깊은, 제대로 된 홀로서기를 준비 중이라고 봐야겠지.

나연 싱클레어는 어떻게 해서든 방황에서 벗어나려고 할 테지? 피스토리우스를 극복한 다음 단계가 궁금하다.

시후 데미안 있잖아, 데미안. 싱클레어가 꼬마 시절 동네 양아치 크로머한테 삥 뜯길 때부터 그를 보호해줬고, 지금 전장에서 부상당해 오락가락하는 싱클레어 앞에 또 나타났어. 거 참, 데미안은 가는 곳마다 강호를 평정하는군.

하람 넌 모든 게 무림전설로 보이는구나. 어려운 일이 닥치거든 언제든지 이 데미안을 찾아달라, 그게 아니잖아. 힘든 일이 있을 때마다 매번 나타날 수 없으니 '너 자신 안으로' 귀를 기울이라고 말하잖아.

나연 말만 그런 거 같아. 위기 상황 때마다 정말로 데미안이 나타나, 무슨 구원자처럼. 싱클레어도 데미안을 찾고.

시후 옳거니. 도대체 피스토리우스와 데미안이 다른 게 뭐야? 피스토리우스는 자기 바깥으로 주의를 쏟게 만들어 틀렸다? 데미안은 그렇진 않다? 데미안이 자기 내면의 길로 인도한다고는 하는데, 가만 보면 이게 싱클레어 자신이 아니야. 싱클레어가 찾았던 자기되기 명제와는 거리가 멀다고.

준서 데미안 말로는 자기가 싱클레어 안에 있다고 하는데. "내가 네 안에 있다."고 하면서 에바 부인의 키스도 함께 전해줘.

나연 내 안에 너 있다. 우와~, 이 드라마 대사가 여기 나오네. 나 완전 감동받았는데.

시후 이보쇼. 네가 내 안에 있는 게 아니고 내가 네 안에 있는 거거든. 그건 그렇고 데미안이 싱클레어 속에 있다고, 에바 부인의 키스를 덤으로 얹어줬다고 해서 문제가 무마되는 거야? 결국 이 말은 싱

클레어가 기껏 데미안처럼 되겠다는 거 아냐? 피스토리우스도 마다
하더니 데미안처럼 되고 싶었어요, 아빠처럼 힘이 세지고 싶어요,
겨우 이 수준이야? 싱클레어 녀석, 순 데미안 따라쟁이네.

준서　싱클레어를 따라쟁이로 본다면 데미안 엄마 에바 부인도 그
대상 가운데 하나야. 옛날에 만났던 묘령의 여인 베아트리체도 그렇
고. 물론 베아트리체, 에바 부인, 데미안 셋 중에 가장 지속적으로
나타난 이상형은 데미안이지. 난 데미안을 일종의 성장 지표로 보고
싶어. 영혼의 '친구'이자 '인도자'인 데미안. 싱클레어가 닮고 싶고
닮아야 하는 존재. 소설의 맨 끝엔 어느새 싱클레어가 데미안과 완
전히 닮아 있었다는 고백도 나와.

시후　따라쟁이 정도로는 성이 안 차는 모양이군. 이건 그냥 데미안
이잖아, 데미안.

나연　진짜 그래. 싱클레어는 자기 추구, 자기 찾기, 자기실현을 피
나게 부르짖었잖아. 자신을 찾고 자신 속에서 확고해진다, 자신의
길을 더듬어 나간다. 피스토리우스와 결별할 때도 싱클레어는 이 말
을 되풀이해. 그런데 자기 자신에게로 가겠다는 싱클레어의 최종 목
적지가 어떻게 데미안이 될 수 있니?

하람　둘 다 그만 흥분하고 준서가 짚었던 대목을 한번 봐. 발췌 끝
부분이자 소설의 끝부분. 자기 내면의 '거울' 또는 '친구이자 인도

자였던 데미안'을 봐. 정확히는 데미안과 '완전히 닮아 있는' 자기 모습이라고 고백해. 이쯤 되면 데미안은 싱클레어야.

시후 뭐시라. 데미안과 싱클레어가 같은 인물이라고? 그럼 지금까지 원맨쇼?

준서 결정적인 순간마다 싱클레어는 데미안, 아니 데미안적인 것과 조우해. 베아트리체도 에바 부인도 모두 데미안과 흡사하지.

나연 중학교에 들어가 한참 방황할 때 만난 베아트리체는 꿈속에서 본 운명의 얼굴과 닮았고, 그 운명적인 형상이 데미안, 그리고 데미안의 엄마인 에바 부인으로 이어지니까. 그래, 에바 부인을 보고 '내 운명의 모습'을 그대로 지닌 여자라는 말도 해. 그렇다고 어떻게 데미안이 싱클레어니? 아니 싱클레어가 어떻게 데미안이니?

준서 마지막 대목에 유의할 필요가 있어. 자기 속의 '거울'을 들여다보면 '운명의 영상들'이 보인댔어. 이 영상들은 베아트리체와 에바 부인, 데미안을 모두 포괄하는 거겠지. 가장 지속적이고 구체적으로 나타나는 인물은 이미 말한 대로 데미안일 테고. 싱클레어에게 인생 최초의 아픔으로 다가왔던 '프란츠 크로머' 사건을 풀어나간 인물도 데미안이지. 지금 이 데미안더러 자기 내면의 거울이자 이젠 '나 자신의 모습'이라고 하는 거야.

하람　동일 인물이다, 원맨쇼다, 이런 생각은 너무 단편적이야. 싱클레어가 추구하는 자기 지표가 '데미안'이라는 존재로 나타났다고 봐야지. 데미안은 말하자면 싱클레어 안에 있는 신이야. 믿고 따르고 비춰보고 추구해야 하는 신. 처음에 싱클레어는 '데미안'에게 쉽게 접근하지 못했지만, 지금은 자기 입으로 데미안과 밀착되어 있다고 고백하고 있어.

준서　데미안은 싱클레어 정신의 정수라고나 할까. 싱클레어의 정신 활동 속에서 싱클레어의 데미안 되기가 이루어지는 거지.

하람　그러니까 데미안 되기는 싱클레어의 자기되기에 위배되지 않아. 아니, 오히려 싱클레어에게 자기되기의 핵심은 바로 데미안 되기라고 할 수 있어. 그러고 보니 책 제목도 '데미안'이잖아. 싱클레어가 아니고.

시후　후~, 헤세 아저씨의 정신세계란……. 무지 교묘하고 무지 고집스럽구려.

준서　싱클레어의 데미안 되기는 바로 싱클레어의 자기실현이야. 무엇에도 얽매이지 않고 자기 정신의 자유로움을 추구하는 과정이지. '카인의 표적'을 실현한 자로서 세상의 길이 아니라 자기의 길을 가고, 세상에 기대어 가는 게 아니라 자기 스스로 가고. 한마디로 싱클레어의 성장 과정은 자기 속의 '데미안' 찾기지.

하람 알깨기 비유도 생각난다. "새는 알을 깨고 나온다. 알은 새의 세계다. 태어나려는 자는 한 세계를 파괴해야만 한다."

나연 말은 되게 멋있네. 태어나려는 자는 한 세계를 파괴해야 한다. 근데 자기되기의 고통과 분열, 이 골치 아픈 정진과 노력이 좀 무섭고 싫다.

하람 그러게. 자기되기가 중요하다는 건 충분히 알았는데, 도대체 자기되기의 진짜 의미는 뭘까?

준서 자기되기의 의미라……. 혼자 살고 있는 하람이가 대답해야 하는 물음이구나. 음……, 세상에 따라서 사는 사람들 참 많잖아. 자기로 산다고 생각하지만 실제로는 자기의 사회적 지위나 역할에 따라 사는 사람들. 시후가 비빔밥 문화라고 했지? 세상을 타인들과 함께 조화롭게 사는 게 왜 안 중요하겠어. 그런데 그러다 보면 자기를 잃어버리기 십상이야.

나연 가끔 그럴 때 있어. 부모님 말씀대로, 선생님 말씀대로 하다 보면 문득 이런 생각이 들어. 내가 이걸 하고 싶어서 하나? 선생님 칭찬 받는 게 좋아서 이러나?

시후 뭐, 우리만 그러겠어. 어른들도 마찬가지지. 부장으로 과장으로 살아가고, 아빠나 엄마로 살아가고. 그나저나 싱클레어 봐라. 완전 도 닦는 거 같지 않냐. 만약 자기되기가 뭐유, 이렇게 싱클레어에게 묻는다면? 데미안이 되는 거다. 오케이. 그럼 그 다음은?

준서　다음이 뭐냐고 묻지 말고 먼저 데미안이 된다는 것의 의미를 물어야지. 싱클레어가 데미안으로 진화하는 것도 아닌데.

하람　아니야. 일종의 진화라고 할 수 있어. 발췌 부분을 봐. 소설의 서문 격에 해당하는 첫 부분. "더러는 결코 사람이 되지 못한 채, 개구리에 그치고 말며, 도마뱀에, 개미에 그치고 만다."

나연　"그리고 더러는 위는 사람이고 아래는 물고기인 채로 남는 경우도 있다." 까딱하다간 반은 사람이고 반은 물고기가 된다는 얘기네. 이 개구리 같은 것, 도마뱀, 개미새끼 같은 것. 좀 악랄한 비유다.

시후　오~, 니체 이상의 악담인데. 어찌나 안 흥분하고 악담을 이어가는지. 그 누구도 완전히 '자기 자신'이 되어본 적은 없다는 말도 나오는군. 참 대단하셔, 헤세 아저씨.

준서　핵심은 인간되기야. 자기되기를 인간되기로 설명하고 있어. 여기 보면 '운명'이라는 말이 나오는데, 바로 자기되기가 모든 인간의 운명이라는 거지. 자기를 온전히 실현할 수 있어야만 인간다움을 획득할 수 있다는 뜻이야.

나연　운명이라고? 어쩔 수 없음, 자포자기, 이런 식의 운명은 아니지?

준서　맞아. 우리가 흔히 생각하는 '운명'은 수동적이고 부정적인 느낌이 강한데, 이 경우엔 달라. '소명'이라는 말에 가까워. 독일어 원문 Beruf에는 하느님에게 부름을 받는다는 뜻이 들어 있어. 왜 영어로 calling이라고 하잖아. 직분, 소명, 자기 자신에게 주어진 소임, 맡은 바. 데미안에 따르면 인간은 누구나 자기되기의 소명을 받들어야 해.

하람　자기되기의 명제가 한 차원 높은 인간 보편의 문제로 확대되는 거구나. 인간 정신을 자각하고 실천하는 게 성장의 필수적인 요소라는 말이겠지.

시후　잠깐, 자기되기가 바깥 세계의 문제가 아니라 자기 내부의 정신 활동에 달려 있다고 하지 않았나? 그렇다면 헤세적인 인간에게 바깥 세계가 있어? 까짓, 바깥 세계는 없어도 그만 아니야? 우리 내부에 없는 것은 우리를 흥분시키지 않는다. 이거 하람이 뽑은 명대사잖아. 거 누구 말마따나 말은 되게 멋있는데…….

준서　멋있기만 한 게 아니라 전적으로 맞는 말이야. 나와 하등 상관없는 게 날 자극할 리 없잖아. 바깥에서 아무리 자극을 줘도 자극받을 수 있는 자기 내부의 요소를 갖지 않으면 반응할 수 없어. 세계는

우리 내부가 창조한 것이라는 말도 비슷한 맥락이지. 세계가 무엇이
냐는 문제는 결국 내가 무엇이냐는 문제에 의존해. 이건 바깥 세계
가 무의미하다, 아무 쓸모 없다는 얘기와는 달라.

하람 역시나 헤세적인 인간은 강력하고 고독해. 헤세 눈에는 두루
뭉술하게 어울려 사는 보통 사람들이 어리석게 보이겠지. 이 사람,
어떻게 더불어 사나? 사회와 역사와 어떻게 관계를 맺지?

시후 드디어 시장통을 사랑하는 하람 양이 헤세의 독단에 이의를
제기하시는군. 그러게 퀴퀴한 자취방은 당신 스타일이 아니라니까.

나연 사실 싱클레어가 언급하는 이상적인 인물들도 외따로 있는 인
물들은 아닌데. 예수, 부처, 카이사르, 나폴레옹, 니체. 독불장군들
이 많지만 그렇다고 자폐증 환자들은 아니잖아? 아니 싱클레어도
그렇지. 전쟁에 참여한 거잖아. 전장에서 부상을 당한 거고.

준서 글쎄, 개인과 세계가 서로 어떻게 관계 맺느냐 하는 문제가 텍
스트의 핵심으로 보이진 않아. 중요한 건 싱클레어가 언급한 사람들
모두 자기의 길을 불굴의 의지로 실천한 인물들이라는 거야. 단순히
자기 내면세계에 빠져 칩거한 사람들이 아니지. 싱클레어와 데미안
이 참전하는 것도 시대의 요청에 부응하는 개인의 결단이랄까. 자기
안의 목소리가 사회의 요구와 맞물릴 때 결단하고 행동하는 거겠지.
전쟁이 비록 이상적인 형태는 아니겠지만 개인 차원의 알깨기처럼

그것이 세계 차원의 알깨기, 새로운 세계로 거듭나는 과정이기를 희망하면서 말이야.

하람 자기되기와 인간되기, 그러니까 인간 정신의 핵심 활동으로서 자기가 되는 과정까지는 잘 왔는데, 사회와 역사와 관계 맺는 문제는 여전히 만만찮아 보여. 적어도《데미안》에서는 말이야.

준서 사회와 역사적 현실 속에서 인간 모두에게 던져진 문제라고 볼 수 있지. 정신 활동을 복구하라, 정신 활동의 핵심으로서 데미안이 되라. 자기되기의 정수로서 데미안 되기를 절치부심하는 맥락이겠지.

시후 참, 헤세 아저씨, 1차 세계 대전의 폐허 속에서 애쓴다. 노력파야. 자기되기의 인간 소명을 받아라, 야압! 어디쯤 왔는고? 우리 최 진사 댁 셋째 딸, 아니 넌 둘짼가, 하람 양. 어떻게 도마뱀쯤 왔을라나. 개구리나 되었을라나.

하람 아~, 내 길은 아직 멀고도 험해. 개미 시후 군도 노력해야지.

자기가 되지 않고
인간이 되는 길은 없다

　너는 커서 무엇이 되고 싶니? 어릴 때에 주위 어른들은 종종 이렇게 묻곤 했다. '나의 꿈'을 묻는 이런 물음은 나를 아주 당황스럽게 했다. 먹고 놀고 자고 하는 자연스런 생활 리듬에 익숙해져 있던 일상에 제동이 걸리기 시작하는 순간이었다. 가깝게는 부모님, 멀게는 친구를 비롯한 타인들의 기대가 스멀스멀 내 삶 속으로 침투하면서 오직 현재와 하루만 생각하고 살던 시절과 서서히 작별하게 되었다. 타인의 시선과 물음은 이제 나 자신의 문제로 전환된다. "무엇이 될 거니?"라는 물음은 "나는 어떤 사람이 되고 싶은가?"라는 물음으로 다가온다. 여기서 '어떤 사람'은 처음에는 '어떤 일을 하는 사람'을 일컫다가 나중에는 '어떤 성향의 인간'이라는 좀더 추상적인 사항으로 발전한다. 어느 경우든 '현재의 자기'는 '미래의 자기'를 염두에 두고 설계해야 하며, 이 과정에서 나는 현재의 나에서 탈피하여 어떤 방향으로든 '새로운 나'를 만나야 한다. 하지만 어떻게? 무엇을 향하여? 이 물음은 '성장'의 본질을 다룬다는 점에서 근본적이고 핵심적이다. 《데미안》 텍스트는 특히 '성장'의 목표와 관련하여 주목할 만한 답변을 제시한다.

사람이 태어나자마자 바로 사람 구실을 할 수 있다면 위의 물음은 부질없다. 하지만 사람은 태어난 상태 그 자체로는 사람이라고 할 수 없다. 아니, 사람이 아닌 것이 아니라 '사람으로서' 행세할 수 없다. "사람이면 다 사람이냐, 사람이 되어야 사람이지."에서 '사람이 되어야'의 그 '사람'이 지금 관건이다. 사람의 자격이 문제다. 사람으로 태어나 '사람의 자격을 갖추고 살기'의 문제다. 어떻게 사람의 자격을 갖출 수 있을까?《데미안》의 서문에 "한 번도 인간이 되어보지 못하는 사람도 많다."는 구절이 나온다. 겉모습은 사람인데도 개구리나 도마뱀이나 개미의 삶을 사는 사람들이 있는가 하면, 그리스 신화의 반인반수(半人半獸)처럼 상체는 인간인데 하체는 동물인 인간도 있다. 겉모습이 인간이라고 해서 속까지 인간인 것은 아니라는 사실을《데미안》은 지적한다. 인간의 탈을 쓴 야만을 실제에서 종종 목격할 수 있다. 나는 과연 '인간으로' 살고 있는 것일까? 스스로를 인간으로 자처하지만 실제에서 나는 동물의 삶을 살고 있지는 않은가? 어떤 목표를 갖고 어떻게 살아야 나는 '인간으로 산다'고 자부할 수 있을까? 내 삶은 무엇을 향해야 하는가?

• • •

아무 생각 없이 주위 환경에 적응하기만 하는 삶은 '인간적'일 수 없다. 동물의 삶에도 환경 적응의 문제가 최우선이기 때문이다. 환경 가운데서 인간에게 가장 일차적인 사회 환경은 '가족'이다. 가족은 인간이 인간으로서 첫발을 내디딜 때 주어지는 최적의 보호 장치다. 하지만 가족은 인간에게만 고유한 생활 영역이 아니다. 오랑우탄도 가족 단위로 움직이면서 어미가 새끼를 보호한다. 따라서 가족은 인간에게 삶의 기초 능력을 다지는 데 필요하긴 하지만 삶의 실상을 파악하기엔 불충분하다. '인간으로 살기'는 '가족 안에서 살기'와 다르다.

《데미안》에서 싱클레어의 방황은 가족 안에서의 세계에 대한 환상이 깨지는 데서 시작된다. 가족 안에서 부모는 아이의 바람막이로서 아이가 외부와 접촉하는 것을 차단한다. 아이에게 평온한 보금자리를 마련해주는 일이 부모의 과제다. 그래서 가족은 온실이다. 하지만 온실의 삶이 곧 현실의 삶은 아니다. '인간으로 살기'에는 '온실 밖의 삶'이 더 중요하다. 싱클레어가 열한 살 때 행실 나쁜 프란츠 크로머를 알게 되면서 그는 온실 밖의 세계를 접하게 되고, 자기가 속해 있던 밝은 세계가 자신이 지금 겪고 있는 어두운 세계와 아주 가깝게 접해 있다는 사실도 깨닫는다. 여기서 싱클레어는 세계를 낯설게 경험하기 시작한다. 신비한 능력을 갖춘 친구 막스 데미안의 출현은 이런 싱클레어에게 새로운 삶의 가능성을 열어놓는다.

하지만 데미안의 등장이 싱클레어의 방황의 끝을 의미하지는 않는다. 그는 더욱 혼란스러워진다. 알듯 말 듯한 데미안의 말 속에서 싱클레어는 '자기 자신에 이르는 길'이야말로 인간으로서 힘써 찾고 행해야 할 유일한 길이라는 사실을 어렴풋이 깨닫는다. "자기 자신을 찾고, 자신 속에서 확고해지는 것, 자신의 길을 앞으로 더듬어

나가는 것"에서 목표는 '자기'다. 다른 것에 따르거나 휘둘리는 것은 "자기 자신에게 가는 것"이 아니다. 싱클레어가 피스토리우스를 스승으로 여기는 것은 그가 "나 자신에게로 가는 길"을 선사했기 때문이지만, 다른 한편으로 싱클레어가 그를 떠나는 이유는 피스토리우스가 '자기에게로 가는 길'에 충실하지 않았기 때문이다. 피스토리우스는 '자기'를 말하면서도 그 '자기'에 기존의 것, 타인들이 이미 가치 있다고 여겨 만들어놓은 것으로 채워 넣는다. 싱클레어가 보기에 그것은 '새롭게 자기로부터 출발하는 태도'가 아니다. '자기'는 명목뿐이고 실질은 '타인'이 차지하고 있는 셈이다. 이럴 경우 자기는 공허하다. 그러한 태도와 방식은 '살아 있는 나'를 만나게 하지 못한다. 타인의 시선과 기대에 부응하려는 태도는 자기의 삶을 온전히 제 것으로 삼는 데 오히려 방해가 된다.

그러면 '자기에 이르는 길' 또는 '자기되기'란 무엇인가? 이 사항은 왜 중요한가? 자기되기는 기본적으로 '남의 장단에 맞춰 춤추며 살기'에 대립한다. 내 삶은 나의 것이다. 누구도 내 삶을 대신할 수 없을 뿐만 아니라 나 또한 남의 삶을 살 수 없다. 그런데 실제에서 사람들은 대부분 '자기 없이' 산다. 자기되기는 '자기의 필연적인 의지와의 관계' 속에서 사태를 판단하는 행위다. 데미안은 말한다. "자신에게 금지되어 있는 것을 자신이 찾아내지 않으면 안 된다. 자신에게 금지되어 있는 것을 아무 것도 하지 않고서도 사람은 큰 악한이 되는 수가 있다." '금지'는 보통 타인에게서 오지만 이를 내 안에서 되씹는 과정이 필요하다. 그리하여 금지를 나의 의지와 관련시켜야 한다. 이러한 태도는 '금지'를 무조건적으로 수용하는 태도와 다르다. 사태를 '자기의 의지'와 관련지어 생각하느냐 그렇지 않느냐가 관건이다. '자기되기'는 자기중심적인 사고와 행위가 아니다. 자기되기는 세계에서 일어나는 일을 '자기의 필연적인 의지'와 연관지어 생각하고 행위할 수 있는 힘을 요구한다. 그런 한에서 자기되기는 사고와 행위의 중심을 '자기'에 둔다는 뜻이 아니다. 주어진 사태를 자기를 '근거'로 다시 생각하여 자기에게도 필연적인 사태로 전환시키는 의지적인 행위를 일컫는다. 자기되기는 세계에서 일어나는 모든 사태를 '자기 속에서 우러나는 것'과의 관계 속에서 생각하고 그 결과에 따라 행위하는 태도이다.

따라서 자기되기에 충실하다면 남의 말에 귀가 솔깃하여 감정적으로 쉽게 동화되거나 남들이 만들어놓은 틀에 맹목적으로 따를 수 없다. 남의 말은 나에게 한낱 말에 지나지 않을 뿐이며, 남들이 축적한 문명과 문화는 '그들'의 바벨탑에 지나지 않는다. 그것들이 대체 '나'와 무슨 상관이 있단 말인가? 주위의 모든 것은 '나'와의 관계 속에서 '나'의 의지에 맞추어 재조정되고 새롭게 인식되어야 한다. 내가 만들지 않은 것은 거부해도 좋다는 말이 아니다. 내가 태어나기 전에 만들어진 것들도 그것이 나에게 어떤 의미를 지니는지를 숙고하고 그것의 수용 여부를 스스로 결정해야 한다. 이러한 태도는 남들의 생각과 과거의 유산을 내가 단순히 머리로 이해하여 따르는 것과는 성질이 다르다. 나 자신의 판단뿐만 아니라 내 삶의 경험과 내 정신의 의지가 개입되어 나의 좌표에 따라 나와 세계의 관계가 새롭게 자리매김되어야 한다.

세계가 '나'에게 하나의 의미체로 다가올 때에만 나의 사고와 행위는 단단한 토대 위에서 흔들림 없이 진행될 수 있다. 그리고 이를 바탕으로 나는 신념과 용기를 가지고 내 삶의 항로를 개척해갈 수 있다. 이를테면 국가와 민족을 위하는 이념에 따를 것을 요구받는다 해도 그 이념과 나 사이에 필연적인 연결고리를 찾는 데 실패할 경우, 이념에 따르는 행동에 확신을 갖지 못하여 중도에 변심하거나 포기할 수도 있다. 누군가가 그랬다. 대한민국에는 직업적인 애국주의자, 직업적인 민족주의자가 너무 많았다고. 이 땅의 근현대사에는 '민족'을 위한다는 미명 아래 민족을 이롭게 하는 방향으로 나아가지 않고 개인과 소속 집단의 이익을 위해 '민족'이라는 이름을 악용하여 나라의 역사를 절름발이로 만들었던 숱한 사건들이 있었다.

• • •

자기에 준거하여 사는 일은 엄청난 긴장과 힘을 요구한다.《데미안》의 서문에는 다음과 같은 별도의 도입구가 있다. "내 속에서 솟아나오는 것, 바로 그것을 나는 살아보려고 했다. 그런데 그것이 왜 그토록 어려웠을까." 왜 어려웠을까? 타인의 시선과 기대에 나를 맞추기보다는 그 시선과 기대를 '내가' 새롭게 이해하고 평가하여 나의 내부의 필연적인 욕구와 연관짓는 일이 어찌 쉬울 수 있겠는가? '자율적인 인간'이 현실에서 쉽게 탄생할 수 있겠는가? 타인들의 시선과 기대는 나에게 관성의 법칙으로 다가온다. 타인들의 시선은 본성상 보수적이다. '보수적'이란 자신들이 지금까지 해온 것을 습관적으로 반복하고 확대 재생산하는 성질을 일컫는다.

하지만 자기되기는 보수적이고 관성적인 진행을 거스르는 행위다. 타인의 욕구에 대해 일일이 그것의 타당성을 물어 '내가 왜 그것을 따라 해야 하는가?'를 냉정하게 되묻는 행위다. 자기에게 확실하다고 설득력을 지니게 되는 순간까지 참고 기다려야 한다. 따라서 자기되기는 자기를 편안하게 앉아 있게 하지 않는다. 한순간도 습관적인 타율에 자기를 맡길 수 없다. 깨어 있는 자기와 끊임없이 대면해야 한다. 자기되기는 안일하고 태만한 자기를 용서하지 않는다. 안일과 태만의 틈을 타고 타인의 숨결이 도둑처럼 스며들 수 있기 때문이다. 따라서 자기되기는 철저한 자기 소모를 전제한다. 자기에 대한 경계의 고삐를 한순간도 늦춰서는 안 되기 때문이다. 타율적인 습관에 젖지 않고 자기 준거적인 삶을 사는 자에게 휴식은 보장되지 않는다. 하지만 그 대가는 대단하다. 인간으로서 사는 데 성공하고 있기 때문이다.

목표로서의 '자기'는 자기의 욕구에 따라 사는 것을 뜻하지 않는다. 자기가 하고 싶은 대로 사는 삶은 인간적인 삶이 아니다. 하기 싫어도 자기의 양심과 경험에 비추어 하지 않는 것이 자기답게 사는 것이다. '공부하기 싫다'는 자기의 욕구에 충실하여 공부를 하지 않는 그러한 경우가 '자기 되는 길'은 아니다. 자기되기는 자기 욕구의 문제가 아니라 '자기 성찰'의 문제다. 존 스타인벡(J. Steinbeck)의 《에덴의 동쪽》에 이런 말이 나온다. "생각하는 대로 살도록 노력하지 않으면, 사는 대로 생각하게 된다." 생각이 깨어 있지 않은 곳에서 생각은 삶의 노예가 된다. 삶이 흔들리는 대로 내 삶을 맡길 수 없다. 자기 성찰에 따르는 삶은 인간으로 살기 위한 '좁은 길'이지만 또한 가장 가치 있는 길이다. 이 길에 들어선 이는 자신이 하는 일이 눈에 보이는 이익을 줄 것인지를 따지지 않는다. 자기되기는 이해관계의 문제가 아니라 진실성의 문제이기 때문이다. 나는 '진실로' 무엇을 원하는가? 그것을 내가 따라 해도 나중에 후회하지 않을 것인가? 내가 '진실로' 인간으로 사는 길은 어떤 길일까? 이 물음들에 대해 어느 정도 확신을 가지고 답변하고 행동할 경우 그 결과의 가시적인 선악을 떠나 나는 당당하고 의로울 수 있다.

• • •

데미안의 '자기되기'는 자기 성향대로 사는 것이 아니라 인간으로서 따라야 할 길을 밟는 것이다. 인간은 하늘이 자신에게 부여한 뜻에 충실하게 살아야 한다. 그런 의미에서 '자기'는 우주의 보편적인 가치를 담고 있는 주체다. 동양 철학의 덕(德)이나 서양 철학의 선의지(善意志)에 따르는 삶이다. 그래서 《논어》에 이르기를 "덕은 외롭지 않다(德不孤)." 덕이 부족하면 '자기' 중심을 잡지 못하여 남의 말에 쉬 흔들리고 불만족스런 결과에 대해 남을 탓하기 일쑤인데 이는 소인배들의 처사이다. 그래서 《논어》에서 다시 이르기를, "군자는 자기에게서 구하고 소인은 남에게서 구한다(君子求諸己 小人求諸人)." 또한 "인(仁)을 이루는 것은 자기 자신에게서 말미암는 것이지 어찌 남에게서 말미암는 것이겠는가(爲仁由己 而由人乎哉)?" 자기에 준거하여 생각하고 행동하는 일은 예부터 유가(儒家)의 지혜였다. 또한 플라톤의 덕(德, arete)과 칸트의 '선(善)한 의지'는 자기의 자기됨을 보장하는 최후의 보루로 간주되고 있다. 그래서 인간이 인간으로서 살기 위해서는 자기 속을 들여다보아 하늘이 자신에게

명령하는 양심의 길을 떳떳하게 가야 한다. 그렇지 않을 경우 자기는 자기일 수 없을 뿐만 아니라 인류에 대하여 인간이 행해야 할 바른 도리를 저버리는 결과가 된다.

이러한 사실은 《데미안》에서 운명의 문제와 연결된다. "자신의 운명을 찾아내는 것", 그리고 "운명을 자신 속에서 완전히 그리고 굴절 없이 다 살아내는 일"은 인간이 자기에게 성실하기 위해 불가피하게 걸어야 할 길이다. 데미안이 '위인'이라고 일컫는 모세나 부처, 카이사르, 나폴레옹 등은 하나같이 자신들에게 닥친 운명을 받아들일 자세를 갖춘 인물들이었다. 자기가 되는 길은 자기의 운명을 따르는 길이어서 자기의 길을 가려는 자는 자기 운명의 길을 가는 자여야 한다. 이들에게 자기되기는 "운명의 인간"이 되는 일이다. '운명의 인간'은 자신의 길을 자기가 선택하지 않는다. 자기 내면에서 들려오는 소리에 따라 자기 삶을 이끌 뿐이다. 소크라테스는 자기 안에서 들리는 다이모니온(Daimonion)의 소리에 따라 독배를 들기 전에 아테네 시민을 향하여 이렇게 말한다. "나는 여러분보다 신을 더 따를 것입니다. 내가 숨쉬고 힘이 있는 한 나는 진리를 추구하고 여러분에게 경고하고 여러분을 계몽할 것이며, 여러분 각자에게 지금까지 내가 해온 방식대로 양심적으로 이야기하기를 멈추지 않을 것입니다." 그는 세속적인 부와 명예보다 도덕적인 판단과 영혼을 중시함으로써 자기 자신뿐만 아니라 아테네 시민도 구제하려 하였다. 이렇게 자기되기는 내면에서 들려오는 소리에 자신의 행동을 꼼짝없이 맡기는 태도에서만 가능하다. 데미안의 경우와 마찬가지로 소크라테스도 자기 이외에 "아무에게도 눈을 돌리려고 애쓰지 않았다.” 외부의 시선이나 평가가 아니라 자기 자신의 내면의 소리에 귀를 기울임으로써 남이 아니라 자신에게 정직할 때에만 인간은 자기뿐만 아니라 진리에 충실하게 살 수 있다.

여기서 우리는 자기의 의지와 자기의 운명이 서로 대립하는 사태가 아니라는 사실을 알게 된다. 자기의 ‘필연적인 의지’에서 양자는 만난다. 내가 ‘의지(意志)’한 길이 나에게 운명으로 주어져 있기 때문이다. 다만 그 운명의 길을 보는 눈과 그 길을 따를 용기가 나에게 필요할 따름이다. 운명처럼 다가온 것인데 나 또한 그것을 욕구하는 일은 일상에서도 얼마든지 일어날 수 있다. 밀란 쿤데라(M. Kundera)의 소설《참을 수 없는 존재의 가벼움》에서도 자기되기와 운명의 관계 문제가 테마로 등장한다. 주인공 토마스는 “달리할 수도 있음”의 세계에 매료되어 자신의 삶을 가볍게 영위하지만 결국은 “그렇게 할 수밖에 없음”의 알 수 없는 힘을 자기의 의지와 동일시하여 삶의 무거움에 정착하게 된다. 자기가 된다는 것은 자신에게 운명처럼 다가오는 사태에 저항하지 않고 이를 자신의 의지와 연결시켜 ‘긍정’하는 데서 성취되는 ‘자기와 세계의 최종적인 관계 설정’이다. 자기 긍정이란 자의적이고 우연적인 결정이 아니라 자기에게 부여된 뜻, 소명(召命)을 찾아 기꺼이 수용하는 일이다. 자기 안에서 데미안을 찾은 싱클레어처럼.

3

성장의 얼굴

- 성장하지 않는 것의 힘은 무엇인가?
- 어떻게 진짜 어른이 될 수 있나?

마츠모토 타이요의 《하나오》(김완 옮김, 애니북스, 2006)는 아이 같은 아빠와 어른 같은 아들의 기막힌 동거를 다룬 명랑만화이다. 사리분별에 밝은 열 살 소년 '시게오'는 프로야구 선수가 되겠다며 집을 뛰쳐나간 서른한 살의 아빠를 바보라고 놀려댄다. 하지만 시간이 흐르면서 시게오는 매사가 즐거운 '하나오'의 삶의 방식에 점점 빠져든다. 여기 소개되는 다섯 장면에는 두 부자의 좌충우돌 밀고 당기기와 하나오식 삶의 철학이 곳곳에 담겨 있다.

장면 1.

* 원작의 순서대로 오른쪽에서 왼쪽으로 읽어주세요.

좋아 하지.
엄만 내가 싫어?
갑자기 왜 그래?
네 아빠야.
그런 야구 미치광이랑 어떻게 살아!
싫어!
벌떡!
질겅!
아빠에 대해서.
그러니까 알아 줬음 해.
교과서에 적혀 있는 것만이 공부는 아니란다.
지금까지 쌓아 놓은 어드밴티지란 게 있는데…
넌 공부 잘 하잖니.
안 다녀도 돼.
여름 강습도 다녀야 하고.
그럴 시간 없어.

프로야구 선수가
되겠다며
집을 나간
인간에게
뭘 배우라고?
무의미해.
너도 이젠
어른이란다.
초등학교
3학년이?
아빠는
아직도
어린애고.
올해로 서른
한 살인데?
아직까지도
꿈만 꾸고
있거든.
꿈~?

성적에 영향을 주는 부모를 가진 아들 입장도 헤아려 달라구.
자기 나이 좀 생각하고 행동하시지?
??
최악이야.
……
야구만 하고 있는 아버지는…
예외도 있어. 처자식을 버리고…
정답은 그런 데 있지 않아.
매사를 옳고 그름으로 판단하지 마라, 시게오.
좋은 아버지가 될 수 있도록 노력하란 말야.

어쨌거나 나한테 간섭하지 말아줘. 나는 나고…
당신은 당신이니까.
……
네가 하는 말은 다 빈 쪽정이야.
이치만 내세웠지 알맹이가 없어.
그런 아이에겐…
꿀밤 이닷!!
…에이 씨! 뭐 하는 거야, 이 망할 아저씨가!!
꽁
아야!

장면 3.

손님은?
나?
알겠습니다.
난 오늘의 메뉴.
주문 하시겠습니까?
이거, 깃발 달린 거 주세요!!
앗, 이거다!!
거 고민 되네-
음... 어느 걸로 할까나-

그 매뉴는
어린이
전용이라
어른
분께는…

디디잉!!

히잉-
싫어 싫어!

깃발 깃발
깃발-!

펄쩍

펄쩍

……

그럼 제가
어린이 메뉴
하고요,
저쪽에는
오늘의 메뉴.

알겠습니다.

앗!

치사하다!!

깃발은
내 거야!
시게오한테
안 줄 거야!!

시끄러워!
깃발
갖고 싶으면
가만히 있어!

죽는다!!

뾰로통

드륵드륵
우후후…
요즘은 그런 시대지.
폭죽도 딸려 나왔어!
가지시든가.
깃발이랑 같이 나온 이 미니카, 나 가져도 돼?
왜-
저기 저기, 시게오-
결국 다 요금에 포함돼 있으니까 손해는 볼지언정 득은 없어.
왠지 뭐랄까, 이득 본 기분이랄까!
마에다

와아-
바다다-!
어디쯤
일까?
음-
시게오-
여긴
어디야?
아-아.
우히
히히!
쓰레기는
버리지 말고
집으로 가져가
깨끗한 바닷 가를
만듭시다
그런 건
나도 알아!
아핫.
어쨌거나
바다잖아.

싸
이
이
이
......
그게 바로
바다다!!
차갑냐,
시게오!
차갑
구나
...
어디로
가니,
갈매기
야?
바다에는
배가 달리고,
하늘에는
갈매기가
난다!
저기
하늘이
있다!!
보거라,
시게오!!

내겐 들린다, 5만 관중의 대함성!!
나는 느낀다! 바람, 빛, 바다, 하늘!!
하하...

장면 5.

음침한 노래 부르지 마!
으엑-!
낯-선
도시를♪
걸-어보고
싶-다아-♬
이럴 땐
네 미라클
태평한
성격이
차라리
축복이다.
......
오, 브레널리-♪
당신의 집은
어디인가요-♪
호랄랄라♬
야호호-♪

응?
에에?
뭐 하는
거야,
시게오?!
밀어주고
있잖아,
바보야.
보면
몰라?
미…
밀어…
일일이
묻지 마셔.
江ノ島市
な33-33
왠지
너답지 않아!
아빠 기분이
이상해!
너 시게오
맞냐?
진짜
시게오냐?!
아,
그 인간
진짜
말 많네.
바다를
깨끗이

(1권 12, 14~15쪽, 31~32쪽, 85~87쪽, 3권 119~121쪽,
122~124쪽(맨 윗단), 127~129쪽)

하나오는 성장의 모범일 수 있나?

만화 《하나오》 텍스트는 겉으로 보기에 대단히 비일상적이다. 실제 현실에서 하나오의 삶을 만나기는 거의 불가능하기 때문이다. 그 원인을 만화의 본질적인 특성, 즉 '만화는 상식의 바깥으로, 규격화된 상상력의 바깥으로 우리를 내던진다'는 데서 찾을 수도 있다. 하지만 비상식적인 것이 곧 그릇된 것이라고 할 수는 없다. 만화는 오히려 문예적인 아방가르드일 수 있다. 프랑스에는 "만화가 먼저 원심운동을 하면 철학이 나중에 그것을 추스른다."는 말이 있다고 한다. 이와 같은 맥락에서 《하나오》는 상식적인 생각을 뒤집음으로써 상식을 반성하여 새로운 세계로 나아가게 한다. 또한 '보여주며 말하기'라는 만화의 장르적인 특징은 등장인물 하나오와 시게오의 생각뿐만 아니라 동작과 태도를 시각화함으로써 두 인물 사이의 팽팽한 긴장관계와 미묘한 애정관계를 묘사하는 데 성공하고 있다. 주제 '성장'과 관련하여 만화 《하나오》에서는 글뿐만 아니라 그림에 나타난 행태까지를 해석의 대상으로 삼아야 한다.

어른이지만 철부지 아이 같은 아빠 하나오, 그리고 아이면서도 어른스럽기 짝이 없는 아들 시게오. 상식적으로는 아빠가 아들을 지도해야겠지만 그 반대가 오히려 가능해 보인다. 미숙한 아빠와 성숙한 아들의 대비와 만남은 처음부터 심상치 않은 결과를 예고한다. 이러한 정황에서 '성장'과 관련하여 우리는 순진하게 물을 수 있다. 누가 누구를 키울 것인가? 어떻게 키울 것인가? 이 물음과 관련하여 텍스트는 중요한 암시를 하고 있다. 하나는 방학 동안에 아빠와 지내라는 엄마의 말에 항의하는 시게오에게 엄마가 "교과서에 적혀 있는 것만이 공부는 아니란다."라고 말하는 대목, 다음으로 좋은 아버지가 되도록 노력하라고 어른스럽게 타이르는 시게오를 향해 하나오가 "정답은 그런 데 있지 않아."라고 응수하는 대목이다.

'교과서 바깥'과 '삶의 정답'에 주목하자. 우선 삶의 정답은 어디에 있을까? 과연 어떻게 사는 것이 껍데기가 아니라 알맹이 있는 삶일까? 만일 그 진짜 삶을 알 수만 있다면 그 방향에 따라 사는 삶이 성숙한 인간의 삶의 모습이 아닐까? 그렇다면《하나오》텍스트에서는 우선 하나오의 삶의 태도를 살피면서 어떤 점이 긍정적으로 평가될 수 있는지를 밝혀야 한다. 이를 위해서는 엄마가 왜 시게오를 하나오에게 보냈는지, 그러니까 아이 같은 하나오의 언행에서 어떤 배울 점이 있는지를 찾아내는 일이 첫 번째다. 특히 시게오와 의사소통하는 데서 하나오가 보이는 반응을 면밀히 검토하고 해석해야 한다.

다음으로 위의 해석 결과를 바탕으로 세간에서 소위 '어른'이라고 불리는 사람들이 보이는 태도에 대해 반성적으로 생각할 필요가 있다. 이 사항은 텍스트 표면에 직접적으로 드러나 있지 않기 때문에 앞의 문제보다 한층 더 아래로 들어가 해석하는 자세가 요구된다. 현실의 세속적인 이해관계에 어둡고 오직 눈앞의 즐거움에만 탐닉하는 것 같은 하나오, 그리고 몸으로 직접 느껴지는 것에만 집착하는 하나오, 그러면서도 자이언트 구단의 홈런왕을 꿈꾸는 하나오에게서 어떤 성장의 면모를 발견할 수 있을까? 이와 비교할 때 보통의 '어른의 삶'에서는 무엇이 문제일까? 아이든 어른이든 간에 세계와 어떻게 관계할 때 참으로 인간다운 맛을 느끼며 산다고 할 수 있을까? 인간적인 성장은 궁극적으로 인간의 어떤 모습에서 찾을 수 있을까? 이해타산에 얽힌 현실을 살면서도 어떻게 하나오의 지혜를 유지할 수 있을까? 만화 《하나오》의 컷과 컷 사이에서 우리가 읽어내야 할 문제들이다.

성장하지 않는 것의
힘은 무엇인가?

준서 《하나오》? 일본 만화네.

하람 야구 선수 이야기야.

시후 아니. 야구 선수가 되고 싶어하는 하나오 이야기.

나연 야구 선수가 되고 싶다면서 몸매가 장난이 아닌데. 불룩한 배하며 큰 머리통에다.

준서 첫 장면부터 아주 흥미로운데. 애는 왜 이렇게 펄펄 뛰고 있지?

시후 펄펄 뛰는 아이는 하나오의 아들이고 이름은 시게오. 초등학교 3학년생이야. 어머니가 말하길, 여름방학 동안만이라도 아버지와 살아봐라. "너도 이젠 어른이란다." 부모는 별거 중.

나연　하나오의 정체가 드러나네. "야구 미치광이", "프로야구 선수가 되겠다며 집을 나간 인간", 시게오가 하는 말이고. 엄마는 하나오를 이렇게 소개하네. 서른한 살인 "아빠는 아직도 어린애".

준서　이제는 어린애가 아니어야 될 나이인데 아직 어린애다?

하람　야구 선수가 되겠다며 집을 나갔다잖아. 가정을 버린 무책임한 가장이네. 아내도 버리고 자식도 버리고 자기 꿈 찾아 나간다. 아빠로선 빵점 아닌가. 시게오 입장으로선 펄펄 뛸 만해.

나연　아니, 부모가 되면 자기 욕망은 모두 버려야 하니? 꿈을 꾸는 아빠도 있고 꿈속에 사는 엄마도 있는 거지. 자식들은 좀 피곤하겠지만 말이야. 한 여자의 남편, 한 아이의 아빠 이전에 하나오는 하나오 개인이잖아?

하람　그래, 하나오는 하나오다울지 모르겠는데 사회인으로서 하나오는 빵점이야. 어른들이 그러잖아. 군대 가야 인간 된다, 결혼해야 어른이다. 흔히 사회 적응 능력을 기르고 현실 감각을 터득해야 어른이 된다고 그러는데, 그런 면에서 하나오는 참으로 어른답지 않은 어른이야.

준서　하나오 아들이 오히려 현실적인 모습이야. "교과서에 적혀 있는 것만이 공부는 아니란다."라는 엄마의 말을 들어봐. 그러니까 시게오는 교과서에 적혀 있는 것만 공부라고 생각하는 거지. 재미로 공부를 하나? 의무로 생각하고 한다. 차곡차곡 자기에게 주어진 길을 밟아 사회적으로 성공하겠다는 거야.

시후　참 부자간에 닮은꼴이라곤 없어. 엄마 가오리가 제안한 아버지와 동거하기는 당연히 난항일 테고. 꿈꾸는 하나오 대 현실적인 시게오의 한판 승부. 시게오는 철부지 아빠를 무시하고 뻑 하면 '바보'라고 놀려. 이 녀석, 버릇 하나는 아주 제대로 없어요.

준서　하나오 눈에는 시게오가 현실적인 이치만 따진다고 보일 거야. 시게오는 방학이 되면 빡빡한 학습 계획표를 세우고 규칙적으로 생활해. 그런데 하나오는 '졸리면 자고 배고프면 먹는다!'는 식이야. 즉흥적이고 무목적적인 거지. 대단히 동물적이기도 하고.

시후　자연스럽구먼. 자기의 감각과 욕망에 충실한 거지. 파란 하늘을 보더니 당장 여행 가자고 방방 뛰고, 학교 빼먹고 야구장 가자고 꼬드기고. 새가 하늘을 나는 것처럼, 물고기가 헤엄을 치는 것처럼 학교 땡땡이 치고 싶은 마음은 자연발생적이다.

준서　시게오가 하나오더러 계속 '바보'라고 그러는데, 실제로 상당히 바보스러워. 툭 하면 길 잃어버리고, 허허 크게 잘 웃고, 먹고사는 데 관심 없고.

나연　하나오 나름의 개똥철학을 보아주렴. 학교를 땡땡이치는 상황이 벌어져서 문제긴 하지만, 누구나 일하기 싫고 놀고 싶은 마음은 매일반이잖아. 아~, 내가 마냥 놀고만 싶은 것도 새가 날고 물고기가 헤엄치는 것처럼 자연스러운 것이었다니. 하나오 같은 아빠만 있으면 세상 살맛나겠다.

하람　사는 건 재미있어지겠지만 세상이 어떻게 돌아갈까? 다 자기 하고 싶은 대로, 제 몸이 편안한 대로 살면?

준서　삐노끼오가 떠올라. 성실하게 사회적인 규준과 가치를 습득해야 살아남을 수 있는 삐노끼오. 정통적인 교육 과정을 통해야만 삐노끼오는 성장할 수 있고 인간다움을 획득할 수 있지. 삐노끼오가 하나오를 만났다면 어땠을까?

시후　뭐 꿍짝이 맞아서 잘 놀러 다녔겠지. 하나오 봐라. 딱 정신 차리기 전의 삐노끼오 모습이야.

준서　그런데 둘의 사연은 많이 달라. 삐노끼오는 인간이 되기 위한 시련을 이야기의 막판까지 계속 겪어나가는 반면, 하나오는 시작부터 한 인간으로 버젓이 잘 살아가고 있어.

나연　즐거운 어른으로 잘 살아. 삐노끼오식 모험이 《하나오》에서는 새롭게 조명 받는 거야. 레스토랑 장면을 봐. 하나오는 어린이 메뉴에 딸려 나오는 깃발과 미니카, 폭죽을 보곤 좋아서 사족을 못 써. 깃발, 미니카, 폭죽 모두 한결같이 감각을 자극하는 물건들이지만 유용성이 없는 물건들이야. 아이들은 혹하지만 어른들은 심드렁한 물건들.

준서 표정이 참 싱글벙글해. 하나오는 늘 싱글벙글하지. 이토록 즐거운 이유가 뭘까? 단순해서 즐거운가?

시후 "Don't worry, be happy!" 모르냐. 너에게 절실히 요구되는 덕목.

준서 음……, 시게오는 정반대야. 전혀 단순 모드가 아니지. 장난감이 다 음식값에 포함되어 있다는 상술을 읽어. 눈에 보이는 게 전부가 아니라는 걸 아는 거지. 비극적인 인식이랄까. 하지만 하나오는 비극적일 수가 없어. 보이는 대로 반짝반짝하고 거저 얻은 것처럼 좋고 '왠지 뭐랄까, 이득을 본 기분' 같거든. 행복할밖에.

나연 하나오의 트레이드마크인 이 헤벌쭉 대빵 웃음을 봐. 안 그래도 큰 얼굴이 눌러놓은 호떡처럼 순하고 만족스럽잖아. 왜 즐겁냐고? 상황을 고려하고 이치를 따질 필요가 없으니 곧장 즐겁지. 말이 좀 이상하지만 곧장 즐거워. 어른들처럼 사리를 분별하는 과정에서 즐거움이 유보되는 일이 일어나지 않아.

시후　한마디로 생각이 없는 거지. 단편적이고. 하나오는 사고하지 않는 대신 즐거움을 얻는다. 즐거움을 잃고 심각하다 또는 심드렁하다, 이건 어른들의 증상이라고. 버스 승객들을 보면 무표정하고 찡그려 있고 참 안 즐거운 표정들이잖아.

준서　사태의 배후와 목적을 생각하게 되니까. 특별히 즐거울 것도 놀라울 것도 없지. 맞아. 어른들은 참 안 즐거워하지.

하람　하나오가 항상 싱글벙글한 건 아냐. 레스토랑에서도 제 뜻대로 안 될 거 같으니까 펄쩍펄쩍 뛰다가 시게오한테 혼나고서는 금세 또 뾰로통해져. 365일 즐거워요, 라기보다는 365일 변화무쌍해. 표정이 참 풍부하지. 단 무표정하거나 심드렁한 표정은 없어. 멍하거나 얼빠진 표정을 짓긴 해도.

나연　아이의 눈이랑 비슷해. 아이의 눈을 갖고 있으니까 많은 것을 느낄 수 있는 거야. 느낌이 많으니까 많은 것들을 놀랍게 경험하고 다양한 감정을 발산하는 거지. 세상 사는 게 좀 재미있달까. 레스토랑에 자리 잡고 앉았을 때부터 계속 히죽거리거든. 자기가 무슨 대단한 곳에 오기라도 한 것처럼 마냥 두리번거리며 좋아하고.

하람　오늘 나연이가 이상한 소리 많이 하는걸. 느낌이 많다, 곧장 즐겁다. 좋은데. 살짝 비문법적이지만. 어쨌거나 하나오가 그래도 명색이 아빠잖아. 그래서 아들을 교육시키는데, 그게 체험 위주야.

느낌을 중요시해. 시게오는 아빠와 오토바이도 같이 타고 매일 아침 조깅도 같이 해. 그리고 잠자리도 잡으러 가고 야구장에도 가고 바닷가에도 가지.

나연 바다의 느낌 있잖니. "차갑냐, 시게오! 그게 바로 바다다!!" 바다를 어떻게 경험하겠니. 차가움이야. 차가움이 바다를 대변해. 하늘 날기도 있어. 눈 밑에 수평으로 거울을 갖다대면 태양이 발밑으로 온다. 하나오는 하늘 날기의 발견도 시게오에게 가르쳐줘. 하나오식 가르침은 항상 너도 한번 해보라는 식이야. 현장학습 내지는 체험 교육 현장.

준서 하나오는 사태를 직접 만나고 곧장 느끼려 들어. 어떤 사태와 마주치면 그것과 바로 밀착하니까 감각의 수위가 아주 강하지. 사고하는 과정을 동원해 사태를 걸러내질 않으니까 그것을 감지하는 촉수가 항상 살아 있어. 사태에 바로 몰입하니까 희열과 열정과 실망과 분노의 양이 모두 높겠지. 참 나와 달라.

나연 그래. 너랑 참 달라. 그리고 나랑 비슷한 거 같아.

하람 맨 처음에 하나오가 시게오를 답답해하잖아. 시게오는 이치만 내세웠지 알맹이가 없다고. 사고할 순 있으나 느낌이 부족하달까. 나도 엄마한테 잘 그러는데. "아, 뭐 말씀은 맞는데요."《하나오》에선 어찌 된 일인지 애와 어른이 바뀌었네. 시게오 별명이 '시게옹

(翁)'이야.

시후   애늙은이였던 우리의 시게옹이 아빠에게 배운 건 다름 아닌 감각의 즐거움. 시게옹이 회춘한 거지. 여름방학 동안만 아빠와 지낼 예정이었다가 계속 아빠 집에 얹혀살잖아. 누가 누구한테 얹혀사는지는 모르겠다만. 만사가 새롭고 재미있고 즐거우니까 계속 붙어 있는 거지.

나연   사심 없이 웃잖아. 시게오가 오토바이 타는 장면을 봐. 오토바이 타는 법을 배우면서 동시에 웃는 법도 배워. 손톱이나 물어뜯고 앉아 있는 신경질쟁이 시게오의 얼굴에 순한 웃음이 나타나기 시작해. 행복한 하나오가 다른 사람까지 행복하게 만드는 거야. 행복은 힘이 세다, 그치?

하람   그래. 이 헤벌쭉한 얼굴을 보고 손가락질하기 어렵지. 근데 말이야, 하나오의 세계는 이렇게 마냥 끄덕 없는 거야? 이 사람에겐 뭐 해야 하는 건 없나? 하고 싶은 것만 하고 살 순 없잖아. 먹고사는데 문제는 없나?

시후   먹고사는 건 동네 야구 시합에서 심심찮게 부상이 주어지지 않겠수. 동네 인심도 썩 괜찮은 모양이고. 남 생각하기에 누구보다 앞장서는 하람 양께서 하나오의 살림살이가 영 걱정되는 모양이구먼. 이 맘 편한 관상에 해야 할 일이란 딱 하나지 뭐. 야구 연습하기.

꽤 열심히 해. 하루에 천 번씩 스윙하기, 매일 아침 20킬로미터씩 달리기.

하람 보통 열심히 사는 게 아니네. 아무리 야구 선수가 꿈이래도 힘든 훈련이 항상 즐겁지는 않을 텐데. 그렇다면 하나오도 자기의 꿈을 위해 꾸준히 노력하고 열심히 준비하는 사람 아닐까?

시후 열심이지. 열심이긴 한데, 역시 좀 대책이 없어. 하나오 꿈이 일본 최고 야구 구단 '요미우리 자이언츠'에 입단하여 '홈런왕'이 되는 거야. 무턱대고 자이언츠의 4번 타자 내놓으라는 식이지. 조금만 더 현실적이었다면 야구의 재능을 일찍 발휘할 수 있었을 거야. 이 아저씨가 야구는 꽤 하거든.

나연 하나오식 세계 속에서는 현실화 전략이 사실상 좀 어려워. 왜, 바다의 느낌 있잖니. 야구의 꿈도 비슷해. "차갑냐, 시게오! 그게 바로 바다다!!" "보거라, 시게오!! 저기 하늘이 있다!!" "내겐 들린다, 5만 관중의 대함성!!" "나는 느낀다! 바람, 빛, 바다, 하늘!!" 야구의 열정도 온몸으로 느끼기, 감각하기 수준에 머물러 있어. 대단히 열정적이고 순수하게 몰두하지만 현실 인식이 떨어져.

준서 야구 스타일도 비슷해. 타석에서도 무조건 장외 홈런만 노려. 홈런 날리기, 자이언츠 입단. 오로지 이것만 생각하고 이 열정으로 한결같이 사는 거야. 경제적인 무능이나 현실적인 제약은 하나오를 크게 흔들지 못한다고. 자기 세계에 갇혀 있는 거지. 그러니까 '바보' 소릴 듣고.

시후　세상의 눈으로 보면 바보지. 사회적인 기준으로 봤을 때는 이런 철부지가 없어. 자기 세계에 갇혀 있다는 말이 맞아. 그런데 참 즐겁고 행복한 자기 세계지. 마운드에 선 독불장군이랄까. 사실 하나오에게는 자기가 바보 취급을 당한다는 개념도 없어. 설혹 있다고 해도 중요하지 않아.

나연　어, 좋다. 중요하지 않다는 점이 중요해. 그러니까 사회적인 미숙아라는 평가는 하나오에게 중요하지 않아. 자기 세계 속에서 자기 방식대로 꿈을 주고 결국엔 꿈을 이루잖아. 어쩌면 자기 세계 속에서 즐겁고 행복하면 더 큰 꿈을 향해 나아갈 수 있을지도 몰라.

시후　암, 그렇고 말고. 우리에게도 하나오다움을 추구하는 지혜와 용기가 필요해. 필요하다고.

하람　하나오다움을 추구하라……. 생각을 다시 하게 된다. 보통 비극은 아름답고 고귀하고 웃음과 희극은 가볍고 흔하다고 생각하잖아. 웃고 행복하고, 사실 이게 쉽지 않은데. 참 많이들 못 그런다는 생각이 들어. 오늘 바보 같은 하나오한테 한 방 먹었다. 좀 어질어질한데. 준서야, 너도 그렇지?

준서 그래, 조금.

나연 준서는 두 방 먹은 것 같은데 겉으로 티가 안 나네. 어쨌든 난 하나오 너무 좋아. 진짜 외모만 근사했더라면 홀딱 반할 뻔했다니까. 여전히 배불뚝이에 복장 불량, 즐거움의 힘을 온몸으로 보여주다.

즐거운 어른은 힘이 세다

　한 살 한 살 나이를 먹는다. 이러다 어른이 되나 보다 하면 벌써 어른 비슷하게 되어 있다. 어른이 되고 싶다 하면 아직 애라고들 한다. "누군들 어른이 되고 싶었겠어?"라고 반문한다면 딱 어른이겠다. 세상은 재미있는 말들을 만들어낸다. '애어른' 또는 '어른애'. 모두 때를 놓친 이들이다. '아이답지 않은 아이'나 '어른답지 못한 어른'. '~답다'는 말은 이 사회에서 참 칭찬이다. 뭔지 모르게 어른스러운 친구를 보면 불편해지고 꼴같잖은 어른을 보면 우습다. 애어른 같은 아이가 친구들 사이에서 인기가 없는 것처럼 어른들 사이에서는 '애 같은 어른'이 타박의 대상인 모양이다. "도대체 나잇값을 못해.", "언제 사람 구실할래." 등등. 주위 사람들의 구설수에 오르내리는 이는 대개 사회 적응 능력이 떨어지고 현실 감각이 없다. 어른들은 '사회인'인데, 이들은 사회인 축에 끼지 못한다. 사회인이 되어야 하는데 사회인이 되지 못한 이들은 말하자면 '미숙아' 같은 존재일까? 사회적인 미숙아는 그저 문제아일 뿐일까?

마츠모토 타이요(松本 大洋)의 만화 《하나오》는 'NO!'라고 대답한다. 사회적인 미숙아를 타박하는 눈총에 대해 타이요는, 아니 성장이 뭔데? 그래 성장하니까, 성장해서 어른이 되니까 좋냐고 반문한다. 타이요가 만들어낸 캐릭터, '하나오'야말로 애 같은 어른, 사회적인 미숙아의 전형이다. 하나오는 어린 아들을 두고 프로야구 선수가 되겠다며 집을 나갔다. 그리고 프로의 길을 현실적으로 타진해보지도 않은 채 동네 야구 타자 겸 감독으로 살고 있다. 아버지로서나 남편으로서 가정을 유지하는 역할도 담당하지 않으며, 그렇다고 번쩍번쩍한 자기 성취의 가도를 달리는 이도 못 된다. 그는 온몸을 바쳐 야구 연습에 열심이어서 실력이 출중하지만 자기 꿈을 실현하기 위한 구체적인 길을 모색하는 데에는 별 관심을 보이지 않는다. 도대체 밥은 어떻게 먹고 사냐는 아들의 핀잔에도 그는 프로야구 선수가 될 거라는 엉뚱한 대답으로 일관한다.

하나오는 자기 꿈을 위해 가정을 도외시하고 꿈과 현실을 조율하는 일에도 실패한 인물이다. 그러고도 스스로 충분히 행복할 수 있다는 미스터리를 보여준다. 하나오는 세 권의 만화책 내내 싱글벙글 헤벌쭉한 표정을 짓고 있다. 사람들은 그가 모자라다고 우습게 생각하겠으나 정작 자신은 만족스럽고 행복하다. 세상의 이목은 하나오의 행복을 방해하지 않는다. 그는 스스로 행복하지 무엇 때문에 행복한 것이 아니다. 어른이 된다는 것은 현실적인 제약에 자기를 맡기는 게 아니라 자기의 자유를 실현하기 위한 조건으로 현실적인 제약을 전환시키는 것이라는 사실을 하나오는 보여준다. 현실은 그 자체가 굴레가 아니라 현실을 대하는 태도에 따라 굴레일 수도 아닐 수도 있다는 것이다.

공상의 나라에 사는 피터 팬이 아닌 이상 누구든 자라서 사회 속으로 들어가야 한다. 누구나 성장해야 하지 않나? 더구나 제대로 사회화되지 못한 사람이 어떻게 행복할 수 있나? 하나오는 이 질문에 '성장하지 않아서 행복할 수 있다'고 대답하는 셈이다. 하나오는 오히려 성장이 가져올 수 있는 불행과 고통을 시위할 만한 인물이다. 그는 마치 아이처럼 천진하다. 그의 맹목적이고 즉흥적이며 감각적인 태도는 사회화되기 이전의 자연성에 가깝다. 아이의 심성을 가진 그는 세상을 새롭게 보고 많은 것을 느낀다. 세계를 새롭게 보기 시작하면 놀랄 일도 많고 즐거울 일도 많다. 그는 세상을 뒤틀어서 이해하지 않기 때문에 세상과 바로 만나 맘껏 즐길 수 있다. 즐거움! 그것은 바로 하나오의 '아이다움'에서 비롯한다. 즐거움을 잊거나 잃고 사는 어른의 세계에 대하여 하나오는 경종을 울린다. 어른이 되어 즐겁지 않다면 나는 기꺼이 어른 되기를 포기할 것이다!

• • •

하나오 같은 즐거운 바보의 예는 우리 주변에서 실제로 찾을 수 있다. '천상 시인'이라는 애칭을 얻은 시인 천상병(千祥炳)은 맑고 순수한 시심으로 이름을 얻었다. 그가 보여주는 기이한 행적은 그의 시만큼이나 사람들 입에 오르내렸다. "천 원만 줘.", "이천 원만 줘." 하며 지인들에게 손을 벌렸다는 그는 시 속에서 막걸리 한 사발에 클래식 음악을 들을 수 있다면 행복하다는 모습이다. 막걸리를 노래하는 시 〈막걸리〉나 "KBS 라디오의 희망음악은 아침 9시 5분에서

10시까지인데, 나는 매일같이 기어코 듣는다."는 〈희망 음악〉의 구절은 일상의 행복을 포착해낸다. "빗물은 대단히 순진무구하다. 하루만 비가 와도, 어제의 말랐던 계곡물이 불어 오른다."는 〈비 11〉의 첫 연은 범연한 자연 현상에 스스로의 '순진무구'한 눈을 투영하는 모습을 보여준다. 후기 시에 나타나는 천진함을 두고 시인이 1967년 '동백림 사건'에 연루되어 고문의 후유증을 앓았기 때문이라는 설명이 많은데, 그보다는 그의 천진함이 사람들에게 무언가 울림을 준다는 사실이 중요해 보인다. 시인의 맑고 소박한 시심은 "나 하늘로 돌아가리라."로 시작되는 아름답고 담담한 인생 귀로의 시, 〈귀천(歸天)〉에서 빛을 발한다.

시인 천상병이나 하나오 캐릭터는 말하자면 '천진인'들이다. '세속인'의 반대로 '천진인'이라는 말이 허용될 수 있을까. 천진인들은 자연스러운 본능과 순리를 줄이지 않는 사람들이다. 자연스럽다는 의미에서 순수하며, 자연스러움을 포기하지 않으니까 즐거울 여지도 많이 생긴다. 세상에는 돈 많은 이들도 많고 이름 높은 이들도 많지만 즐겁게 사는 이들은 참 드물다. 대개 어른들은 즐거워하지 않는다. 별로 새로울 게 없기 때문이다. 대상과 세계는 그들에게 웬만큼 규정되어 있고 판단되어 있다. 더구나 그 배후에는 이해관계에 얽힌 쓸쓸한 풍경이 있다. 그래서 보이는 대로 보지 않으며 들리는 대로 듣지 않으려 한다.

주어진 사태의 배후와 감추어진 의도를 생각하면 무엇 하나 진정으로 흡족하게 웃어줄 만한 것이 없다. 겉만 보고 웃는 자는 바보이다. 바보가 되지 않으려면 함부로 웃지 않는 법을 익혀야 한다. 표면과 현상은 모두 가식이고 위장이라고 생각하는 이들에게 즐거움과 웃음이 끼어들 여지는 없다. 그런데도 하나오는 겉만 보고 즐거워한다. 겉에도 진실은 있다고 믿기 때문이다. 표면이 자기를 속일지라도 그건 자기가 책임질 일은 아니라고 그는 생각한다. 그로 인해 자기가 즐거울 수 있는 권리를 포기할 수는 없다는 것이다.

인간은 생각하는 존재지만 또한 생각해야 한다는 강박에 시달리는 존재이기도 하다. 물론 보이는 그대로가 전부일 수 없으며, 생각을 통해 알아가는 즐거움도 무시할 수 없다. 바로 앎의 즐거움이요 앎의 행복이다. 하지만 알지 못하기 때문에 마음이 편하고 즐겁기도 하다. 더구나 인간의 성장 과정에서 전체적으로 볼 때 지식의 확대는 즐거움의 축소로 이어지는 경우가 대부분이다. 지식과 행복은 비례하지 않고 오히려 대개 그 반대다. 괴테는 《파우스트》에서 이렇게 하소연한다. "나는 모든 분야의 학문에 열중하여 세상에 대해 거의 모르는 게 없고 회의와 의혹에 빠지지 않는 슬기를 얻었다. 그 대신 나는 온갖 기쁨을 빼앗기고 말았다!" 지식은 대개 사태의 보이지 않는 면을 겨냥하는데, 아이들은 보통 보이는 것 자체를 세상의 전부로 알고 있으므로 곧장 행복하거나 곧장 불행해한다. 눈물을 뚝뚝 흘리다가도 금세 배시시 웃는 게 아이들이다. 아이들의 표정은 오만 가지로 바뀌지만 어른들처럼 심드렁하고 무미건조하지는 않다. 지하철의 승객들을 보라. 참으로 무표정한 얼굴들이다. 그들의 삶까지 삭막해 보인다.

기차를 타고 가는데 건너편에서 한 아이의 목소리가 들려온다. 아이는 열심히 오징어를 뜯어 먹다가 갑자기 눈을 동그랗게 뜨고 "오징어는 왜 죽었어요?"라고 묻는다. 대답할 도리가 없다. 아이들은 천진하고 무지하며 잔인하다. 무엇보다 아이들은 새로움을 발견하고 창조해내는 자들이다. 동화나 동시는 아이들이 지닌 새로움의 눈으로 독특한 미감(美感)을 추구한다. 〈향수(鄕愁)〉의 시인으로 알려진 정지용(鄭芝溶)은 재미있는 동시도 많이 남겼다. "오리 모가지는 / 호수를 감는다. // 오리 모가지는 / 자꼬 간지러워" 시의 제목은 〈호수〉이다. 물 위에서 오리가 목을 꼬아대는 모양을 두고 오리 모가지가 호수를 감는다고 상상했다. 그러면 얼마나 간지러울까, 독자는 금세 좀 웃기고 좀 간지러운 오리를 떠올리게 된다. 양성 모음을 즐기는 시인의 버릇이 '자꾸'를 '자꼬'로 바꾸어놓아 오리의 귀염성을 더했다. 지용은 참신한 시어를 주창했던 시인이고, 시어의 덕목을 즐겁고 참신한 어린아이의 말에 빗대었다. 시가 어린아이의 눈과 입이 되어 세상을 새롭게 보고 새롭게 표현해내야 한다고 보았던 것이다.

• • •

문학작품에서 유년기는 흔히 황금기로 회고된다. 문명이 태곳적을 이상향으로 상상하듯이, 사람들은 유년기를 이상화한다. 물론 동심의 상상력이 즐거움 일색도 아닐 테고 찌들고 험난한 유년 시절도 허다하다. 하지만 유년기를 결정적으로 좌절하기 이전의 시기로 본다면, 이 시기의 아이들은 대개 세계를 단순하고 즐거운 마음으로 대하게 마련이다.

소설가 박완서의 유년기도 충분히 즐겁다. 일제의 식민통치가 미치지 못했던 개성 부근에서 어린 시절을 보낸 그는 그 시절에 대해 열정적으로 환호한다. 그 중에서도 '유년기의 뒷간 체험'은 단연 돋보인다. 《그 많던 싱아는 누가 다 먹었을까》에 나오는 이야기다. 아이들은 훤하고 넓은 시골 뒷간에 너도나도 엉덩이를 하얗게 까고 앉아 이야기를 재잘거리고 누가 잘생긴 똥을 많이 누나 시시덕거린다. 뒷간에 오래 앉아 있다가 바깥에 나왔을 때 세상은 유별나게 반짝이고 처음 보는 것처럼 낯설었다는 대목은 가히 매혹적이다. 유년 시절은 체험과 감각에 결부되어 더욱 생생하게 빛을 발한다.

하지만 이후 서울에서 학창 시절을 보내게 된 이 소설의 화자는 사회적, 시대적 제약을 경험하고 일종의 생존을 위한 감각을 익히게 된다. 서울에서는 빈민층이면서 시골에 가서는 서울내기 행세를 하는 엄마를 화자는 속으로 비웃지만, 자신 역시 서울에서 시골 양반 행세를 하고 시골에서는 서울내기로 젠체하는 태도를 갖게 된다. 좌절된 유년기에 대한 보상심리와 함께 시골뜨기로서 서울에서 살아남으려는 일종의 생존 전략이 작동한 결과이다. 현실에 부딪히면서 사람들은 살아남기 위한 전략을 꾸미고 점점 스스로를 변질시킨다.

러셀(B. Russell)은 《행복의 정복》에서 두려움이나 질투, 죄책감, 자기 연민과 자기 찬미가 스스로의 감옥을 짓는다고 말한다. 그리고 "대부분의 사람들은 선천적으로 감옥에서 행복을 누릴 수 없다." 스스로를 옥죄면서 사람들은 열의를 상실하고 우울해한다. 사회 속에 편입되면서 사람들은 자발적이고 본능적인 속성을 잃어버린다. 사회화되면서 사람들은 자연스러움을 잃어버리지만, 스스로 기꺼이 자연스러움을 포기하려는 노력을 감행하기도 한다. 이래저래 '자연스럽게' 즐거워할 만한 여지는 줄어드는 셈이다.

인간이 이룩한 문화와 문명은 인간을 위해 지어진 건축물이지만 인간의 자연스러운 욕구에 반하는 결과를 초래함으로써 인간을 끊임없이 우울의 구렁텅이에 빠뜨린다. 인간을 자유롭게 만들기 위해 이룩한 문명이 인간의 자연적인 욕구에 거슬리고 오히려 인간의 자유를 구속한다. 즐거움과 기쁨의 자연스런 욕구는 문명적인 사고 과정 속에서 빛을 잃는다. 프로이트가 말하는 "문명 속의 불만"은 여기서 생겨난다. 문명사회의 계산과 타산에 적응하면서도 인간이 동시에 어떻게 자연스런 감정에 충실할 수 있을지는 인류에게 남겨진 숙제다.

텍스트 속의 하나오는 자신의 욕구와 감정을 조건과 상황에 상관없이 자연스럽게 드러낸다. 아무 데서나 쉽게 잠드는 하나오의 모습에서는 보통 사람들에게서 보이는 주의나 긴장을 찾을 수 없다. 일종의 행복한 방심 상태라 할 수 있다. 그는 사태를 보이는 그대로 감각하여 즐거움을 얻는다. 그 점에서 하나오는 《삐노끼오의 모험》의 주인공 삐노끼오의 모습을 떠오르게 한다. 삐노끼오는 유년 시절의 자유와 방종과 태만을 충분히 만끽한다. 어른들이 볼 때 삐노끼오는 못 말리는 말썽쟁이지만 스스로는 즐겁고 재미있다. 하지만 동화는 삐노끼오를 그대로 내버려두지 않는다. 목각인형 삐노끼오는 나무토막일 뿐이며 사회적인 규준과 가치를 습득해야만 소년이 될 수 있다. 삐노끼오는 거짓말을 하면 사회적인 징벌로 코가 길어져야만 한다. '삐노끼오'는 인간으로서가 아니라 목각인형으로서만 존재할 수 있다. '인형 삐노끼오'는 '인간 삐노끼오'가 되기 위한 전 단계로

서만 의미를 지닌다.

삐노끼오가 소년으로 탈바꿈되기 위해서는 감각적인 즐거움 앞에서 머뭇거리고 거부하는 과정이 필수적이다. 동화는 삐노끼오가 소년이 되는 장면에서 끝나지만, 인간으로 변한 삐노끼오는 감각의 세계보다는 사고의 세계에, 그리하여 즐거움의 세계보다는 현명함의 세계에 다가갔을 것이므로 이전만큼 신나는 모험을 하지는 못할 것이다. 어른들은 아이들에게 삐노끼오를 들려주지만, 아이나 어른이나 좋아하는 캐릭터는 삐노끼오보다는 피터 팬이다. 둘 다 흥미로운 모험의 세계를 내놓지만 삐노끼오의 모험이 인간으로 길러진다는 전제 하에서 진행되는 반면, 피터 팬의 모험에는 그런 전제가 없이 자유자재로 모험이 진행된다.

'피터 팬'은 공상의 나라에 사는 만년 소년이다. 1920년대에 씌어진 제임스 매튜 배리의 희곡 《피터 팬》은 지금까지 다양한 장르로 재현되어, 현대 사회에서 '피터 팬 증후군'이라는 신조어까지 낳았다. 어른인데도 아이로 남고자 하는 성향 때문에 사회에 적응하지 못하는 병적 징후를 미국의 한 임상 심리학자가 '피터 팬 증후군(Peter Pan syndrome)'이라고 이름 붙였다. '애 같은 어른(man-child)'의 꿈은 심리적, 가족적, 사회적으로 치료가 요구되는 병적인 징후로 설명되고 있지만, 그러한 증상의 배후에는 되돌아가고 싶은 즐거운 유년 시절, 아니면 인간이 태어나기 전에 꿈꾸었던 즐거운 삶의 한 단면이 자리 잡고 있다.

　어른 되기는 생활인 되기, 현실주의자 되기, 행복할 일 없기로 치환되어야 할까? 강퍅한 현실에서 아이다운 순수한 즐거움이란 뜬구름 잡는 소리에 지나지 않는 걸까? 시인 천상병이나 하나오처럼 누구나 행복한 바보 되기에 올인할 수는 없겠지만 '순수의 기억을 어떻게 처리할 것인가'의 과제는 남는다. 두 인물이 보여주는 순수함은 감각적인 즐거움을 찾고, 자연스러운 본능에 충실하며, 나아가 크고 무거운 것에 짓눌리기보다는 큰 것을 작게 만들고 무거운 것을 가볍게 만드는 지혜를 함축한다. 순수만 고집하기에는 현실이 만만찮고, 기능인으로만 살아가기에는 현실을 사는 맛이 없다. 현실 속에서 살아남는 일은 절박한 문제이지만, 또한 '사는 맛'을 느끼며 사는 일 역시 절대로 포기할 수 없는 사항이다. 먹고사는 문제만큼 맛있고 즐겁게 먹는 일도 중요하다.

　즐거움을 누리기 위해서는 순수의 권리를 지레 포기하지 않는 일이 긴요하다. 생활과 현실이 만만찮은 만큼 순수를 향한 갈망 역시 만만찮다. 사회도 개인의 순수를 구속하지만, 개인이 사회에 적응하기 위해 자진해서 순수와 결별하려 든다. 현실에 대해서 순수가 스스로 백기를 들어서는 안 된다. 녹록치 않은 '생활'과 '현실'에 적응하고 대비하기 위해 사람들은 자연의 순수성을 접고 부가가치 높은 세속적인 성공의 길을 택한다. 하지만 그 길로 매진하는 과정이 곧 즐거움을 담보하지는 않는다.

　순수가 현실의 반대는 아니다. 순수는 현실을 대하는 태도로서 개인의 기질과 능력에 따라 순수를 바탕으로 '행복한 바보'가 될 수 있다. 현실은 혼탁하며 순수는 비현실적이고 무력하다는 등식이 항상 성립하지는 않는다. 순수는 본질적으로 현실 자체에 고개를 돌리는 것이 아니라 혼탁한 현실에 대항하여 삶의 맛을 수호하기 위한 최후의 근거이자 보루이다. 순수는 기능인으로서 현실을 살아가기 위해 제거해야 할 꼬리가 아니라 마지막까지 지켜내고 살려내야 할 날개와도 같다. 세계와 순수하게 관계하고 거기서 즐거움과 기쁨을 얻는 순간은 값지고 힘이 있다. 그 힘은 자연적인 욕구를 바탕으로 하기 때문에 행복감의 강도가 세다.

프랑스의 철학자이며 평론가인 알랭(Alain)은 《행복론》에서 "행복해야 할 의무(Happiness is a duty)"를 말한다. 행복하다는 것은 타인에 대한 의무 중에 첫 번째이며, 자기 자신에 대한 가장 우선적인 권리이기도 하다. 스스로 행복한 사람이 또한 남을 행복하게 만든다. 자기의 순수한 자연성에 귀를 기울임으로써 스스로 행복해질 수 있다. 마음속의 피터 팬을 모른 체하지 말자. 그 피터를 잘 기억하고 살려낼 때 비로소 병적인 피터 팬 증후군에서 벗어나 진정한 어른으로 거듭날 수 있다. 행복한 피터 팬 증후군에 빠져 있는 하나오의 넓적한 얼굴을 가끔씩 기억해주자. 우리에게는 행복한 하나오를 꿈꿀 의무와 권리가 있다.

어떻게 진짜
어른이 될 수 있나?
어떻게 진짜
어른이 될 수 있나?

하람 행복한 건 하나오지만 위대한 건 엄마 가오리야. 애어른 시계 오와 어른애 하나오의 만남을 보기 좋게 성사시켰잖아. 애 둘 키우 느라 고생이 참 많아.

시후 엄마들이란 다 그런가? 우리 엄마가 아빠와 나, 내 동생 셋을 싸잡아서 하는 얘기가 그거야. "우리 집엔 애가 셋이에요."

나연 그래? 의외다. 너의 집에서 성인 인증 못 받은 건 너 하나뿐인 줄 알았는데. 네 아버지는 자유분방하시면서도 가족에 대한 애정이 남다르시고, 네 남동생은 착하고 어른스럽기로 소문이 자자하잖아. 어딜 가나 그렇더라고. 꼭 미꾸라지가 한 마리씩 있거든.

시후 나보고 느끼하다며? 나 뱀장어 할래.

나연 속 니글거리게시리…… 뭐 좋을 대로. 아무튼 하나오네도 시후네랑 마찬가지야. 결국 아들이 문제지. 아빠랑 아들이랑 둘 다 애긴 앤데, 보다시피 아빠는 행복하고 즐겁게 무념무상 잘 크고 있어. 근데 아들은 그렇질 못해. 같은 애인데도 행복지수가 많이 떨어져. 엄마가 아빠를 잘 보살펴달라며 시게오를 하나오에게 보냈지만 사실은 그게 시게오를 변화시키려는 조치였어.

준서 어른애보다 애어른이 더 문제란 얘기지. 앞에 달린 수식어를 떼어내면 이렇게 되네. 애보다 어른이 문제다.

나연 그럼 시후랑 경우가 다르네. 시후는 철분 섭취 부족, 시게오는 철분 과다 복용. 이것 참 독특한데. 엄마가 아들을 좀더 긍정적으로 변화시키려고, 그러니까 성장시키려고 조치를 취한 건데, 그렇게 조치를 취한 이유는 아들이 어른 같기 때문이야.

하람 속도의 문제 아닐까? 어차피 아이들은 어른이 되게 마련인데 시게오가 그 결론에 너무 빨리 도달한 거지. 엄마는 애들 고유의 순박함을 되찾으란 뜻에서 아들을 하나오에게 보낸 거야. 속도로 보자면 하나오는 반대로 너무 느려서 문제가 되지만, 그렇다고 이 인간더러 어른 되라고 하기엔 너무 늦었으니까 아들만이라도 평균 속도를 유지해주길 바라는 마음에서.

시후 빙고! 답 나왔다. '어른 = 성장'이 답 틀렸음.

준서 맞아. 시게오의 문제는 어른이야. 시게오가 어른 같다는 사실. 이 사실이 참 낯설어. 나이 먹은 보통 어른이 시게오처럼 말하고 행동한다면 전혀 어색하지 않을 텐데, 시게오가 그러니까 낯설고, 음…….

시후 재수가 없다?

준서 그래, 재수 없다. 고마워, 시후야. 아무튼 하나오도 낯설긴 한데 재수 없진 않잖아? 좀 답답할 따름이지.

하람 그럼 문제는 어른처럼 행동하는 아이에 있는 거지, 어른 자체가 문제는 아니야. 시게오의 문제는 어른인 양 잘난 척을 한다는 거야.

준서 그 말도 맞긴 한데, 그러니까 시게오와 하나오 둘 다 또래집단의 평균치에서 벗어나 있어서 어색하긴 마찬가진데, 역시 얼굴이 찌푸려지는 건 어른 행세를 하는 시게오를 볼 때야. 난 잘난 척한다는 느낌보다 일찌감치 찌들었다는 느낌이 더 강하던데. 찌들었다는 건 확실히 부정적인 인상을 주잖아. 하나오를 얘기할 땐 아무리 답답하다고 혀를 차도 ‘순수한 구석’이라는 표현이 가능하지만, 시게오에겐 그렇게 좋게 봐줄 구석이 없어.

나연 그래, 그래, 도무지 좋게 봐줄 구석이 없다니까. 이 녀석 “지금까지 쌓아 놓은 어드밴티지”를 걱정하고 방학인데도 오로지 공부만 하려고 계획표까지 만들었어. 텍스트 다른 곳에선 “말하자면 의무 아니겠어, 학습은.”이란 말까지 해. 성공하기 위해 세상이 정해놓은 길을 충실히 답습하겠단 얘기야. 출세와 입신양명에 골몰하는 어른들의 모습과 똑같은 거지.

준서 하나오는 식사 메뉴에 딸려 나온 장난감을 보고 마냥 좋아하는데, 시게오는 “요즘은 그런 시대지.” “결국 다 요금에 포함돼 있으니까 손해는 볼지언정 이득은 없어.”라고 딱 잘라 말해. 현실을 바라보는 냉정한 시선, 이것 역시 어른들의 증상이지. 시게오는 사태의 배후와 목적을 생각할 줄 아는 아이야. 원래 아이들에겐 이런 능력이 없는데 시게오는 일찌감치 이런 안목을 터득했어.

나연 난 특히 시게오의 어휘력이 맘에 안 들어. ‘어드밴티지’란 단어도 그렇고 여기 2권을 보니까 이런 말까지 해. “하드보일드한 나날 때문에 도끼자루 썩는 줄도 몰랐달까.” 이게 어디 초등학교 3학년 입에서 나올 소리니. 이건 정말 나쁜 습관이야. 어려운 단어로 남들 기죽이려는 심보.

시후 왜~? 난 근사하기만 한데. 그럴듯해서 바로 외워버렸는걸. 시게오가 말이야, 헛공부한 게 아니에요. ‘펀치 드렁크’란 말도 알고 〈카사블랑카〉의 ‘험프리 보가트’도 알고 있더라고. 자식, 아주 맘에 들어.

나연 혹시 주변에 너 같은 인간 세 마리 더 없냐? 킬로그램 채워서 확 구워 먹어버리게. 그나저나, 너희들 목마르면 뭐가 생각나니? 까짓 눈 딱 감고 탄산음료 들이키고 싶잖아. 그런데 시게오는 "마시면 뼈 녹아." 이러고 말아. 시후 군이 이런 태도도 맘에 들어 할지 모르겠네.

시후 자식, 그럴 땐 좀 벌컥벌컥 들이켜도 괜찮은데. 그럼 진짜 100점 소년인데.

하람 벌써 끝난 거야? 시게오의 재수 없는 언행 찾기?

나연 응. 근데……, 시게오는 왜 이렇게 됐을까? 재수 없지만 불쌍하다. 이게 어디 시게오 탓이겠어. 사회가 이런 똑똑이들을 요구하잖아. 애들이 이러면 안 되는데…….

시후 또 무너져 내리는구나, 나연.

준서 좀 억지긴 하지만 이런 수식이 가능할 것 같아. 일단 '어른 = 재수 없음'. 나와 나연이가 찾은 시게오는 분명 이렇지. 한편 우리는 보통 '다 성장했다'는 것을 두고 '어른 됐다'라고 말하잖아. 그러면 최종적으로 '성장 = 어른 = 재수 없음' 이런 수식이 가능하고 결국 '성장 = 재수 없음'이 성립하게 돼. 이게 이상한 거야. 성장했는데 재수가 없다니. 보통 성장이라고 하면 긍정적인 변화를 생각하게 마련이야. 그런데 성장했다고 하는 어른들이란 게 세상이 정해놓은 길을 반성 없이 따르고 손익 계산에만 밝고 잘난 체하기 좋아하는 인간들이라면 이건 누가 봐도 부정적이야. 이런 걸 과연 성장이라고 할 수 있을까, 의심이 간다는 얘기지.

시후 하람, 보아하니 아까부터 계속 불만스런 표정이야. 그런 것도 성장이다, 현실을 직시하고 생존 법칙을 터득하는 것이야말로 어른의 진면목이다, 설마 이런 시시한 얘기를 하려는 건 아니겠지? 뭐 얌전히 칼이라도 갈고 있는 거야?

하람 최소한 준서와 나연 커플의 견해가 편파적이란 건 지적해야겠어. 시게오가 식사 메뉴에 딸려 나온 장난감을 보고 상술이라는 걸 알아채는 능력은 아주 유익한 거야. 그 식사 메뉴가 패스트푸드의 어린이 세트라고 한번 생각해봐. 보나마나 하나오는 장난감 공짜로 얻는다고 매일 그것만 시켜먹다가 성인병에 걸릴 거야. 탄산음료에 맛들이면 만날 그것만 마시다가 이가 몽땅 빠질 거라고.

시후 얼추 균형은 잡은 것 같다. 즐길 땐 즐기되 이용당하진 말자, 이런 얘기군. 그런데 새롭진 않다. 준서와 나연 커플도 그 정도는 알고 있다고. 다만 어른들이란 게 너무 앞뒤 따지면서 재미없게 살더라 이 말이지. 설마 준서와 나연 커플이 따지는 거 완전 생략하고 무조건 즐기기에 올인할 위인들이라고 생각하는 건 아니겠지, 하람?

나연 맞아. 우린 올인 못해. 하나오처럼 때와 장소 안 가리고 즐거우려면 엄청난 에너지가 필요할 거야. 매일 시후 1킬로그램씩은 먹어야 할걸.

준서 애들아, 앞뒤 따지는 건 좋은데 그만큼 재미도 챙깁시다, 이런 얘긴 너무 적당히 얼버무리는 것 아닐까? 앞뒤 따지는 게 좋은 거야? 보기에 재수 없긴 해도 앞뒤 따지는 행동이 없어선 안 되는 거야? 두 번째 장면에서 하나오가 아주 중요한 말을 하고 있어. "매사를 옳고 그름으로 판단하지 마라, 시게오. 정답은 그런 데 있지 않아." 그 다음에 이런 말도 해. "네가 하는 말은 다 빈 쭉정이야. 이치만 내세웠지 알맹이가 없어." 하나오가 시게오의 어른스러움을 부정적으로 평가하는 대목이야.

나연 사회에 안착하기 위해선 시게오처럼 공부를 의무라고 생각하고 해야 돼. 그게 세상을 사는 이치지. 레스토랑 장면도 그래. 폭죽과 미니카를 상술이라고 못 박는 시게오의 판단은 당연히 옳아. 탄산음료도 마찬가지지. 많이 마시면 당연히 뼈가 녹아. 시게오가 이치에 맞는 얘기를 했어. 그런데 이렇게 옳고 그름을 따지고 이치를 따지는 게 다 오답이고 빈 쭉정이라네.

하람 그럼 매일 탄산음료 마셔서 이가 다 빠지는 건 괜찮고? 하나오 얘기를 너무 확대 해석하는 거 아냐. 시게오 같기만 해도 문제고 하나오 같기만 해도 문제야. 시게오와 하나오 둘 다 극과 극이야. 시게오는 좀더 즐거워질 필요가 있고, 하나오는 좀더 이치를 따질 필요가 있어.

준서　이렇게 생각해보자. 사람들은 왜 어른들의 행태를 재수 없다고 할까? 왜 부정적으로 볼까?

시후　그야 차갑고 …… 좀 인간미가 없지.

준서　바로 그거야. 인간적이지 못하지. 우리 삶의 목표가 옳고 그름을 따지고 이치를 따지는 건 아니잖아. 단순하게 말하면 그건 어디까지나 수단이지. 목적은 어쨌든 하나오처럼 사는 거 아냐? 사는 게 목적이지 따지는 게 목적은 아니란 얘기야. 그런데 사람들은 또 이성적이고 합리적인 인간, 그러니까 옳고 그름과 이치를 따질 줄 아는 능력을 인간 고유의 특성으로 생각해. 이런 능력이야말로 인간적인 면모라고 말하지. 그렇다면 결국 두 개의 인간적인 면모가 있는 셈인데, 이 둘 가운데 과연 어느 것이 중심이 되어야 할까? 하나오는 당연히 사는 게 중심이라고 여기지. 지금 당장 즐겁게 행복하게 느끼면서 사는 것. 하람이 말대로 두 개의 인간적 면모가 균형을 이루는 건 중요해. 하지만 중심은 언제나 하나오식 생활에 있어야 해. 그게 알맹이야.

나연　사람들이 보통 그러잖아. 실속을 챙겨야 한다고, 결실을 잘 맺어야 한다고. 그걸 알맹이라고 생각하잖아. 그런데 가만히 생각해보면, 이런 알맹이는 그 자체만으로는 아무것도 아니야. 나랑 아무 관계도 없어. 진짜 중요한 건 내가 그것과 어떻게 관계 맺나, 나와 그것이 지금 서로 어떤 과정 속에 놓여 있나, 이 문제인 것 같아. 옳고 그름을 따지는 건 항상 답을 요구하잖아. 하지만 그런 답은 움직이질 않아서 재미가 없어. 사는 건 하나오처럼 이랬다저랬다 들썩들썩 움직이는 건데 말이야. 물론 움직이는 거니까 어느 정도 방향은 있어야지. 가다가 탄산음료를 만나게 되면 '이놈들이 자기들 실속 챙기려고 내 이를 노리는구나.' 이렇게 알고 비켜가야지. 방어운전을 잘해야지.

시후　이 녀석 표정 좀 보게. 하나오식 알맹이에 손을 들어주네.

하람　갑자기 무슨 얘기야. 뭘 그렇게 혼자 중얼거려.

시후　텍스트 마지막 장면을 보라구. 시게오가 오토바이를 뒤에서 밀어줘. 그러니까 하나오가 시게오를 오토바이에 태운 건 일종의 답례야. 여기 시게오 얼굴을 봐. 오토바이 밀어주기 직전 아빠의 뒷모습을 바라보는 얼굴. 툭 하면 손톱 물어뜯고 잔뜩 찌푸리기만 하던 재수 없는 애어른의 얼굴이 아니야. 하나오를, 하나오가 사는 방식을 충분히 존중하고 있는 거야. 우리가 익히 알고 있는 세속적인 아빠가 아니라 천진하고 순수한 어른이자 아빠.

나연　그래서 엄마가 시게오를 하나오에게 보낸 거구나. "너도 이제 어른이란다." 하면서. 엄마는 하나오랑 지내다가 6개월 만에 다시 집에 돌아온 시게오한테 이런 말도 해. "아빠가 다 됐구나." 엄마는 시게오를 진짜 어른으로 만들려고 했던 거야. 물론 예전에도 시게오는 어른 같았어. 하지만 알맹이가 빠진 쭉정이 어른이었지. 그러니까 진짜 어른다움을 지니고 있는 하나오에게 시게오를 보내서 제대로 된 성장 실습을 받게 한 거야.

시후 그러니까 두 개의 어른이 있는 거야. 하나오를 본격적으로 만나기 전의 세속적인 시게오. 이놈은 '가짜 어른'. 엄마 가오리가 알아차린 하나오의 진면목. 이분은 '진짜 어른'.

하람 그러니까 네가 외친 빙고는 틀린 거야. '어른 = 성장' 이 수식이 무조건 오답은 아니야. 좀 야박하게 군다면 세속적인 어른은 성장하곤 관련이 없지. 굳이 말하자면 부정적인 성장이야. 반대로 현재를 즐길 줄 아는 어른이야말로 어른 자격이 있지. 이건 당연히 긍정적인 성장이야. 이게 성장이지.

나연 다들 하나오처럼 알맹이 어른으로 살면 세상 참 살맛날 텐데. 좀 어수선하고 정신 사납긴 하겠지만. 난 아웅다웅 실속 챙기며 사는 거 싫거든. 근데 자신이 없어. 우리 할머니도 나보고 그렇게 평범하게 살 팔자래.

시후 오늘은 두 번씩이나 무너지네. 기운 차리게 옆구리 살 좀 발라 주랴?

삶의 알맹이는
교과서 밖에 있다

　주위에 '어른'이라고 불리는 사람들은 많다. 그런데 "어른이면 다 어른이냐 어른이 어른다워야 어른이지." 할 때 '어른답다'는 게 문제다. '어른다움'은 곧잘 '어른스러움'과 거의 같이 쓰인다. 하지만 어른스러운 것이 어른다운 것인가? '어른스럽다'는 대개 어른이 아니라 아이에게 주어지는 수식어이다. 텍스트《하나오》에서 '어른스러운'이란 수식어는 그래서 시게오에게만 붙일 수 있다. 그런데 시게오의 어른스러움은 텍스트에서 부정적으로 평가된다. 그가 어른답지는 않기 때문이다. 시게오가 어른답지 않은 이유는 그가 어른이 아니기 때문이 아니라 그의 '어른스러움'이 '진짜 어른'에 해당하는 '어른다움'이 아니기 때문이다. 그렇다면 '어른다운 어른', 즉 '진짜 어른'은 어떤 사람일까? 하나오라는 인물이 여기에 하나의 답을 내놓는다.

　그런데 왜 어른답지 않은 어른이 많은가? 어른이 되어서도 왜 어른이 되기가 쉽지 않은가? 무엇이 어른 되기를 방해하나? '어른'이 되도록 애초부터 정해진 사람은 없다. 나이를 먹는다고 그저 어른이 되는 게 아니다. 어른에게는 그에 걸맞게 어른으로 거듭나는 과정이 요구된다. 그런데 '어떻게' 거듭나느냐에 따라 진짜 어른이 되기도 하고 가짜 어른이 되기도 한다. 대체 '가짜 어른'은 어떻게 생겨날까? '어른'은 아파도 아프다고 말해선 안 되고, 계획을 세워 생활해야 하며, 함부로 웃어서도 안 되고, 무엇보다도 어른은 남에게 쉽게 속아서는 안 된다. 어른은 사태를 액면 그대로 받아들이지 않고 우회적으로 판단할 줄 알아야 하며, 사태에 우회적으로 반응할 줄 알아야 한다. 자기에게 주어진 사태에 직접적이고 즉각적으로 대처하는 것은 어른스럽지 않은 태도이다. 그래서 신중, 진지, 반성, 인내, 계획, 준비, 배려 등은 어른의 징표로 간주되곤 한다. 각박한 세상에서 살아가기 위해서는 상대방의 생각과 계획을 미리 탐지하고 거기에 맞서 대응해야 하기 때문에 섣불리 자신의 생각과 감정을 여과 없이 드러내는 일은 금물이다.

사태와 우회적으로 관계할 것! 그것은 '어른'의 덕목이다. 그런데 바로 여기에 또한 어른의 함정이 있다. 앞에서 열거한 사항들은 위선과 시기, 반목, 왜곡, 사기, 기만 등으로 변질되기 쉽다. '어른'의 긍정적 가치에는 부정적 가치도 수반된다. '어른'의 양가적인 특성은 '어른 되기'가 일종의 '가면 쓰기'라는 데서 불가피하게 발생한다. 어른은 가면을 쓸 줄 알아야 한다. 여기서 '가면'을 반드시 나쁘게만 이해할 필요는 없다. 가면은 자신의 욕구를 있는 그대로 드러내지 않음으로써 상대를 배려하고 전체의 균형을 유지시키는 중심추의 역할을 맡을 수 있기 때문이다. 그런데 문제는 이러한 중심추

가 사람에게서 '삶의 맛'을 앗아갈 소지가 많다는 데 있다. 어른이
되어 삶의 맛을 잃어간다면 그건 어른의 길을 잘못 들어선 것이다.
어른스러움이 사람다움 또는 삶다움을 훼손할 수는 없다.

• • •

《하나오》 텍스트에서 엄마가 여름방학 동안 하나오 곁에서 지내
라고 시게오를 설득하는 대목에서 이렇게 말한다. "너도 이제 어른
이란다." 이 말은 의미심장하다. 친구들 사이에서 시게옹(翁)이라고
불릴 만큼 애늙은이 같은 시게오에게 엄마는 새삼스럽게 어린애 같
은 아빠 하나오에게 가서 '어른 수업'을 받기를 권한다. 시게오가 겉
으로는 어른 같은 태도를 보이지만 속으로는 아직 어른이 되지 않았
다고 엄마는 판단한 것이다. 왜 시게오가 아직 미성숙하다고 판단했
을까? 그녀는 교과서적인 틀에 갇혀 사는 시게오가 제대로 살지 못
하고 있다고 본다. 남편 하나오가 철부지 어린애 같기는 하지만 그
에게서 시게오가 교과서에 적혀 있지 않은 것을 배울 수 있다고 생
각한다. 여기서 '나이'는 아무런 의미를 지니지 않는다. 미숙하고 바
보 같은 하나오지만 그의 삶의 방식은 시게오에게 삶에서 무엇이 진
정으로 가치 있는 것인지를 깨닫게 할 것으로 엄마는 믿는다.

이 맥락에서 문방구 할머니가 어른스런 시게오에게 던지는 다음
한마디에 주목할 필요가 있다. "결국 네가 그린 행복의 마운드에선
개미 한 마리도 못 놀겠구나." 의젓한 모범생 시게오가 그리는 세계
에는 행복이 들어설 자리가 없단다. 그러면서 할머니는 시게오에게
부탁한다. "그 아이(하나오)를 지켜다오." 만화의 핵심이 드러나는

장면이다. 하나오는 '보호해야 할 인물'이다. 나아가 지원하고 육성해야 할 인물이다. 그는 인간의 삶이 어떻게 진행되어야 하는지 그 전형을 보여준다. 그는 '어른'으로 진입하지 못하고 성장이 멈춘 어린애처럼 보이지만 그 안에는 '빛나는 인간'이 또한 자리 잡고 있다.

이러한 사실은 인간이 지향하는 '성장'의 개념을 새롭게 인식하게 만든다. 성장은 발전이다. 그런데 발전이란 무조건 앞으로 나아가는 것이 아니다. 《하나오》에 따르면, 성장과 발전은 '시간'의 문제가 아니다. 나이가 곧 어른을 뜻하지는 않듯이, 시간이 성장과 성숙의 잣대는 아니다. 제대로 된 성장은 오히려 세속적인 의미의 어른이 되지 않는 데서 가능하다는 역설적인 논리를 《하나오》는 예증한다. 중요한 것은 시간의 경과가 아니라 '세계와 관계하는 방식'이라는 점을 이 텍스트는 일깨운다.

그렇다면 우리는 왜 시간의 경과 속에서, 그러니까 나이가 들면서 인간다운 면모를 상실하는 것일까? 보통은 성숙과 성장의 지표로서 '반성(reflection)' 능력을 든다. 반성은 인간이 다른 동물과 달리 자기 스스로를 의식하는 태도, 즉 자기의식(self-consciousness)의 존재라는 사실에 기초한다. 그런데 반성이나 자기의식은 문명을 낳아 삶의 터전을 마련하고 윤리적인 이념을 창출하여 타인과의 조화로운 소통을 가능하게 하는 근거가 되기도 하지만, 그것이 굴절될 경우 거꾸로 비인간적이고 반생명적인 결과를 초래할 수 있다. 반성과 자기의식은 앞서 언급한 '사태와 우회적으로 관계할 것!'이라는 모토와 긴밀하게 연관되어 사태를 부정적인 방향으로 유도하기도 한다.

'반성하는 존재' 시게오는 보통 어른처럼 거의 웃지 않는다. 하나오가 시게오에게 오토바이 타는 법을 가르쳐주는 장면에서, 시게오는 처음에 잔뜩 겁을 먹은 표정이더니 슬슬 재미를 느끼면서 입가에 웃음을 흘리기 시작한다. "쉽지?" "뭐?" "웃는 거 말이야." 하나오는 애어른 시게오에게 웃는 법을 가르쳐준다. 미래를 살기만 하는 인간에게선 웃음을 찾기 힘들다. 웃음이란 감정 표현은 철저하게 현재에 빠져들 때에만 가능하다. 지금까지 시게오는 세계와 진지하게만 관계해오면서 현재에 밀착된 감정을 애써 외면해왔던 것이다. 시게오는 하나오를 통해 지금 즐거움과 웃음이라는 중요한 요소를 학습 받고 있는 중이다. 세계를 여과 과정 없이 바로 자기 것으로 수용하는 법을 배우고 있는 것이다. '반성'은 삶의 수단이긴 해도 그 자체가 삶의 목표일 수는 없다.

보통 잘 웃는 사람은 속없어 보이고, 잘 웃지 않는 사람은 속이 깊어 보인다. 잘 웃지 않는 사람은 사태를 반성적으로 사유할 줄 아는 것으로 평가되기 때문이다. 그래서 사태를 액면 그대로 받아들이는 사람은 애 취급 받기 일쑤이다. 프랑스의 삽화가 겸 작가인 상뻬(J.-J. Sempé)의 〈속 깊은 이성 친구〉를 보자. "'자네는 남들한테서 무슨 말을 듣거나 무엇을 보게 되면 그것을 너무 고지식하게 받아들이는 게 탈이야. 그런 단계를 넘어서야 해. 요모조모 더 따져볼 줄 알아야지. 노력해보라고.' 내 친구 조르주가 말했다. 나는 노력해보았다. 그 결과 즉각 깨달은 사실이 하나 있었다. 내가 20년 동안 친구라고 사귀어온 자가 알고 보니 지독한 바보였다는 것이다." 여기서도 하나오와 시게오의 관계에서와 같은 반전이 일어나고 있다. 사태를 고지식하게 이해하여 사태의 이면을 보지 못하는 자가 아니라 사태를 항상 에둘러 우회적으로 보려 하는 자가 곧 바보이다. 이들이 보는 세상이 곧 세상의 전부는 아니다. 이들의 눈에 비친 세상은 항상 가식과 음모로 들끓어서 세상이 나를 어떻게 속이려 하는지 끊임없이 경계해야 한다. 여기서 '반성'은 세상을 비틀어서 이해하는 데 활용된다. 이 '위험한 세계'에서 나를 보호하고 방어하는 일에 게으를 수 없다. 휴식은 보장되지 않는다. 그래서 삶은 피곤하다.

　반성에는 원칙적으로 사태의 '원인의 확인'과 '결과의 예측'이 포함되어 있다. 그래서 반성은 현재의 자기를 과거나 미래에 투사하여 다시 현재로 끌어들인다. 사태를 자기에게로 되돌려 파악하는 '반성'의 속성은 현재의 자기를 가다듬게 하고 미래에 대비하게 하지만, 다른 한편으로는 이 과정에서 인간이 오직 목표에만 사로잡혀 현재 속의 자기를 제대로 향유하지 못하게 한다. 그러니까 과거와 미래의 지평에서 볼 때 '현재의 자기'는 항상 부족하고 미완성이다. 그래서 인간이 '불안한 현재'를 견디게 한다. 러셀이 《행복의 정복》에서 행복해지고자 하는 이는 '일기'를 쓰지 말 것을 권한 것도 같은 맥락이다. 반성하는 이는 '변화하고 발전해야 할 자기'만 추구하기 때문에 '현재 살아 숨쉬고 있는 자기'를 만나기 어렵다. '자기'는 '여기'가 아니라 '저기'에 있다고 믿기 때문이다. 숨쉬는 현재를 살지 못하고 아직 오지 않은 미래에 자기를 가두면서 현재의 자기는 괴로워한다. 이는 바람직한 삶의 태도일 수 없다. 적어도 하나오는 이런 삶을 거부한다. 삶에 알맹이가 빠져 있기 때문이다. '현재의 삶' 또는 '삶의 과정'을 오직 '최종 목적을 위한 수단'으로만 여길 경우 그 결과는 치명적이다.

・・・

관건은 삶의 '알맹이'다. 무엇을 위한 '어른스런 삶'인가? 어른스런 삶에는 알맹이가 빠져 있는 경우가 허다하다. 어른스럽게 거들먹거리는 시게오에게 하나오가 한 방 날린다. "네가 하는 말은 다 빈쭉정이야. 이치만 내세웠지 알맹이가 없어." 어른이 되어서도 알맹이가 없는 삶을 살 수 있다. 하지만 알맹이 없는 삶의 책임을 개인에게만 돌릴 수는 없다. 강퍅한 현실이 껍데기의 삶을 강요하는 게 다반사이다. 누군들 즐겁게 웃으며 살고 싶지 않겠는가? 살벌한 현실은 이렇게 순수한 욕구의 덜미를 잡는다. 루소(J.-J. Rousseau)의 《고독한 산책자의 몽상》에 이런 구절이 나온다. "우리는 태어나자마자 투기장에 들어가 죽어서 거기서 나온다." 그 다음이 더 중요하다. "경기가 끝날 무렵에 전차를 더 잘 다루는 법을 배워서야 무슨 소용이 있단 말인가?" 루소의 자전적 고백은 다음과 같이 이어진다. "어린 시절부터 사회의 소용돌이 속에 내던져진 나는 경험을 통하여 내가 그러한 사회에 살도록 만들어지지 않았다는 것, 그리고 거기서 나의 마음이 바라고 있는 상태에 결코 도달할 수 없다는 것을 알았다." 물론 현실사회에 대한 루소의 극단적인 비관론에 하나오의 입장을 대입시킬 수는 없다. 하지만 적어도 한 가지는 공통이다. 그들모두 현실에서 통용되는 가치에 따라 살 경우 삶의 알맹이에서 점차멀어진다는 사실을 보여준다.

한국의 아이들을 보자. 이들에게는 놀 시간이 부족하다. 아이들은대부분의 시간을 학교와 학원에서 보내기 때문에 가정이나 놀이터,

길거리에서 보낼 시간이 별로 없다. 친구들과 어울릴 시간도 거의 없다. 이들은 어쩌면 루소의 고백처럼 이미 투기장으로 진입해 있는지 모른다. 대부분의 아이들이 학교에서는 학업에 열중하고 방과 후에는 학업을 보충하고 교양을 쌓기 위해 다양한 과외 학습장을 돌아다닌다. 어른다운 아이는 부모와 선생님의 사랑을 받지만 그렇지 못한 아이는 핀잔을 듣는다. 어른스럽게 생각하고 공부를 잘하면 밝은 미래를 약속하지만 그렇지 않으면 사회의 낙오자가 된다. 친구들끼리 겉으로는 서로 웃지만 속에서는 살벌한 생존 경쟁이 벌어진다. 학업 성적이 나쁘고 무계획적으로 생활하는 친구는 학교와 가정에서 냉대를 받는다. 현실사회는 아이들에게서 웃음과 즐거움이라는 천부적인 권리까지 제한적으로 부여하는 것만 같다.

어린 아이들은 자신의 욕구를 매개 없이 직접적으로 분출한다. 어른에 비해 자연에 가까운 '아이'는 프로이트식으로 말하면 현실 원칙을 무시하고 쾌락 원칙에 충실하다. 프로이트에게 성장이란 자아의 발달 과정으로서 쾌락 원칙의 지배에서 벗어나 현실 원칙의 통제 밑으로 들어가는 것을 뜻한다. 하나오는 이러한 '성장' 개념에 부합하는 인물이 아니다. 하나오는 현실 원칙에 충실할 만한 능력도 별로 없고, 현실적인 능력을 키울 필요성도 못 느낀다. 아니 현실적인 요구에만 따를 경우 자기의 즐거움을 기꺼이 포기해야 한다는 사실을 그는 참지 못한다. 하나오는 자기를 꾸밈없이 드러내고 자기 수준에 맞게 건강하게 살고자 한다.

상뻬의 〈속 깊은 이성 친구〉를 다시 보자. "'저 여자가 나를 경멸하듯 시도 때도 없이 수준 차이를 과시하고, 저렇게 온갖 멋이란 멋은 다 내고, 늘 따분해하는 표정까지 짓고 있지만, 그래도 속마음은 다를지 몰라. 아직 말로 표현은 안 했지만, 혹시 모든 것에서 벗어나 진실하고 소박하고 건전하게 살고 싶다는 갈망 때문에 저러는 것인지도 모르잖아?' 하고 나는 그녀를 바래다주면서 생각했다. 그 생각이 다시 나에게 용기를 주었다." 나이가 들면서 겉으로는 자기를 잔뜩 꾸미지만, 그것은 다른 한편으로 자기 맨얼굴을 꾸밈없이 드러내고 싶은 욕구의 다른 표현이라는 해석이다. 누구나 복잡하지 않고 단순하게, 화려하지 않고 소박하게, 그리고 거짓 없이 진실되게 살고 싶은 마음이 있을 것이다. 정년퇴직이 아직 멀었는데도 서둘러 교수직을 내놓고 시골에 내려가 농사지으며 살겠다는 친구 아버지의 말씀이 생각난다. 이러한 대목이 곧 자연인(自然人) 하나오에게서 보이는 '성장'의 면모이고 방향이다.

그렇다고 해서 하나오가 자기 갈 길을 모르쇠 한 채 마냥 현재의 즐거움에만 탐닉하는 인물은 아니다. 그에겐 꿈이 있다. "자이언트 구단에 들어가 홈런왕이 되는 것", 말하자면 2006년 요미우리 자이언트 구단의 4번 타자 '이승엽'이 되고자 하는 것이다. 하나오는 꿈을 실현하기 위해 부단히 노력한다. 다만 그 '노력'을 고통스럽게 행하지 않고 즐긴다는 데에 하나오의 특징이 있다. 그에게는 '미래를 위한 노력'이 '현재의 즐거움의 포기'를 뜻하지 않는다. 꿈의 실현을 위해 어둡고 힘든 현재를 견뎌내야 한다는, 그러니까 이른바 극기(克己)의 미덕을 강요하지 않는다. 미래의 기쁨이 현재의 고통을 담보하지 않는다. 그래서 현재를 미래의 희생 제물로 바치지 않는다. 현재의 고통을 이기지 못하여 자책하고 열등감에 빠지는 그런 인물과 하나오는 다르다. 현재의 욕구를 자연스레 발산하면서도 꿈을 이루려고 꾸준히 노력한다. 현재의 향유와 꿈의 실현은 서로 대립하지 않는다. 현재를 즐겁게 숨쉬는 이는 힘이 세기 때문에 이 힘을 바탕으로 미래를 더 잘 개척할 수 있다.

그렇다고 치열한 경쟁을 피하기 위해 하나오처럼 투기장 밖으로 나와야 할까? 그것은 현명한 태도가 아니다. 그러한 극단적인 선택은 현실에서 오히려 즐거움과 웃음을 아예 차단해버릴지도 모른다. '하나오'는 비유적인 의미에서 볼 때 어른 속에 감추어져 있는 일종의 '상징적 욕구'이다. 아름다운 유년기로 복귀하고자 하는 이 욕구는 원초적인 만큼 생명력이 강하고 건강하다. 나이가 들어 비록 '어른'으로 대접받고 사는 이들도 그 마음 한구석에는 하나오같이 살고 싶은 욕구가 작동하고 있다. 그래서 생존 경쟁과 생활 전선에 뛰어들기 이전의 자기를 만나 즐겁고 밝고 희망차게 살고 싶어한다. 하지만 텍스트 속의 하나오처럼 주위 사람들의 지극한 이해와 배려 덕택에 현실을 도외시하고 살아도 되는 경우는 실제에서 기대하기 어렵다. 고등학교를 그만두고 소설 쓰기에 몰두하여 위대한 작가가 된 윌리엄 포크너(W. Faulkner)나, 증권회사의 브로커 일을 접고 화가의 길을 위해 가족을 떠나 타히티 섬으로 건너간 폴 고갱(P. Gauguin) 같은 인물도 있지만, 자기의 즐거움을 위해 타인에게 희생을 강요할 경우 그것에 선뜻 응할 사람은 흔치 않기 때문이다.

현실에 등을 돌리지 않으면서도 현재를 향유하기는 수월치 않다. 하지만 불가능하지는 않다. 투기장에서도 즐겁게 웃으며 미래를 꿈꿀 수 있다. 고단한 삶의 여정에서 〈해와 어린이〉라는 해맑은 작품

〈하나오〉의 한 장면(왼쪽). 〈해와 어린이〉, 이중섭, 1952~1953(오른쪽).

을 빚어낸 화가 이중섭, 아우슈비츠 강제수용소에서 아빠 '귀도'가 아들 '조슈아'에게 선의의 거짓말로 역경을 이겨나가게 하는 영화 〈인생은 아름다워〉 등은 고된 현재에 매몰되지 않고 자기의 미래를 일궈낸 값진 성과를 보여준다. 자신에게 주어진 환경은 그 자체로 역경이 아니다. 환경과 어떤 관계를 맺을지는 순전히 자신의 선택과 결단에 달려 있다. 어려운 상황을 무겁고 진지하게만 받아들인다고 해서 삶의 진정성이 확보되는 것은 아니다. 세계와 어떻게 관계할 때 삶이 아름답고 성숙한 것일까?

· · ·

삶의 맛은 사태와의 직접적인 '접촉'에 있다. 생각은 '접촉'에 거리를 둔다. 생각은 '접촉'을 경계하고 유치하게 여긴다. 하지만 자세히 보면 생각은 '접촉하기'에 게으르다. 접촉을 꺼리는데 어떻게 웃고 즐기는 느낌을 지닐 수 있겠나? 한여름에 덥다고 짜증내는 시게오를 향해 하나오가 소리친다. "추운 여름, 더운 겨울, 그런 게 있냐, 시게오?" 여름의 더위와 겨울의 추위도 사랑의 대상이다. 바쁜 일상에서도 봄의 빛깔과 가을의 소리를 느끼며 살아야 한다. 느낌이 없는 곳에 삶은 없다. 9회말 투 아웃 만루에서 역전 홈런을 날린 하나오에게 시게오는 소리친다. "짜릿짜릿 했다구!" 삶의 흔적은 '느낌'에서 강력하다.

삶의 알맹이는 '실용적인 것' 밖으로 나아갈 때 얻어진다. 어른은 만사를 실용적 가치로만 따지는 버릇이 있다. 하지만 실용성은 삶을 편하게 할 뿐 그 자체가 삶의 맛을 느끼게 하지는 않는다. 삶의 맛은 실용성을 넘어서는 데 있다. 시게오는 소다수를 사온 친구 부우를 향해 "탄산음료 마시면 뼈 녹아." 하면서 시큰둥해한다. 몸에 좋지 않아도 '맛'은 맛이다. 자신이 선물한 '톱사슴벌레'를 곤충가게에 팔아 돈으로 바꾸어 온 시게오를 향해 부우는 이렇게 대꾸한다. "나쁜 놈, 돈은 됐어." 사슴벌레의 아름다움을 어찌 돈과 바꿀 수 있겠는가. 꿈에 그리던 자이언트 구단에 입단하여 타자석에 선 하나오를 앞에 두고, 자신의 생업이 걸려 있으니 얻어맞을 수 없다고 비아냥거리는 상대 투수를 향해 하나오는 이렇게 응수한다. "마운드에서 생업 운운하는 인간이 날 잡을 수 있겠어?" 대상에 대한 참된 애정은 실용적인 목적에 앞선다.

알맹이 있는 삶은 자신이 진정으로 원하는 대상에 과감하게 몸과 맘을 던질 수 있어야 한다. 하나오는 외친다. "공을 두려워하지 않는 깡다구다!" 뜻을 이루고자 하는 자는 주변적인 장애물에 붙들려 머뭇거리지 않는다. 핵심을 향하여 몸을 사리지 말고 전심전력으로 대시해야 한다. 돌격이다. 우리는 얼마나 자주, 그리고 많이 이러저러한 핑계로 자신이 원하는 길을 가는 데 주저하고 회피하는가. 그러면서 정작 해야 할 일은 제쳐두고 엉뚱한 일에 매달려 시간과 지력과 체력을 소모하는가. 중심에서 이탈하여 그 주변을 맴돌거나 가지를 줄기로 착각하여 가지만 붙잡고 씨름하다가 나중에 후회해봤자 이미 지나간 시간을 보상받을 길은 없다. 순간순간 바쁘게, 그러니까 현재에 충실하게 산다고 해서 그것이 곧 삶의 진정성으로 이어지지는 않는다. 숲을 보지 못하는 나무의 운명 같은 삶을 살 수는 없다. '어른'이라는 이름에 가려 현재를 향유하지 못하면서 미래에 대한 꿈까지 포기하는 삶은 불행할 뿐만 아니라 비참하다. 무릇 '어른'은 미래를 염두에 두면서도 살아 있는 현재를 살 수 있어야 한다.

현재 안에서 삶의 맛을 느끼는 일은 선택사항이 아니라 의무사항이다. 또한 꿈을 꾸는 것은 삶의 권리다. 현재에서 즐거움을 모르고 미래를 꿈꾸지 못한다면 삶의 맛은 어디서 구할 수 있을까? 물론 다양한 요소들이 복잡하게 얽힌 삶의 현장은 우리에게 쉽사리 미래와 희망을 말하게 하지 않는다. 현재와 미래를 노래하는 이들은 자칫 잘못하면 어설픈 낭만주의자나 현실 부적응자로 낙인찍히기 십상이다. 하지만 현장의 실상이 곧 인간 존재의 실상을 남김없이 드러내지는 않는다. 치열한 경쟁과 투쟁의 터에서도 인간이 인간 '으로서' 갈 수 있는 오솔길은 나 있는 법이다. '오솔길'은 여기서 순전히 '주어진 사태를 우리가 어떻게 바라볼 것인가', 그리고 '그 사태들과 우리가 어떤 관계를 맺을 것인가'에 따라 보이기도 하고 보이지 않기도 한다. '어른'이란 그 오솔길을 찾아 오롯이 걷는 사람들이다.

4

성장의 무게

- 무엇이 나를 아프게 하나?
- 상처는 어떻게 치유되나?

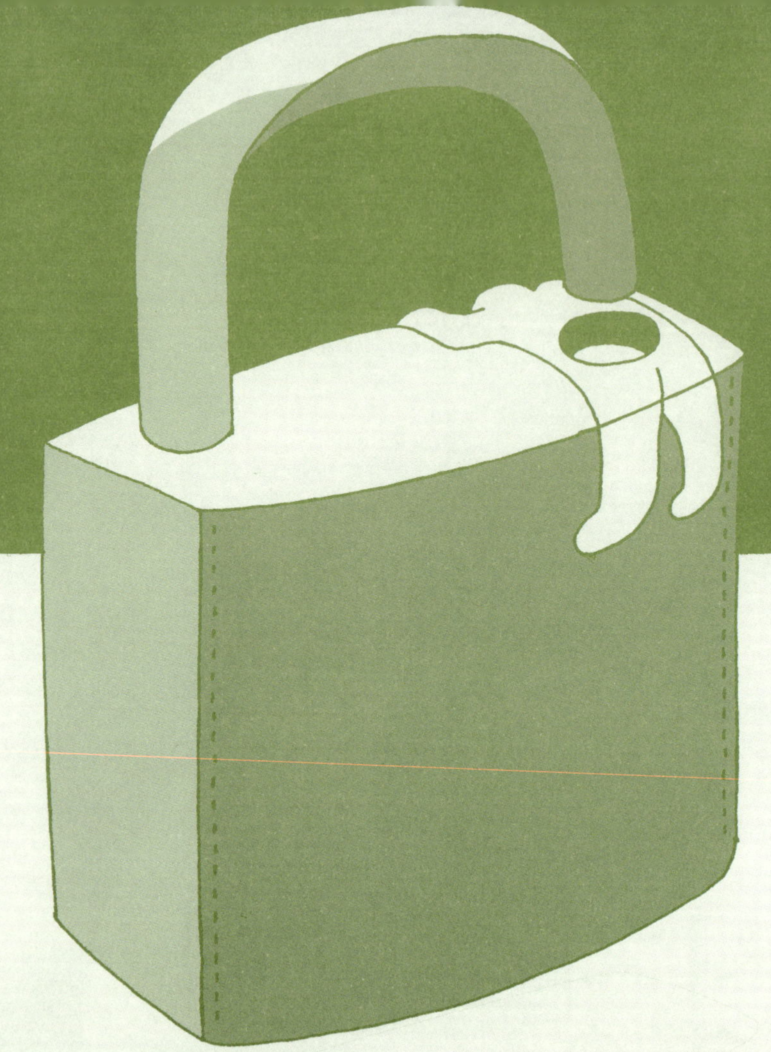

《외딴방》은 신경숙이 1995년에 발표한 자전적 소설이다. 발췌 텍스트(문학동네, 1999)는 1999년도 개정판이다. 소설의 배경은 1970년대 중반, 시골에서 상경한 사촌 동생과 주인공이 구로공단의 공장 노동자로 일했던 시절이다. 소설 속에는 한국 사회의 1970년대식 살벌한 노동현장과 궁핍한 삶의 단면이 곳곳에 묻어 있다. 작가가 이 시절을 더욱 힘들게 꺼내놓는 까닭은 이웃에 살던 '희재 언니'에 얽힌 비극적인 사연 때문이다. 첫 장면은 작중의 '나'가 '그녀'의 비극에 개입하게 되는 순간을 그린다. 발췌 대목의 마지막 부분은 오랜 시간이 지난 후에 화자가 고향집의 우물 앞에 서서 어두운 기억과의 화해의 실마리를 찾아가는 대목이다.

그날 아침 골목에서 그녀를 만났다. 지금 생각해보면 만난 게 아니었을 것이다. 그녀가 나를 기다리고 있었을 것이다. 같이 골목을 걸어나와 헤어지려던 참에, 그녀가 잊어버리고 있었던 일을 생각해낸 듯이 말했다. 내일부터 휴가라고, 오후에 시골에 가려고 하는데, 문을 안 잠그고 나왔다고. 시골에 가면 며칠 걸릴 것이니까, 나보고 저녁에 돌아오면 문을 잠가달라고. 열쇠통은 문고리에 걸려 있다고. 어려운 일이 아니어서 그러겠다고 했다. 아니다. 낮 동안은 어떻게 하려느냐고, 지금 돌아가서 잠그고 나오는 게 안심이 되지 않겠느냐고 했던 것도 같다. 그녀는 안 잠가도 가져갈 것도 없다, 고 했다. 그건 맞는 말이었다. 우린 남들이 훔쳐가고 싶은 살림살이 같은 것을 갖고 있지 않았다. 밤에 학교에서 돌아와 나는 우리들의 방이 있는 삼층으로 올라가기 전에 일층의 그녀의 문에 걸려 있는 열쇠통을 채웠다. 열쇠통은 열린 채로 문고리에 걸려 있었다. 문고리 사이에 열쇠통을 맞추면서 얼핏 부엌을 들여다봤던 것도 같다. 여느 날과 마찬가지로 세숫대야며 비눗갑이며가 얌전히 놓여져 있었다. 빨아서 꾹 짠 행주엔 그녀의 손자국이 배어 있었고, 쇠솔로 박박 문질러 닦은 것이 분명했을 냄비도 반짝반짝 윤을 내며 곤로 위에 얌전히 엎어져 있었다. 선반 위에 그녀가 잠깐 신었던 학생화를 본 것도 같다. 그러나 그뿐이었다. 나는 그녀가 부탁한 대로 문에 매달려 있는 열쇠통을 문고리 사이에 맞춰 채웠을 뿐이다.

(중략)

여러 날이 흐른다. 그녀의 방문은 열쇠통이 채워진 채 꿈쩍하지 않는다. 잠긴 문을 아래층에 두고 열아홉의 나는 아침마다 밥을 지어 내 도시락을 싸서 전철역을 넘어간다. 3공단에서 109번을 타고 학교에 간다. 도서실에서 교복 치마를 무릎 위까지 걷고 가정문제를 외우다 돌아온다. 큰오빠 말처럼 영어와 수학은 아예 공부하지도 않는다. 가끔 체력장을 위해 혼자 체육복으로 갈아입고 빈 운동장에서 백 미터 달리기를 해본다. 철봉대로 가서 매달리기를 해본다.

어두워질 때 교문을 나서며 다시 외딴방으로 돌아오는 버스 속에 앉아 열아홉의 나, 그녀를 생각한다. 이젠 돌아왔으면. 외사촌은 용산으로 셋째오빠는 농장으로 큰오빠는 충무로 다들 떠났으므로, 나는 그녀를 간절히 기다린다. 모두들 떠났으므로, 나 혼자 있으므로.

(중략)

우물 속의 어둠이 눈에 익자 검은 물이 보였다. 검은 물이 눈에 익자 물 위에 어른거리는 무수한 별들이 보였다. 별들은 무슨 말씀같이 우물 속에 떠 있다. 어느 순간 하늘에 바람이 부는 것처럼 우물 속의 별들이 출렁거렸다.

내가 산문집이 인쇄되기 직전에 쫓아가서 지우고 온 문장들은 이런 것들이었다.

나도 모르게 내가 개입해버린, 그녀의 죽음이 내게 남긴 상처는 나를 한없이 멍하게 했다. 아직까지도 내게 영향을 끼치고 있는 그녀의 흔적들. 나는 그녀 이후에 관계맺기에 엄청난 두려움을 갖게 되었다. 쉽게 친해지나 더 깊이 친해지지 못하게 가로막는 그녀는 내 마음의 폐허였다. 누군가와 관계를 맺으면 그 방문을 내가 잠갔노라고 말해야만 할 것 같았다. 그리고 다시 그 관계는 나에게 뭘 선택할 여지도 없이 나도 이해 못 할 역할을 내게 시킬 것만 같았다. 그때 생각했다. 내가 간직한 비밀이 내가 죽은 후에 알려질 때를. 알려지는 건 괜찮은데 왜곡되는 것은 두려웠다. 비밀이 왜곡되지 않으려면 발설하는 자의 삶보다 내 삶이 더 두껍거나 아니면 아무에게도 말하지 않는 것, 이라고 생각했다. 나는 후자를 택했다. 아무에게도 말하지 말 것, 그러려면 아무하고도 관계를 맺지 않을 것. 원망과 사무침과 그리움에 시달리느라 십 년 동안 입을 다물었다. 십 년 후에 사람에게가 아니라 글 속에다 그 방문의 열쇠를 내가 채웠노라고 써보았다. 이제 그 위로 세월이 더 쌓여갔다. 오랫동안 말을 안 하고 속으로만 궁글리다 보니 이제는 꿈결이었던 것 같기도 하다. 꿈이었는지도 모른다……고 생각한다. 그래…… 꿈이었는지도 몰라…… 내 마음이 우기면 손이 비웃는다. 손이 기억했다. 열쇠통을 잠글 때의 감각이며 문이 잠기며 냈던 딸깍, 소리들을. 나는 손을 내려다본다.

몸의 기억력은 마음의 기억보다 온화하고 차갑고 세밀하고 질기다. 마음보다 정직해서겠지.

(중략)

끈질기게 생각해왔다. 열쇠를 채우기 전에 문을 한 번 열어봤더라면 상황이 달라졌을까, 그랬을까?

우물 속으로 밤바람이 불고 하늘이 잠겼다. 샛별인가. 무슨 싱그러운 냄새가 내 속으로 흘러들었다. 나는 내가 우물 속을 들여다보고 있다는 것도 잊은 채 내 몸 속으로 흘러들어오고 있는 냄새의 근원을 알아내려고 우물 주위를 두리번거렸다. 왠지 지금 내 몸에 흘러들어오고 있는 이 냄새의 실체를 지금 알아내지 않는다면 오랫동안 후회할 것만 같았다. 물 냄새다, 이끼 냄새다. 아, 나는 다시 우물 속을 들여다보았다. 오랫동안 슬레이트로 덮어놓아서 습한 냄새를 풍기던 물과 이끼가 뚜껑을 열어주자 새로운 공기와 샛별을 빨아먹은 모양이다. 우물 속의 바람이 건혔다. 별이 건혔다. 말간 우물 속엔 그녀의 얼굴이 무슨 말씀처럼 떠 있다. 진짜 하고 싶은 이야기를 할 적이면 몹시도 수줍어지던 때의 표정으로.

　나를 가엾이 여기지 마. 네 가슴속에서 오래 살았잖아.

　마음을 열고 살아 있는 사람들을 생각해. 지난 이야기의 열쇠는 내 손에 쥐어진 게 아니라 너의 손에 쥐어져 있어. 네가 만났던 사람들의 슬픔과 기쁨들을 살아 있는 사람들에게 퍼뜨리렴. 그 사람들의 진실이 너를 변화시킬 거야.

　바람이 부는지 우물이 출렁였다. 그녀가 신선한 냄새를 풍기는 물 속에서 두리번거렸다.
　"뭘 찾아?"
　"네가 빠뜨린 쇠스랑."
　"뭐 하려고?"
　"내가 끌어내주려고…… 그러면 더 이상 네 발바닥이 안 아플 거야."
　그녀가 우물 속 가장 외진 협곡 속에 잠겨 있는 쇠스랑을 일으켜 세운다. 물길 속엔 또 얼마나 많은 물길이 있는지. 그녀 손에 쥐어진 쇠스랑이 질질 끌린다. 물보라. 우물 속에 가라앉아 있던 것들이 회오리진다. 이제 내 가슴속을 떠나 그녀가 어디로 가는지. 그곳이 어디인지는 모르지만 소용돌이나 퇴적물이나 정적 속은 아닐 것이다. 내 가슴에 소망스런 다른 이야기들이 이렇게 솟아나고 있으니.
(380~381쪽, 402~405쪽)

상처는 어떻게 나를 성장으로 이끄나?

자전적인 소설은 대부분 작가 자신의 '성장'과 관련되어 있다. 발췌한 텍스트《외딴방》도 예외는 아니다. 작가 자신의 체험이 바탕을 이루어 심리 묘사가 구체적이고 치밀하다. 작가 자신은 무심히 또는 힘들게 과거의 자신의 흔적과 궤적을 서술해 나가지만 거기에는 불가피하게 '그때 나는 이런 의도로 행동했는데 그 결과는 나를 이렇게 변화시켰다'는 고백적인 내용이 포함된다. 더구나 자신의 삶의 일부를 소설의 주제로 채택할 때는 부득이하게 자기 삶의 분수령 역할을 했던 대목을 떠올리지 않을 수 없고 그 분수령의 한가운데에는 주목할 만한 사건이 자리 잡게 마련이다. 그리하여 문학이 단순히 자기 삶의 방편에 그치지 않고 동시대인의 정신적 구원이라는 과제를 짊어진다고 할 때, 그러한 사건은 작가 자신의 고백적인 서술에서 벗어나 인간적인 질곡의 한 단면과 관련된다. 그리고 이를 극복하는 과정은 곧 자기와 인간의 거듭나기로 이어진다.

이 텍스트에서 무엇보다 먼저 눈에 띄는 단어는 '상처'이다. 상처는 아픔으로 통하고 아픔은 보통 성장의 표시로 간주된다. 아이들이 아프면, 어른들은 곧잘 "크느라고 그런 거야."라고 대수롭지 않게 여기곤 한다. 하지만 인간 세상에는 홍역처럼 자연의 섭리대로 주어지는 상처뿐만 아니라 인간이 인간이기 때문에 주어지는 상처가 있다. 더구나 인간은 의도와 달리 예상치 못하게 인간에게 상처를 주기도 하고 받기도 한다. 텍스트의 경우 "나도 모르게 내가 개입해버린, 그녀의 죽음이 내게 남긴 상처"쯤 되면 사정은 훨씬 복잡해진다. 상처의 종류에서 볼 때 역시 죽음과 관련된 상처만큼 치명적인 것은 없다. 더욱이 텍스트의 화자처럼 타인의 죽음에 자신이 개입되어 있다면 그것이 비록 의도하지 않은 결과라 해도 상처로 남기에 충분하다. 아니 오히려 의도하지 않았기 때문에 상처의 깊이는 더 깊을 수 있다. 여기서 '그녀(희재 언니)의 죽음'과 '의도하지 않은 개입'과 '상처'의 상관관계를 짚는 일이 우선적으로 긴요하다. 이들의 상관관계는 "원망과 사무침과 그리움에 시달리느라 십 년 동안 입을 다물었다."라는 사실에서 해명의 열쇠를 찾아야 하는데, 그 이유는 화자에게 남은 이 세 가지 감정 상태, 그리고 10년간의 침묵이 앞의 세 가지 사항에서 발현된 것이기 때문이다.

하지만 《외딴방》 텍스트의 전반부를 '상처'라는 일반적인 주제로 확대하여 이해할 경우 우리의 해석 작업은 여기서 머물 수 없다. 상처는 단순히 물리적인 흔적이 아니라 심적인 외상을 의미한다고 할 때 거기에는 항상 아픔과 슬픔의 문제가 따른다. 아프고 슬픈 것은 인간뿐만 아니라 모든 생명체가 피하고 싶은 것이다. 하지만 피하고 싶다고 해서 피할 수 있는 것은 아니다. 인간을 가장 아프고 슬프게 하는 것은 바로 인간 자신이라고 할 때 인간 사이에는 종종 고슴도

치의 사랑의 원리가 작동한다. 서로 아낀다고 보듬는 것이 도리어 서로를 아프게 하는 경우가 발생하기 때문이다. 텍스트의 화자의 경우 상대를 이롭게 하기 위한 행위가 결과적으로 그녀의 죽음을 돕는 행위로 탈바꿈했다고 할 때 이 행위가 함축하는 비극적인 의미 구조가 해명되어야 한다.

다음으로 텍스트의 후반부는 상처가 아니라 치유와 관련된다. 다친 상처를 어떻게 치유할 것인가? 화자는 오랜 시간을 침묵 속에서 보냈다. 하지만 그것은 단순한 침묵이 아니었다. 고통과 후회와 원망의 시간이었다. 여기서 우리는 궁금해 해야 한다. 화자는 왜 희재 언니의 죽음에 대해 자신이 실제로 책임져야 할 것 같은 무게 이상을 짊어지고 그렇게 오랜 기간을 암흑 속에서 지내야 했을까? 화자가 남달리 도덕적인 인물이어서 그랬을까? 물론 앞에서 화자는 '사실이 왜곡되는 것이 두려워서'라고 말하고 있다. 하지만 이것만으로는 설명이 부족하다. 사실의 왜곡이 두려웠어도 자신을 암흑의 생활에서 구해내기 위해서는 사실을 사실대로 밝히고 떳떳하게 살 수도 있었다. 그 정도는 세인들에게도 충분히 오해를 일으키지 않고 수습할 수 있는 일이라고 볼 수 있다. 하지만 화자는 그렇게 하지 못했다. 왜 그랬을까? 이에 대한 답변의 실마리가 텍스트 안에 있다. "내 마음이 우기면 손이 비웃는다." "몸의 기억력은 마음의 기억보다 …… 세밀하고 질기다." 마음은 기억을 떠나도 몸이 떠나지 못한다. 이 사실을 어떻게 이해해야 할까? 상처는 마음먹는 대로, 자신이 의지하는 대로 치유되는 것이 아니다. 상처의 치유는 몸의 기억력과 어떤 관계에 있을까? 이 텍스트는 가장 일상적인 지점에서 상처와 상처의 치유, 그리고 성숙의 관계에 대해 묻는다.

무엇이 나를 아프게 하나?

시후　내가 요즘 들어 공부하는 게 힘들다 그랬더니, 울 어머니가 뭐라고 하는지 알아?

나연　아픈 만큼 성숙한다, 아들아, 이러지 않으셨어?

시후　어, 어떻게 알았지?

나연　왜 어른들이 자주 하는 말 있잖아. 아픈 만큼 성숙한다, 고생 끝에 낙이 온다. 이런 사탕발림식의 말들.

준서　아픔도 아픔 나름이야. 시험 공부하는 고통은 다음 주면 끝나잖아. 무엇이 정말 '나'를 아프게 하나?

시후　그야 김모 양 아니겠어. 큭.

준서　시후야, 그 얘기는 안 꺼냈으면 좋겠다. 특히 공개석상에서
는……. 오늘은 《외딴방》에만 주목하자. 무엇이 《외딴방》의 ‘나’를
아프게 하나?

시후　아, 토론 시작.

준서　나연이 말대로 사람들은 흔히 아프면서 성장한다고 말해. 그
런데 그 아픔이란 게 대체 뭘까? ‘나’한테 아픔의 정체는 뭘까?

나연　‘나’의 어떤 아픔? 열일곱 나이에 주인공은 낮에는 공장에서
일하고 밤에는 야간 학교를 다녔어. 그이가 하던 일이 너무 힘들지
않고 보수도 그럭저럭 괜찮았다면 살 만했을지도 몰라. 하지만 현실
은 안 그랬어. 월급이 쥐꼬리만 한 건 요새 편의점 알바에 비길 만할
까? 하지만 일하는 환경은 도저히 비교 못해. 노동 시간도 잔인할
정도였어. 하루 열두 시간에 잔업이다, 철야다. 그 어려운 시절에 그
이를 아프게 한 게 뭐냐, 너무 거창한 질문 아니니?

준서　하지만 못할 질문도 아니지. 앞에 하계숙이란 친구가 주인공
한테 전화하는 대목이 있어. 하계숙은 주인공과 같이 산업연수체 학
교를 다니던 친구인데, 어느 날 작가로 유명해진 주인공을 알아보고
연락을 해. 그리고는 반은 궁금해서 또 반은 빈정거리는 투로 왜 공
장에 다니던 얘기는 글로 쓰지 않았느냐고 물어. 그제야 주인공은
그 시절이 자기에게 얼마나 큰 상처로 남아 있는지 깨달아. 너무 힘

든 시절이라 무의식적으로 그 시절을 기억하지 않으려 했으니까. 내가 볼 때 이 사람은 자신을 가장 고통스럽게 만든 어떤 상처를 가지고 있어. 아무리 살기 힘들었다고 해도 모든 순간이 떠올릴 수조차 없을 정도로 고통스러웠을까? 기억을 거부하는 그 아픔은 대체 어디서 생겼을까?

하람 글쎄, 상처가 딱 뭐라고 당장 단정하진 못하겠지만 그 상처가 정말 깊은 건 분명해. 상처의 깊이는 화자의 행동에서 드러나. 그는 "원망과 사무침과 그리움에 시달리느라 십 년 동안 입을 다물었"대. 말을 안 하고 마음을 안 열어서 사람들과 관계다운 관계도 맺지 못했지.

나연 주인공이 결정적으로 상처를 입게 된 계기는 꽤 분명해. 아주 어렵게 이야기를 꺼내긴 하지만. "나도 모르게 내가 개입해버린, 그녀의 죽음" 결국은 이렇게 그 사건을 밝혀.

시후 아하, 그 사건 기억나. "문이 잠기며 냈던 딸깍, 소리들"로 주인공이 기억하는 사건. 그 일이 있고 10년이 지난 후에야, 그것도 누구에게 말한 게 아니라 글 속에 "그 방 문의 열쇠를 내가 채웠노라"라고 쓰는 사건. 이 말을 글로 쓰는 데만도 10년이 걸렸다는 걸 보고 어찌나 갑갑하던지. 한숨이 푹푹 나오더구먼.

나연 주인공이 희재 언니의 방 문을 잠갔지. 첫 장면에 나오잖아.

주인공이 우연히 희재 언니를 만났는데 언니가 자기 방 문을 좀 잠
가달라고 부탁해. 시골집에 가는 길인데 깜박 잊고 문을 열어두고
왔다고.

시후 그래서 문을 잠갔는데 그 방이 사실은 빈 방이 아니었던 거지.
희재 언니가 그 안에서 혼자 저승길을 준비하고 있었으니까.

준서 그러니까 희재 언니가 세상을 떠나서 주인공이 그렇게 아파한
거네. 힘든 시절에 주인공이 그 사람만큼 마음을 의지하는 사람도
없었어. 그런 그녀가 갑자기 죽었으니 적잖이 충격을 받았을 테고
상실감도 컸겠지.

나연 난 희재 언니랑 화자가 하던 '그럼 게임'이 기억에 남아. 무슨
말이든 '그럼' 하고 긍정으로 응수해주는 거야. 동생이 학교 졸업하
고 설마 대학 간다고는 안 하겠지? 그럼. 반장님이 내일쯤은 작업실
에 환풍기를 달아주겠지? 그럼. 이 다음에 마당이 있는 이층집에서
살 수 있을까? 그럼. 이런 식이야. 무조건 '그럼' 하며 들어주는 이
질문들이 참 소박하다 못해 눈물겹고…….

시후 '그럼 게임'이라……. 현실이 참 그렇지 않았다는 얘기구면.

나연 물론 희재 언니만 화자에게 힘이 된 건 아냐. 어린 나이에 가
장 노릇을 하는 오빠도 있고, 같이 고향을 떠나 학교와 공장을 함께

다닌 사촌도 있어. 무엇보다 작가가 되려는 꿈이 그이를 살게 하지 않았나 싶어. 화자에게 글쓰기가 어둠을 밝히는 등불이었다면, 희재 언니는 햇빛처럼 온화한 한순간, 숨통이 트일 만한 반짝이는 순간이었다고 할 수 있을까?

하람 글쓰기가 더 중요하긴 하지만 어쨌든 나연이도 희재 언니가 죽었기 때문에 '내'가 상처 받았다고 보는 거지? 그런데 난 생각이 달라. 단순히 죽은 사람이 희재 언니이기 때문이 아니라 그 희재 언니가 어떻게 죽었는가가 더 중요하지 않을까? 희재 언니가 다른 방식으로 죽었다면 '내'가 이만큼 아팠을까?

나연 희재 언니가 어떻게 죽어서 화자가 상처받았다고 생각하는 건데? 희재 언니의 자살? 너무 뜻밖이어서?

하람 자살보다 이건 더 끔찍해. '내'가 희재 언니의 죽음에 개입했으니까. 물론 '나'는 그것을 전혀 의도하지 않았어. 빈 방의 문을 잠가 그녀를 도우려고 했을 뿐이야. 그런데 도우려고 했던 행동이 그녀의 죽음을 방치한 행동이 돼버렸어.

나연 그러니까 자기의 원래 의도와 달리 정반대의 결과를 가져왔다는 얘기구나. 맞아. 이런 게 정말 사람의 진을 빼. '하지 않았더라면' 하고 계속 부질없이 후회하게 만들어. 가슴에 독버섯이라도 박힌 것처럼 독으로 된 눈물이 뚝뚝 떨어져.

시후 독으로 된 눈물이라……. 가슴이 미어지는구먼. 원래 '나'한텐
착한 의도밖에 없었잖아. 그런데 결과가 나쁘게 벌어졌다는 이유로
무슨 죄인처럼 고통 받아야 한다니 원……. 어떻게 하다 보니 그녀가
죽는 걸 도운 셈이 된 건데, 그 죄책감이 그렇게나 큰가?

준서 아픔의 정체가 희재 언니의 죽음인가, 죽음의 방식인가? 듣고
보니 하람이와 나연이 말이 다 일리가 있어. 하람이 말대로 소중한
사람을 잃었다는 사실이 상처의 전부는 아닐 거야. 하지만 희재 언
니가 아니라 완전히 낯선 사람이 죽는 데 관여하게 됐다면 역시 이
렇게 상처받진 않았겠지.

시후 여기서 잠깐 정리. 그러니까 주인공은 첫째, 자기에게 소중한
희재 언니가 죽어서, 둘째, 그런데 그 죽음을 하필이면 내가 도와서,
그래서 아프군. 거 참, 무시무시하고 비극적인 일을 겪었구먼.

나연 비극적이지. 아니, 이건 비극이야. 《외딴방》 이야기가 오이디
푸스 신화하고 비슷하단 생각 안 드니? '내'가 자기 손으로 소중한
사람을 죽게 한 것처럼, 오이디푸스도 제 손으로 소중한 부모를 죽
였어. 아버지 라이오스 왕은 오이디푸스가 휘두른 칼에 죽었고, 어
머니 이오카스테는 새 남편이 자기 아들이란 걸 알고 수치심으로 목
숨을 끊었어.

준서 글쎄, 오이디푸스가 《외딴방》의 주인공하고 같을까? 오이디

푸스는 정말로 자기 부모가 죽는 데 직접적으로 관여했어. 아버지를 죽이고 어머니의 남편이 됐으니까. 하지만 《외딴방》의 주인공은 희재 언니의 죽음에 간접적으로 관여했을 뿐이야. 그녀에게 아무런 상처도 주지 않았어. 예를 들어 수면제를 사다주지도 않았다고. 단지 문을 잠갔을 뿐이야.

하람　지금 어느 정도 죽음에 관여했나 하는 문제는 중요하지 않은 것 같아. 어쨌든 죽음에 관여했고, 그래서 고통 받는다는 게 중요하지. 화자에게 결벽증 환자 같은 구석이 있어서 유별나게 괴로워하든지, 또는 단순히 착한 심성 때문에 괴로워하든지, 그 사람의 고통은 오이디푸스 못지않아. 자기를 닫고 산 시간이 17년이나 돼.

준서　난 솔직히 잘 이해가 안 돼. 간접적으로 관여했을 뿐인데, 그 일 때문에 17년씩이나 고통 받았다는 사실이.

나연　너처럼 엄밀한 사람에겐 17년 세월이 미스터리겠지. 법으로 따지면 주인공은 분명 무죄니까 반 딱 잘라서 8년 정도만 고통 받는 것이 합당하다고 주장할 테고. 그나마 남은 8년 중에서도 실제로 고통을 느끼는 시간만 뽑아낸다면 채 2년도 안 될 거라고 주장하겠지. 하지만 사람 일이란 게 어디 그러니. 법리적이고 산술적인 잣대만으로는 설명이 안 되잖아. 난 《외딴방》 주인공의 고통을 "나도 모르게 내가 나를 죽였다." 이 한 문장으로 요약할 거야.

준서 나도 모르게 내가 나를 죽였다……. 역시 마지막 '나를 죽였다' 이 부분이 걸려. 원래는 '그를 죽였다'가 맞는데.

시후 '그를 죽였다'가 사실적으로는 맞는데, 그가 자기에게 소중한 사람이니까, 그런 사람의 죽음에 관여한 건 내가 죽는 것과 맞먹는 고통이니까. 이 사람 17년 동안 자기를 닫고 살았다고 했잖아. 바로 그 시간 동안 그는 죽어 있었다고 할 수도 있을 거야.

하람 앞에서 내가 주인공의 상처가 깊다고 하면서 "원망과 사무침과 그리움" 얘기를 했을 때 솔직히 '사무침'이란 감정이 잘 안 다가왔어. 그런데 지금은 알 것도 같아. 나연이 말대로 내가 나를 죽인 것과 다름없으니까. 이런 일은 피할 수만 있다면 꼭 피하고 싶어. 피할 수만 있다면 말이야.

나연 그렇게 뜻대로 안 되니까 운명이 존재하는 거 아니겠니.

시후 그래서 점쟁이가 있고 시인이 있지.

나도 모르게 내가 나를 죽인다

삶에서 아픔을 비껴갈 수는 없다. 운이 좋아 어떤 이에게는 작은 아픔이, 운이 나빠 어떤 이에게는 큰 아픔이 찾아들 따름이다. 아픔의 크기도 사람의 성향이나 조건에 따라 상대적이어서 내 아픔이 네 아픔보다 더 크다고 말하기는 어렵다. 크고 작은 아픔이 우리에게 상처를 남긴다. 삶에서 겪는 어떤 일이 우리를 아프게 할까? 무엇이 우리에게 더 크고 더 깊은 상처가 되나? 《외딴방》 텍스트는 우리를 이 물음 앞에 서게 만든다. 아프지 않고 성장하는 길은 없다고들 한다. 아픔과 상처의 정체를 밝힌 다음에야 아픔을 극복하고 상처를 치유할 수 있는 길을 찾을 수 있을 것이다.

아픔은 보통 자기 바깥에서 온다고 생각한다. 자학증 환자가 아니고서야 자기가 일부러 자기를 아프게 하지는 않기 때문이다. 그래서 고통의 원인 제공자를 타인에게서 찾기 쉽다. 내가 좋아하는 사람이 나를 아프게 하고, 내가 싫어하는 사람도 나를 아프게 하며, 나를 싫어하는 사람이 내게 상처를 주기도 한다. 하지만 《외딴방》의 주인공은 이 문제에 대해 다른 답변을 내놓는다. 작품 속의 ‘나’는 남이 자기를 때려서가 아니라 자기 스스로 자기를 때려서 고통 받는 경우이다. 그렇다고 그가 자학증 환자도 아니다. 타인이 자기에게 가한 상처보다 자기가 자기에게 가한 상처가 얼마나 치명적인지를 이 작품은 보여준다. 이런 일이 어떻게 가능할까?

《외딴방》의 주인공은 자기의 상처에 대해 말하기를 머뭇거린다. 오죽했으면 사건이 발생한 뒤 10여 년이 지나서야 그것도 글로써나마 꺼내놓을 수 있었을까. 작중의 ‘나’가 지닌 상처를 짚어보자. ‘나’의 상처는 “나도 모르게 내가 개입해버린, 그녀의 죽음이 내게 남긴 상처”이다. ‘그녀’, 즉 ‘희재 언니’가 죽은 정황은 이러하다. 희재 언니는 어느 날 아침 우연히 만난 주인공에게 시골집에 간다면서 방문을 잠그지 않았으니 좀 잠가달라고 부탁한다. 주인공은 그녀를 도우려는 마음에서 부탁대로 열쇠를 잠갔다. 그런데 사실 희재 언니는 고향에 간 게 아니라 방 안에 남아 목숨을 끊을 준비를 했고, 주인공이 문을 잠근 뒤부터 그녀는 세상과 영원히 결별하게 되었다. 주인공은 본의 아니게 희재 언니의 죽음을 도운 격이 된 것이다.

• • •

어려운 시절을 함께 보낸 희재 언니의 죽음 자체가 ‘나’에게는 지극히 슬픈 일이다. 그런데 그 죽음에 내가 간접적으로 연루되어 있다. 더구나 돕겠다는 의도가 오히려 해를 입히는 결과를 초래했다. 누구도 내가 그녀를 죽였다고 생각하지 않았지만 나는 죄책감에서 벗어날 수 없었다. 어쨌든 그녀는 죽었고 그 죽음을 내가 도운 셈이 되었기 때문이다. 이 점이 지금 나를 고통스럽게 한다. 차라리 내가 어떤 의도를 가지고 그녀를 해치려 했다면 그렇게 고통스럽지는 않았을 것이다. 해치려는 의도에 상응하는 처벌을 받으면 그뿐이다. 이 경우는 행위의 의도와 결과가 상쇄되기 때문이다. 하지만 주인공의 경우는 정반대로 선한 의도가 악한 결과로 이어지면서 의도와 결과가 서로 반발한다. 여기서 선한 의도는 죄책감을 무마시키기는커녕 오히려 증폭시킨다. 그녀의 삶을 돕고자 한 행위가 도리어 그녀의 죽음을 돕는 결과로 나타났을 때 나는 극심한 후회와 안타까움에 젖어든다. "끈질기게 생각해왔다. 열쇠를 채우기 전에 문을 한 번 열어봤더라면 상황이 달라졌을까, 그랬을까?" 이러한 비현실적인 가정법 속에서 나는 오랜 세월 동안 고통스러워한다.

물론 희재 언니가 계단에서 넘어져서 발목을 다치는 정도의 일에 주인공이 관여되었다면 문제는 다르다. 한 인간이, 그것도 동고동락하던 인간이 운명을 달리하는 데 자신이 관여되었다는 사실은 당사자에게 깊은 상처를 남기기에 충분하다. 여기서 주인공은 희재 언니의 죽음에 직접적으로 관여하지 않았으며 그녀의 죽음을 누구보다도 원치 않았던 사람은 바로 '나'라고 하소연하면서 그녀의 죽음에서 한 발 벗어나려고 할 수도 있다. 하지만 주인공의 경우는 달랐다. 그는 극심한 죄책감에 시달린다. 상처의 깊이는 당사자의 성향과 상황에 따르겠지만 《외딴방》의 주인공이 보인 반응을 단순히 결벽적인 성향의 사람에게서 나타나는 특수한 경우로 취급할 수는 없다.

주인공이 겪은 것과 비슷한 경우를 우리의 일상에서 찾을 수 있다. 내가 교통사고를 목격하는 경우를 가정해보자. 자동차가 내 맞은편에 서 있는 사람을 향해 빠르게 달려오고 있다. 그런데 나는 미처 그 사람에게 위험을 알려주지 못했고 자동차는 그를 치었다. 이 사고에 내가 실제로 개입되어 있지 않다는 사실은 여기서 중요하지 않다. 중요한 건 내가 보는 앞에서 사고가 났고 사람이 다쳤다는 사실이다. 설사 내가 도울 수 없는 상황이었다손 치더라도 '사고 나는 것을 보고만 있었다'는 무력감에 나는 절망할지도 모른다. 《외딴방》의 주인공의 경우는 이보다 더 심각하다. 앞의 예에 비유해보자. 내가 가만히 있었으면 그는 다치는 정도였을 텐데 내가 그를 돕겠다고 차로에 뛰어들어 그를 민 것이 오히려 그를 죽음으로 몰고 가버린 상황이다. 그 결과에 대한 죄책감은 극심할 수밖에 없다.

그런데 주인공은 희재 언니와 연루된 자신의 상처에 대해 직접 언급하는 대목에서 "원망과 사무침과 그리움"에 시달렸다고 말한다. 그녀의 죽음과 관련하여 후회와 죄책감뿐만 아니라 그녀에 대한 그리움까지 수반된다는 사실이 상처의 깊이를 더하게 만든다. 이 '그리움'은 희재 언니가 결코 죽어서는 안 되었다는 사실과 더불어 주인공이 그 죽음에 어떤 형태로든 관여되어서는 절대 안 되었다라는 회한을 내포한다. 이 사실이 주인공을 더 맘 아프게 만든다. 보고 싶을 때 볼 수 있어야 할 사람을 자기가 관여하여 죽게 만듦으로써 '대상이 없는 그리움'만 남게 되었다. 희재 언니와 함께했던 시간은 이제 과거의 기억 속으로 밀려가고, 이 밀려감에 주인공이 간접적으로나마 일조했다는 자책감이 '그리움'이란 말로 더욱 강화된다.

주인공이 그리워하는 희재 언니는 누구인가? 첫 만남. 연약하고 예민해 보이는 얼굴과 시선. 발췌된 텍스트에는 나오지 않지만 '그럼 놀이'에 나타난 둘의 모습은 인상적이다. 희재 언니가 시작한다. "난 잠을 자겠어. 사흘 나흘 깨지 않고 푹 자겠어." 그러면 '나'는 이렇게 대답한다. "……그럼." "반장님이 내일쯤은 작업실에 환풍기를 달아주겠지?" "……그럼." "옷감 먼지가 그렇게 일어나는 걸 직접 봤는데, 안 달아줄까." "……그럼." "이 다음에 마당이 있는 이층집에서 살 수 있을까?" "……그럼." 공장 노동자로 어렵게 살았던 둘은 절망과 희망을 함께 나눈다. 희재 언니는 주인공이 마음을 터놓고 은밀한 소망을 나누는 친구이자 힘들 때마다 의지할 수 있는 선배가 되어주었다. 그런 그녀의 죽음에 마지막 못질을 하는 역할을 했다. 내가 나처럼 아끼고 싶은 사람의 마지막 숨통을 끊은 격이 된 것이다. 그것이 내가 나를 죽이게 되는 비극의 핵심이다.

• • •

소포클레스의 비극 《오이디푸스왕》에서도 비슷한 종류의 비극을 만난다. 바로 소중한 사람을 돕고자 했던 의도가 소중한 이에게 치명적인 해악을 끼치는 경우이다. 소중한 이의 비극에 개입하게 되는 방식과 정도에는 차이가 있지만, 두 작품의 밑바닥에는 모두 '의도와 결과의 배반'이라는 구조가 공통으로 깔려 있다. 오이디푸스가 의도하지 않은 불행의 늪에 빠지게 되는 사건은 그가 코린토스에서 테베로 여행을 떠나는 데서 시작된다. 코린토스의 왕을 자신의 아버지로 알고 있었던 오이디푸스는 자기가 부모를 죽이게 될 것이라는 신탁을 받자 코린토스를 떠나게 된다. 그는 여행 도중 우연히 만난 라이오스와 시비가 붙고 그를 칼로 찔러 죽이게 되는데 바로 그가 오이디푸스의 진짜 아버지다.

코린토스를 떠나는 여행이 친아버지 라이오스를 죽이게 되는 계기를 마련한 셈이고, 이후 라이오스를 대신하여 테베의 왕위에 오르는 과정에서 오이디푸스는 자기의 어머니인 이오카스테와 결혼하고 동침하게 된다. 비극의 결말에서 이오카스테는 목을 매고 오이디푸스는 두 눈을 찌른다. 《오이디푸스 왕》의 비극은 《외딴방》의 비극보다 더 처절하다. 《외딴방》의 주인공이 희생자에게 한 행동은 '빈 방의 문을 열쇠로 잠근 것'이 전부였지만, 오이디푸스는 부모의 죽음에 직접적으로 개입했다. 의도는 선했지만 결과는 파국으로 나타났다. 그는 아버지를 죽이고, 어머니와 동침했으며, 결국 어머니를 자살하게 만들었다. '자기'를 보호하고자 했던 행위가 결국 '자기'를 해친 결과로 나타난 것이다. 가장 비극적인 경우가 아닐 수 없다.

비극은 희곡 장치나 소설 구조 속에서만 존재하는 것이 아니다. 박정요의 소설 《어른도 길을 잃는다》에 나오는 비극적인 사건은 현대 한국사의 비극과 밀접하게 관련되어 있다. 소설 속의 주인공 행남이에게 그의 아버지와 하얀 수염의 노인 사이에 벌어지는 일은 '이상하게' 비친다. 아버지는 노인의 집에 계절마다 새 이엉과 곡식을 갖다놓았고, 노인은 행남이네 집에 명절 때마다 제일 좋은 생선을 걸어두었다. 그것도 서로 몰래. 행남이는 그들 사이에 무슨 아름다운 사연이 있으리라 짐작하지만 나중에 알게 된 사연은 전혀 아름답지 못했다.

노인의 아들 종하 형과 종구 형은 아버지의 둘도 없는 친구로, 해방 직후에 그들은 해남에서 일어난 폭동에 참여한 뒤 보도연맹에 가

입했다. 뒷날 군경은 연맹원들을 빨갱이로 몰아 잔인하게 죽였는데, 그 과정에서 행남이 아버지의 비극이 시작되었다. 경찰은 연맹원이었던 종하, 종구 형을 바다로 떠밀어 죽게 만든 이가 바로 행남의 아버지였다. 그는 경찰의 강요에 의해 어쩔 수 없이 둘을 바다로 떠민 것이다. 둘을 바다에 떠밀고 그는 목숨을 부지할 수 있었지만 그의 남은 생은 결코 순탄할 수 없었다. 절친한 형들의 죽음에 관여했다는 사실, 의도적이지는 않았지만 결과는 엄연한 비극이라는 현실, 살아남기 위해 저지른 범죄 행위의 기억이 그를 끝내 가만두지 않는다. 아름답게 비쳤던 사연도 실은 두 아들을 잃고 실의에 빠진 노인을 행남이 아버지가 도운 일이었던 것이다. 행남이 아버지는 죄책감을 덜고자 애쓰지만 스스로를 용서하지 못한다. 상처의 고통에서 벗어나지 못한 그는 결국 농사일에서 손을 뗀 뒤 창궐하던 전염병에 몸을 맡기고 만다.

• • •

치명적인 사태를 예상하고 예방할 수 있다면 비극적인 사태는 훨씬 줄어들 것이다. 피할 수 있는 비극은 피해야 한다. 하지만 세상일이란 게 맘먹은 대로 되지 않는다. 좋은 의도로 한 일이 오히려 끔찍한 결과를 낳기도 하고 어쩔 수 없는 상황에서 악역을 담당해야 하는 경우도 있다. 한 개인은 자기 밖에서 일어나는 일에 개입하는 모든 변수를 고려할 수 없다. 자기 밖의 타자의 움직임을 사실대로 예측하기는 불가능하다. 타인과 얽혀 사는 세상에는 항상 예기치 않은 변수가 등장하여 나를 혼란에 빠뜨린다.

《외딴방》의 희재 언니 같은 절친한 타인도 있지만 우리를 둘러싼 사회와 역사에는 개인의 인식과 예상을 벗어나서 움직이는 타자가 있다. 그것을 우리는 '운명'이라고도 부르지만 그 명칭은 무엇이라도 상관없다. 중요한 건 다만 그 타자가 개인의 의지 밖에서 작동하고 있다는 사실이다. 역사에서 작동하는 이러한 타자의 움직임을 독일의 사변 철학자 헤겔(W. F. Hegel)은 그의 《역사철학 강의》에서 '이성의 간지(奸智)'라고 부른다. 여기서 '이성'은 인간의 작은 이성이 아니라 역사를 주도하는 커다란 이성으로서 개인과 민족의 욕구와는 별도로 자기 나름의 법칙에 따라 운동한다. 우리는 왜 이런 비극이 닥쳤을까 의아해하지만, 역사 속의 이성은 그 모든 일이 자기의 계획에 따라 차질 없이 진행된 결과일 뿐이라고 무대 뒤에서 빙긋이 웃고 있다. 개인에게 닥친 불행의 이유를 개인은 모르지만 역사의 이성은 그 이유를 알고 있다. 이것이 역사적 이성의 간사한 지혜다.

대부분의 개인들은 '역사'를 살지 않고 현재라는 무대에서 움직일 뿐이다. 자기 눈앞에 닥친 일들을 하나씩 풀어가면서 현재의 무대에서 맡겨진 자기의 역할을 수행한다. 자기를 구체적으로 둘러싼 현재 밖에서 자기에게 어떤 일이 계획되고 벌어지는지 적어도 행위할 당시에는 알지 못한다. 《외딴방》의 주인공도 나중에 가서야 자기의 현재 밖에서 계획된 타자의 의지를 알게 된다. 그는 희재 언니의 죽음 이후 다른 사람과 관계 맺기가 두렵다고 호소한다. "그 관계는 나에게 뭘 선택할 여지도 없이 나도 이해 못할 역할을 내게 시킬 것만 같았다."고 고백한다. 자신의 욕구와 상관없이, 아니 자신의 욕구와 반대로 세상일이 진행되는 것을 경험한 주인공에게서 충분히 나

타날 수 있는 타인관계에 대한 거부반응이다. 삶의 무대에서 '자신
이 생각하는 역할'과 '실제로 자기가 담당하는 역할' 사이의 괴리를
체험한 이에게 타인과 함께 무대에 서는 일은 두려운 일이 아닐 수
없다. 자신도 "이해 못할" 비극의 주인공 역을 누군들 선뜻 맡으려
하겠는가?

더구나 《외딴방》이나 《오이디푸스 왕》의 경우처럼 자기가 사랑하
는 사람을 도울 의도로 한 행위가 거꾸로 그를 죽음으로 몰고 가는
사태는 더할 나위 없이 비극적이다. 이는 단지 수사로서 비극이 아
니라 고전적인 의미의 비극과 맞물리는데, 아리스토텔레스가 비극
의 필수적 감정으로 제시한 '공포'와 '연민'을 이보다 더 관객에게
안겨줄 수 있는 사건은 드물기 때문이다. 자기도 모르게 자기가 사
랑하는 자에게 치명상을 입히는 일의 끔찍함이 공포를 주고, 그 일
로 인해 자기가 겪을 고통의 무한함이 연민을 느끼게 한다.

세상을 살아가면서 비극적인 일은 참 많다. 사랑하고자 했으나 사
랑도 사람도 파괴해버리는 경우도 있고, 살아남게 되었으나 차라리
죽느니만 못하게 연명하는 경우도 있다. 흔히들 고통은 성장의 어머
니라고 한다. 하지만 《외딴방》 주인공의 고통은 성장을 담보하기보
다는 그를 파괴할 위험이 크다. 사랑하는 이의 죽음 앞에서, 그것도
자신이 관여된 죽음 앞에서 스스로 짊어져야 할 고통의 무게는 절대
적이다. 자신도 모르는 사이에 스스로를 파괴하게 되는 결과만큼 비
극적인 것은 없다. 그리고 그 비극의 결과를 일생 동안 짊어지고 살
아가야 하는 자의 고통 또한 비극이 아닐 수 없다. 이 고통과 비극에
서 어떻게 벗어날 것인가? 살아남은 자에게 던져진 물음이다.

상처는 어떻게 치유되나?

시후　이게 뭐냐. 눈도 아니고 비도 아닌 것이. 에잉, 옷 다 젖었네.

나연　눈이지 눈. 첫눈. 그 오소소한 얼음 결정을 못 봤단 말이니. 강아지도 흥분할 참인데.

준서　진눈깨비를 보고 첫눈이라고 하는 건 무리야. 수증기가 찬 공기를 제대로 만나려면 조금 더 기다려야 돼.

나연　으이구, 딱딱하긴. 나한텐 누가 뭐래도 첫눈이야.

하람　나연아, 메마른 아저씨들과 놀지 말고 나와 《외딴방》 얘기나 하자. 상처받은 주인공을 어떻게든 구제해야 되지 않을까? 우리 휴머니즘을 발휘해보자고. 주인공은 지금 답이 없는 물음에 둘러싸여 있어. '왜 하필이면 나였지?' '문을 한 번 열어봤더라면…….' 이런 의혹과 미련에 괴로워하고 있어.

나연 정말 별루야. 이미 끝장이 났는데 어째. 아니라면? 않았다면? 이런 가정이 사람을 미치게 만들어. 정말 갑갑해.

시후 진정하쇼. 텍스트 속에 웅크리고 있는 사람도 있는데 자네가 웬…….

하람 그래. 이 사람, 잔뜩 웅크려서 더 이상 작아질 수 없을 것 같아. 이 사람, 어떻게 고통을 이겨내지?

준서 말하고 있잖아. 기억을 토로함으로써 자신을 열어 보인다고 할까.

나연 얼마나 어렵게 얘길 꺼내놓는지 성질 급한 사람은 숨넘어가게 생겼어. 이야기가 절반을 넘어가는 데도 제대로 해명도 하지 않아. 기억이 나질 않는다, 라고 쓸 수 있었으면 좋겠대. 아예 대놓고 도망치려고 해.

준서 발췌 부분을 봐. "아무에게도 말하지 않는 것", "아무에게도 말하지 말 것." 초판본 텍스트에는 "말하지 않을 것이야 절대로."라는 표현까지 등장해. 개정판에선 지워졌지.

시후 허허, 절대로 말하지 않겠다니. '절대로'라는 말은 위험하지. 세상에 절대로 일어날 수 없는 일이란 없거든. 글쓰기를 시작했다면 기억을 공개하겠다는 얘긴데 …… 이거 끊임없이 감추려만 드니. 은폐와 공개의 이중주랄까. 참 어렵게 글쓰기를 하는구먼.

하람　실제로 주인공이 침묵한 세월이 17년이나 돼. 10년이 지나서 '사람에게가 아니라 글 속에다' 말해봤다고 하잖아. 사실 그것조차 제대로 하지 않은 눈치고. 지금 산문집을 내는데 또다시 해당 부분을 삭제하고 왔다고 하네.

준서　발설 행위를 통해 자신의 주관적인 고통을 객관화하면 어느 정도 고통에서 빠져나올 수 있지 않을까? '짜증스럽게 들러붙는 고통을 떼어내어 버리기 위해' 고통을 고백한다는 도스토예프스키의 지하생활자처럼.

하람　그래. 제 마음속에만 담아두었던 고통을 공개하면 좀 허허롭고 평온해질지도 모르겠다. 고통의 기억이 자기를 옥죄고 있으니까 이걸 좀 꺼내놓아야지. 그래야 글쓰기가 좀더 수월해질 거야.

준서　그렇지.《외딴방》 자체가 작가의 자전적 소설인데다 처음부터 끝까지 계속 스스로에게 글쓰기의 의미가 무엇인지 묻고 있어. 주인공에게 글쓰기는 과거 암울했던 공장 노동자 시절을 견디게 했던 일종의 보루였지.

시후　1970년대 '산업의 역군'으로서 무리한 노동 시간과 저임금을 견뎌냈던 주인공. 주인공에게 글쓰기는 황량한 '공순이' 시절에 꿈을 꿀 수 있었던 유일한 통로였어. 뭐 글쓰기만큼은 아니었겠지만 이웃에 살던 희재 언니도 소중한 존재였겠지. 그런데 이 난리가 났으니…….

나연　그런데 희재 언니에 대해 고백한다고 해서 고통이 사라질까? 표현한다고 해서 고통이 해소되니? 말해서 고통이 사라질 거면 왜 고통 받아? 공개하고 발설하면 다 해결될 일을.

하람　글쓰기 행위가 고통 해소의 수단으로는 충분치 않다는 말이지?

나연　고통 해소의 문제가 '하면 된다'는 식의 의지적인 문제겠니? 근사한 시 한 편 쓴다고, 괜찮은 소설 한 편 쓴다고 기억이 정리되고 고통이 눈 녹듯 사라진단 말이야?

준서　음……, 글쓰기가 고통을 적극적으로 해소하려는 의지적인 행위이긴 하지. 그러고 보니 지하생활자하고는 경우가 다른 것 같기도 하고. 지하생활자의 경우에는 표현 행위가 중심적인 문제지만,《외딴방》의 주인공에겐 그것이 고통이건 뭐건 간에 뭔가를 발설하는 행위가 중심적인 문제는 아닌 것 같다.

시후　어이, 거기 두 분. 엉뚱한 데서 유령처럼 떠돌지 말고 텍스트로 돌아오시라. 텍스트의 보물창고는 제대로 열어보지도 않았다네.

하람　그래. 주인공이 우물을 여는 장면을 한번 보자. 시골 고향집에 오랫동안 덮어두었던 우물이 하나 있어. 주인공이 우물의 덮개를 열고 속을 들여다보면서 희재 언니를 떠올리지. 고통의 기억과 대면하는 부분이라고 할 수 있어.

시후　원 겁나게시리……. 우물물 속에 희재 언니의 얼굴이 떠 있다? 우물을 들여다보면 제 얼굴이 보여야지. 우물물 속에 한 사나이가 서 있다는 윤동주의 〈자화상〉도 아니고 뭔…….

나연　결국 자기가 만들어낸 희재 언니의 영상이고 자기 모습 아니겠니. 희재 언니와 주인공이 나누는 가상의 대화. 자기 자신과 나누는 내면의 대화.

준서　핵심 대목은 이거야. 대화의 첫마디. "나를 가엾이 여기지 마. 네 가슴속에서 오래 살았잖아." 희재 언니의 말로 서술된 부분.

하람　나를 가엾이 여기지 말라. 우선은 희재 언니에 대해 화자가 느끼는 안쓰러움일 거야. 주인공은 희재 언니에 대해 여러 가지 감정을 토로했잖아. '원망과 사무침과 그리움'. 여기에다 연민을 보태는 거지. 희재 언니에 대한 연민이기도 하고, 희재 언니를 마음 아파하는 자기 자신에 대한 연민이기도 하고.

나연 난 희재 언니의 비극보다 자신의 고통에 초점이 맞춰져 있는 것처럼 보여. "네 가슴속에서 오래 살았잖아."라는 말. 힘들 만큼 힘들었다는 얘기야. 충분히 어렵고 고통스러웠다. 주인공이 충분히 고통스러운 시절을 보냈다는 진술 아니겠니.

시후 시간의 문제구면. 고통의 시간을 충분히 겪었다.

준서 그래서 17년이라는 긴 세월이 걸렸다? 대체 이게 17년씩의 세월을 요구할 만한 고통인가?

나연 준서야, 논리적으로 해결될 문제가 아닌 걸 어쩌겠니. 내가 볼 땐 대단히 결벽적이고 자기애가 강한 사람이야. 자기가 누군가의 자살을 도왔다? 자기 의도와는 전혀 다르게 가까운 이의 죽음을 방조했다? 이 사람은 용납 못해. 희재 언니의 죽음도 죽음이지만 자기에게 어떻게 이런 일이 일어날 수 있나, 이걸 받아들이는 게 너무 힘든 사람이야. 준서야, 김모 양과의 실연 경험을 좀 부풀려 생각해보렴.

준서 그 얘긴 공식석상에서 안 했으면 좋겠다고 했잖아. 정말이야.

하람 걱정 마, 준서야. 시간이 다 해결해주지 않겠니. 아마도 고통의 물리적 무게라 해야겠지? 주인공에게는 17년의 세월이 필요했지만 다른 사람이라면 이만큼의 세월이 필요하지 않았을지도 몰라. 개인의 성향 탓이 크지 않겠어. 어쨌거나 각자가 감당해야 할 고통의 물리량이 있는 거야.

나연　고통의 물리량? 그 말 멋있다. 맞아. 아까 발설 행위만으로는 고통이 제대로 해소되지 않는다는 애기랑 연결되네. 의지적으로 고통을 공개한다고 해서 고통이 사라지는 건 아니거든. 고통은 제 만큼의 부피와 양을 갖고 있다. 그 양을 톡톡히 치러야 비로소 고통은 줄어든다.

시후　그럼 시간이 많이 걸렸다면 그만큼 많이 아팠다는 증거인가? 이를테면 5년 치의 극복 시간이 소요된 고통과 17년 치의 극복 시간이 소요된 고통이 있을 경우, 후자의 고통이 더욱 컸다고 말할 수 있는 거야? 《외딴방》 주인공처럼 성격 꼬인 사람은 으레 그런 거야?

하람　성격이 꼬였는지 어땠는지는 잘 모르겠고, 다만 스스로 짊어져야 할 고통의 양이 시간의 눈금으로 표시될 순 있겠지. 고통의 양이 500cc다, 하루에 50cc씩 아프다, 그럼 열 번은 꼭 더 아파야 해.

나연　우와~, 고통 500cc, 이 말도 멋있다. 500cc만큼을 꼬박 채워야 고통에서 벗어날 수 있다.

준서　근데 내 말은, 이를테면 왜 500cc냐고. 어떻게 17년으로 정해지는 거지?

나연　이해한다. 네가 공감할 수 없는 캐릭터라는 거. 아까도 말했지만 주인공의 강한 자기애와 결벽적인 성향을 고려해야 돼. 그리고 결정적으로 고통의 양이 500cc다, 17년짜리 아픔이다, 이런 얘기는 추후적인 거야. 고통스러운 당시에 '아, 내 고통은 10년짜리가 아니라 2년짜리구나.' 이렇게 생각할 순 없잖아.

시후　고통의 양은 결과적으로만 측정할 수 있단 얘기군. 아무튼 17년 지나서 주인공이 고통 종료 선언한 걸 보니까 내 속이 다 후련하다. 주인공이 일단 살려고 하는 의지를 보이잖아. 이제는 희재 언니가 주인공의 '쇠스랑'을 꺼내주는 당당한 구원자로 등장해요.

준서　맞다. 어렸을 때 시골집에서 쇠스랑에 발바닥을 찍힌 적이 있지. 쇠스랑이 보기 싫었던 화자는 그걸 우물 속에 던져버려. 그때부터 화자에게 쇠스랑은 농기구가 아니라 흉기였어.

하람　그러니까 쇠스랑은 화자에게 각인된 최초의 아픔이었어. 그렇다면 기억의 우물 저 깊숙이 묻혀 있는 희재 언니는? 가장 크고 무거운 쇠스랑인 거지.

나연　희재 언니라는 고통에서 해방되면서 다른 고통에서도 해방된 거야. 이 사람이 왜 '공순이' 시절 일체를 함구하고 있었겠니. 그 시절도 충분히 어렵고 힘들었지만 정말로 크고 두려운 기억이 그 속에 같이 들어 있으니까 차마 꺼내놓지 못한 거야.

준서 사람이 언제까지나 고통 속에 있을 순 없지. 한계치를 넘기면 서까지 고통을 견뎌내긴 어려울 테니까. 어떤 식으로든 고통과 타협하고 극복해야 해.

시후 뭐, 자연스러운 과정이기도 하지. 고통의 기억이 쇠퇴해가는 과정. 어쩌면 기억보다 망각이 사람을 살리는 건지도 몰라. 몽땅 다 끌어안고 기억해가며 살아봐라. 머리 터지지. 준서야, 첫 번째 실연이라는 거 다 아는데, 걱정 붙들어 매. 세월 가면 다 나아진다니까.

준서 ······.

나연 난 세월에 맡기는 거 반대야. 시간이 흘러도 별로 안 괜찮아. 고통스럽기 전의 나와 고통을 겪고 난 후의 나는 달라. 형편없이 무너져 있을지도 모르고. 17년 동안이나 제대로 된 인간관계를 맺지 못하고 방황했는데, 과연 나아졌을까? 다 나은 거니?

시후 500cc 멋있다고 할 땐 언제고 이제 와서 웬 꼬투리람. 시간의 위력을, 망각의 힘을 부정할 셈이냐, 얍!

나연 내가 무슨 울트라 초인이니. 시간을 초월하게. 다만 시간이 흐르면 괜찮아진다, 아픈 만큼 성숙해진다, 이런 말을 곧이곧대로 수용하긴 싫어. 시간이 흐르면서 고통이 자연스럽게 치유되는 게 아니라, 시간이 흘러가는 동안 그 속에 고통과 눈물이 있다는 사실을 애

기하고 싶어. 고통 속에서 흘린 눈물이 사람을 꼭 성숙하게 만드는
건 아니잖아.

준서 음…… 주인공의 경우도 그저 살다 보니 괜찮아졌다고 말하긴
어렵겠지. 17년의 세월을 어떻게 자연스러운 시간의 경과로 보겠어.
그리고 기억을 공개하고 글로 옮긴다고 해서 고통이 해소된다는 건
아니지만, 기본적으로 주인공의 발설 행위는 고통과 대면하고 극복
하려는 의지적인 노력임에 틀림없어.

나연 사람들한테 시간이라는 기회가 주어져 있다고 봐. 그러니까
시간은 선물이 아니라 기회야. 시간이라는 기회를 어떻게 이용하느
냐는 각자의 환경과 역량에 달려 있겠지. 고통의 물리량이 있으니
의지적으로 노력한다고 해서 고통이 해소되는 건 아니겠지만, 그렇
다고 시간만 믿고 마냥 앉아 있으면 아무것도 해결되지 않아.

시후 오, 쉽지 않아, 쉽지 않아. 처음부터 상처를 안 받으면 되는 거
야.

하람 그래, 넌 자칭 쿨~ 가이니까 상처를 주긴 해도 받지는 않겠
지.

시후 마무리해, 마무리. 주인공이 성숙해졌으면 된 거 아냐? 막판
에 뭐 좋아졌잖아.

나연　오호~ 아픈 만큼 성숙해진다는 결론으로 끝내고 싶으셨어요? 실제로 고통 때문에 무너진 사람 많거든요. 참, 세상에 가장 흔한 거짓말 가운데 하나 아니니? 아픈 만큼 성숙해진다. 실제로는 평탄한 어린 시절을 보낸 사람이 성격 좋고 원만해. 남 덜 괴롭히고. 아프고 고생해서 된통 꼬인 사람들 많아.

하람　그래. 하지만 실연을 하거나 어려운 일을 겪고 나서 뭔가 좀 달라 보이는 사람 있잖아. 좀 다른 냄새가 나. 좀 처연해 보이기도 하고 담대해진 것도 같고. 한편으로는 안쓰러워 보이면서도 말이야.

준서　내가 얘기를 마무리해야겠다. 난 '우물'을 여는 행위나 '외딴방'을 회상하는 행위부터가 화해의 실마리로 보여. 힘들 만큼 힘들었다는 고통 종료 선언 이후에 '소망스런 다른 이야기들'이 솟아나고 있다고 고백하거든. 희망을 보여주고 있어.

시후　소설 막판에 가면 이 사람, 열다섯에서 갑자기 스물로 스물에서 갑자기 열다섯이 되어버렸다고 말하는데, 이젠 뭔가 달라졌다 이거지. 과거의 자신과 소통할 수 있게 됐다는 뜻.

하람　이젠 왔다 갔다 할 수 있을 거야. 난 시후가 말한 소통이란 단어가 좋게 들린다. 열다섯에서 열여섯으로, 스물에서 열아홉으로 이제는 통할 수 있잖아. 자신의 과거가 과거끼리 서로 통하고, 자신의 현재도 과거와 통하고. "이 모든 것이 사랑이었다."는 표현도 보여.

고통도 그리움도 다 사랑으로 승화되는 거지.

시후   그래, 통하였느냐? 모든 게 사랑일 테고?

나연   고통은 고통이고 그리움은 그리움이야. 어떻게 모든 게 사랑이겠어. 주인공의 사랑 고백은 고통은 고통대로, 사랑은 사랑대로 인정하고 수용하는 행위야. '모든 게 사랑이에요' 하는 맘씨 좋은 노래 가사가 아니라 과거 시절에 대해 고통 일색일 뿐이라고 편파 판정 내리지 않는 것. 과거의 기억과 정직하게 대면하는 것. 고통 때문에 사랑이나 희망을 부정하지 않는 것.

하람   그래. 희재 언니에 대한 기억이 사랑 일색이거나 고통 일색인 건 아니지. '원망과 사무침과 그리움'을 얘기했잖아. 원망도 있지만 그리움도 있어. 그리움은 사랑으로 변모할 여지가 있는 것 아니겠니? 사랑하지 않았다면 상처받지 않아.

나연   준서야, 알았니? 넌 사랑했던 거야. 그러고 상처받는 중이고. 인정할 건 인정해라.

시후   〈너무 아픈 사랑은 사랑이 아니었음을〉, 김광석 노래도 있잖냐. 너무 아픈 건 사랑이 아니란다.

나연   "사랑하라, 한 번도 상처받지 않은 것처럼." 난 이 말을 믿어.

TV 드라마 〈내 이름은 김삼순〉(MBC, 2005)에 나왔잖아. 류시화가 번역한 시. 이 말이 사람들에게 왜 울림을 줬겠어. 한 번도 사랑한 적이 없다면 온전히 사랑할 수 있겠지. 상처받은 적이 없었을 테니까. 하지만 상처의 고통에 지구가 기우뚱한다 해도 새로운 사랑에 충실할 수 있는 용기는 남겨둬야 해.

시후 준서 노병은 말이 없고, 나연 마님의 말은 에~ 여러분, 사랑합시다아~.

300cc의 상처에는
300cc의 고통이 따라야 한다

누구나 한번쯤은 아프다. 아파서 죽기도 하고 아픈 대로 그저 살아가기도 한다. 마음이 아플 수도 있고 몸이 아플 수도 있다. 몸이 아파 마음이 병들기도 하고, 마음이 아파 몸까지 더치기도 한다. 아픈 만큼 사람들은 빨리 아픔에서 벗어나고자 한다. 아픔은 아프지 않은 상태를 지향한다. 아니 아프지 않은 상태를 전제해야 웬만큼이라도 아플 수 있다. 《외딴방》의 주인공은 과거의 기억 때문에 마음이 병든 사람이고 '17년'이 걸려서야 자신을 웬만큼 추스를 수 있게 된다. 누군가에게 17년은 세상 전부인 세월이겠지만, 세상을 많이 산 사람들에게 17년은 그리 긴 시간이 아닐 수 있다. 10년 전의 일이지, 벌써 20년도 더 됐지, 라고 회고하는 이들의 얼굴엔 이런저런 복잡한 표정이 스친다. 주인공이 17년의 세월을 고통 일색으로 채운 것은 아니겠지만, 과거의 기억은 주인공에게 번번이 벗을 수 없는 짐으로 다가선다. 누구에게나 없애버릴 수 있다면 없었으면 좋았을 그런 시간들이 있다.

외딴방의 주인공은 없었으면 좋았을 걸, 아니었으면 하는 바람을 소설 내내 되풀이한다. 주인공이 부정하고 싶은 기억은 어려웠던 공장 노동자 시절, 그래도 마음씩이나 통했던 이웃 언니를 잃어버린 일이다. 주인공은 이웃에 사는 희재 언니의 부탁을 받고 방 문을 잠가주었을 뿐인데 나중에 그 방 안에서 부패해가는 언니의 시신이 발견되었다. 사정을 짐작했더라면 주인공이 희재 언니의 자살을 방치하고 방조하는 일은 없었다. 하지만 결과는 엄연한 비극이다. 주인공은 이후 자기 과거의 일부분을 상실한 채로, 자기 역사의 한 부분을 침묵해버린 소설가로 살아가게 된다. 자전적 소설인 《외딴방》에서 작가는 현재의 나와 과거의 나를 왔다 갔다 하면서 직접적으로 고통을 드러낸다. 그는 자신의 비극적인 과거를 "내 마음의 폐허"라고 밝히면서 제대로 인간관계를 맺지 못하는 장애를 호소한다.

아픈 기억에 대해 입을 다문다고 해서 기억이 사라지는 것은 아니다. 프로이트의 용어를 빌리면, 나의 기억은 '억압'되어 깊은 '상흔'으로 의식 저변에 자리 잡은 상태다. 기억은 의식 활동에 떠오르지 않지만 암초처럼 숨어 있다가 번번이 나를 좌초하게 만든다. 나는 악몽 같은 기억을 지워버리고 싶었다. 마음에서는 지울 수 있을 것 같았지만 문제는 마음이 아니라 몸이었다. "그래…… 꿈이었는지도 몰라…… 내 마음이 우기면 손이 비웃는다. 손이 기억했다." 문제의 방 문을 열쇠통으로 잠그던 감촉과 소리를 내 손이 생생하게 기억하고 있었다. 몸은 마음보다 정직했다. 몸의 기억은 그래서 마음의 기억보다 힘이 세다. 마음이 밀어낸 기억을 몸은 보듬는다. 고통은 관념이나 환영에서 오지 않는다. 고통은 몸이라는 물리적인 주소에서 발신된다. 그 발신은 내 망각의 의지를 능가하여 틈만 나면 스멀스멀 의식의 표면으로 부상한다.

• • •

그 사건 이후 주인공은 타인과 관계 맺기를 주저한다. "누군가와 관계를 맺으면 그 방 문을 내가 잠갔노라고 말해야만 할 것 같았다." 이러한 태도는 표면적으로는 희재 언니의 죽음에 얽힌 비밀이 누설되거나 왜곡되는 것에 대한 두려움이 관계 맺기를 거부하게 만드는 것처럼 보인다. 하지만 그 이면에는 희재 언니의 죽음과 연루된 자신의 행동에 대한 철저한 자기 응징이 감추어져 있다고 볼 수 있다. 그녀의 죽음과 관련된 '방 문 잠그기'는 이제 자기의 입을 닫고 마음을 잠그는 행위로 전환된다. 그녀에게 입힌 상처가 고스란히 자기의 상처로 되돌아온다. 물론 이러한 전환이 당시 열아홉 살 소녀의 '의식'에서 이루어졌다고 볼 수는 없다.

텍스트 안에서는 분명히 '사실에 대한 왜곡의 두려움' 때문이라고 밝히고 있다. 하지만 그것만으로는 '17년'이라는 긴 세월 동안 어둠 속에서 고통당해야 했던 이유가 불충분하다. 소설 전체에서도 화자가 자기의 과거 행적이 발각되는 걸 두려워하는 장면은 보이지 않고, 오직 '그런 일이 일어나지 않았어야 했는데' 하는 회한의 고백만 계속된다. 알리바이를 대어 결백을 주장하는 길을 마다하고 거의 자폐적으로 자신을 고통의 늪에 몰아넣은 것은 화자 안에 '고통의 공유'라는 '무의식'이 강하게 작동하고 있었기 때문으로 보인다. 타인을 고통스럽게 한 만큼 자기도 고통을 겪어야 한다는 심리기제가 무의식중에 작동했던 것이다.

'고통'이란 두 글자로 축약했지만 고통에는 고통을 가하는 대상에 대한 사랑과 실망, 거부와 미련, 슬픔과 후회 등 갖가지 아우성이 함축되어 있다. 고통(苦-痛)은 쓰리고 아프며 어지럽다. 이렇게 복합적이고 미묘한 고통의 미로에서 텍스트의 주인공은 이제 벗어나고자 한다. 하지만 어떻게? 소설의 끝에서 주인공은 과거와 화해하여 과거를 사랑하고자 한다. 하지만 어떻게 과거의 고통스런 기억에게 사랑을 고백할 수 있을까? 이 물음에 제대로 답하기에는 텍스트에 서술된 '고통의 극복 과정'이 선명하지 않다. 발췌 부분은 극복 과정의 핵심 가운데 일부이지만 여기서도 구체적으로 어떻게 고통에서 벗어났는지 그 과정을 찾기는 어렵다. 우리의 일상에 견주더라도, 상처를 받고 고통을 당하는 경우들은 종종 듣지만 고통을 어떻게 극복했는지 그 방법을 듣는 일은 드물다. 쉽게 상처받기는 해도 그것을 극복해내는 일은 어려워 보인다.

고통의 근원은 마음에 있으니 마음만 잘 다스리면 만사 오케이일까? 과연 마음은 만병통치약일까? 이에 대해《외딴방》은 '그렇지 않다'고 대답한다. 왜 그럴까? 마음 한번 고쳐먹으면 다 잘될 일을 왜 그렇게 힘들어하냐고 반문하는 이들을 향하여 텍스트의 주인공은 쓴웃음을 짓는다. 자신의 고통을 헐어내는 데 주인공의 경우에는 17년이라는 세월이 걸렸다. 6개월이나 1년이 아니고 왜 17년인가? 문제는 시간이다. 아픔을 오롯이 견뎌내고 삭혀야 하는 시간. 상처가 아물고 딱지가 앉는 데 소요되는 일정한 시간. 텍스트에서 주인공이 말하는 '몸이 기억하는 상처'에서 해방되는 데 걸리는 시간. 텍스트는 고통의 물리적 속성을 보여준다. 고통은 마음 이전에 몸의 문제이고, 몸의 문제를 해결하지 못하는 한 진정으로 고통에서 벗어날 수 없을 뿐만 아니라 한 단계 '성숙한' 인간이 될 수도 없다는 사실을 일깨운다.

외딴방의 주인공은 긴 세월 동안 침묵을 감행했다. 이 침묵은 고요하고 충만한 침묵이 아니라 불안하고 불길한 침묵이다. 영화에서는 종종 과거의 충격 때문에 실어증이나 일시적인 기억상실을 겪는 주인공이 등장한다. 이때의 침묵과 공백은 자기 회피와 은둔에 가깝다. 바브라 스트라이샌드가 제작과 감독, 주연을 맡았던 영화《사랑과 추억(The Prince of Tides)》에는 어릴 적에 겪었던 충격적인 경험 때문에 불행해진 가족 구성원의 이야기가 나온다. 주인공 '톰'은 여동생이 재차 자살을 시도하는 바람에 가족을 대표하여 정신과 의사 '수잔'의 상담을 받게 된다. 감옥에서 탈출한 죄수들이 어머니와 누이동생, 그리고 어린 자신까지 성폭행한 일이 있었는데 그는 가족사의 비밀을 공개하기를 거부한다. 그의 유년은 어두운 가족사에 묶여 있고, 누이의 비극에 대해서도 그는 자기 힘으로 어쩔 수 없었다는 무력감에 빠져 있는 상태다. 그가 누이의 담당 의사와 상담하는 과정은 누이의 치료를 돕는 과정인 동시에 자기를 들여다보고 치유하는 과정이기도 하다. 영화는 환자 보호자인 톰과 의사인 수잔이 각자의 아픔을 간섭하고 치유하며 사랑하게 되는 과정을 밀도 있게 묘사한다. 매사에 삐걱거리던 톰은 고통스런 과거의 기억을 드러내게 되면서 자신의 주변에 대해 사랑과 화해의 실마리를 찾게 된다.

비극적인 사건이 발생했을 당시에 고통은 사건 자체에만 향하게 마련이다. 하지만 시간이 흐르면서 고통은 사건에 국한되지 않고 나의 고통과 나의 문제로 바뀐다. 더 이상 나는 사건의 기억에 얽매이지 않고 사건을 겪고 체험한 나의 심리적, 신체적인 문제에 부딪히게 된다. 과거와 현재가 마구 뒤섞이면서 나를 위협한다. 과거가 과거로만 남아 있지 않는 것처럼 현재 역시 현재로만 남아 있지 않다. 베르그손(E. Bergson)은《물질과 기억》에서 현재의 지각 작용에는 이미 기억이 개입하고 있다고 말한다. 그는 "모든 지각은 기억"이라고까지 단언하면서 기억 개념을 의식의 지속적인 성질을 설명하는 근거로 채용하는데, 기억이 끼어들지 않는 '순수한 지각' 상태는 이론이나 권리로서만 존재할 뿐이라고 말한다. 기억은 나의 현재에 개입하여 강력한 영향력을 행사한다. 더욱이 오랫동안 억압되어온 기억은 자신의 현재를 왜곡시키고 현재가 과거와 원활하게 소통하지 못하게 만든다.

• • •

　대개 억압적인 기억은 정신질환으로 발전하기 전에 스스로 활로를 모색하는 경향이 있다. 신체의 자연 치유력처럼 마음도 제 살 길을 찾는다. 마음의 상처를 복구하는 데 몸과 마음의 에너지가 산화되고 소모된다. 여기서 언어화의 과정은 상처를 대면하고 공개하는 데 필수적이고 의지적인 과정으로 볼 수 있다. 고통은 당사자에게만 해당되는 지극히 주관적인 성격을 띠지만 언어화를 통해 공개되어 객관화될 경우 치유의 가능성이 열릴 수 있다. 하지만 고통의 기억을 공개하기까지 당사자는 소모적인 에너지를 지불해야 한다.

《외딴방》의 주인공 역시 마찬가지다. 아니, 감춘다고 될 일인가? 왜 좀더 현명하지 못하나? 그렇다. 감춘다고 능사가 아니며 은폐와 침묵의 세월은 너무 소모적이었다. 하지만 이게 똑똑하게 잘 생각한다고 해결될 문제인가? 남의 사정에 대해서는 너도나도 똑똑이가 되지만 정작 자기 일에는 서투르고 어리석다. 역지사지(易地思之)나 인지상정이 문제 해결의 열쇠는 아니다. 잘 생각하고 잘 판단한다고 해서 고통이 해소되는 것은 아니다. 고통은 사람을 잡고도 남을 만큼 위력적이다.

이웃 블로그의 일기를 본 적이 있다. 그의 어머니께서 노환으로 투병 중에 돌아가셨는데, 그는 장례 정황과 함께 어머니의 죽음에 대해 기록해놓았다. 자기 어머니의 죽음에 대해 기록자가 되어 담담하게 그 정황과 감상을 전달하는 태도에도 놀랐지만, 그의 고백적인 기록 내용에는 더 어안이 벙벙했다. 그 죽음에 대해 아무리 논리적으로 설명하고 정당화해도 아픈 마음이 가라앉지 않더라는 말이다. 문제는 아픔을 해명한다고 해서 덜 아파지지 않는다는 사실이다. 토마스 만(Th. Mann)의 자전적인 소설 〈토니오 크뢰거〉는 주인공 토니오 크뢰거가 시인으로 성장해가는 이야기인데, 그는 화가 '리자베에타'에게 자신의 예술관을 피력하는 대목에서 '세계가 언표되면 세계는 해결되고 구제된다'는 언어관을 피력한다. 말로 표현하는(言表) 행위가 세계 구제의 수단이 된다는 말에 이어 그는 곧 이러한 언어관의 한계를 지적한다. 주인공 시인은 고독한 예술과 평범한 일상 사이에서 방황하면서, '언어로 표현'되고 '해결'된 후에도 인생의 문제는 계속된다는 사실을 인정한다. 어떠한 정신주의나 예술주의로도 경도되지 않는 주인공의 입장이 드러나는 대목인데, 문제는 언어로 표현한다고 해서 세계와 자신이 온전히 구제되지는 않는다는 사실이다. 논리적인 형태로든 시적인 형태로든 언어화 과정에 포섭될 수 없는 나머지의 영역이 삶과 세계 속에는 도사리고 있다.

삶과 세계의 고통은 왜 언어화를 통해 깔끔하게 해소되지 않는가? 앞에서 언급했던 고통의 물리적인 속성에 대해 구체적으로 말해야겠다. 고통이나 아픔이 정서와 감정의 문제인 한에서 고통은 단순히 말로 표현한다고 해서 해결될 문제가 아니다. 물론 공개되고 객관화된 고통과 제대로 대면할 수 있다는 점에서 고통을 고백하는 것은 어두운 상처의 그늘에서 벗어날 수 있는 계기를 마련한다. 하지만 이것이 바로 상처의 치유로 이어진다고 볼 수는 없다. 외부의 충격으로 인한 심리적인 상처는 그 충격의 세기에 합당한 물리량을 지닌다. 그래서 마음의 상처는 신체의 상처와 마찬가지로 치유를 위해 일정한 물리적 고통이 수반되어야 한다. 상처가 생긴 이상 아물고 딱지가 앉는 과정을 거쳐야 상처는 사라질 수 있다. 먹을 만큼 먹어야 배가 부르고, 잘 만큼 자야 졸리지 않는 것처럼 아픔이 요구하는 일정한 물리량이 있다. 고통의 양이 만약 300cc라면 30cc씩 꼬박 열 번은 아파야 낫는다. 상처가 크고 깊을수록 상처를 치유하는 데 걸리는 시간은 길어진다. 슬픔은 슬퍼할 수 있는 충분한 시간을 요구하며, 아픔은 아플 만큼 아파야 아픔이 덜해진다.

최윤의 소설 《속삭임, 속삭임》에는 "에너지 다섯 방울짜리 눈물"이라는 말이 나온다. "우리가 사는 데 흘리는 모든 눈물을 에너지로 바꿀 수 있다면" 하는 작중 인물의 바람이 깃든 표현이지만, 산의 높이나 물의 깊이처럼 눈물도 고통도 계량화될 수 있을 만큼 톡톡한 물리량을 갖고 있다는 것이다. 고통이 요구하는 일정량을 채울 때에만 우리는 고통에서 벗어날 수 있다. 《외딴방》의 주인공은 17년짜리 아픔을 감당한 셈이다. "아니 17년씩이나?"라고 의아해한다면 그것은 당사자의 성향과도 관련이 있겠다. 17년이라는 긴 치유의 세월에 대해 우리는 화자가 강한 자기애와 결벽적인 성향을 지녔다는 정도를 유추할 수 있을 뿐이다. 그리고 아픔을 두고 17년짜리다, 2년짜리다, 라고 누구도 미리 판단할 수 없다. 지나고 보니 2년이고, 정신 차리고 나니 17년이 지난 것이다. 처음부터 고통의 물리량을 예측할 수 없다는 점 역시 녹록치 않은 인간 감정의 숨은 법칙을 말해준다.

• • •

아는 선배가 실연을 하더니 딱 1년만 시간이 후딱 흘러갔으면 좋겠다고 말한다. 시간의 위력에 기대를 걸어보는 말이기도 하고 견뎌낼 시간에 자신 없어하는 소리기도 하다. 둘 다 맞다. 다만 시간은 우리 편이다. 우리에게는 망각의 선물이 있고, 이 선물을 어떻게 이용하느냐는 각자의 역량에 달려 있다. 살면서 고통이나 아픔, 슬픔을 요리조리 비껴갈 수는 없다. 자잘한 고통도 있고 나를 KO패 시키는 것들도 있다. 하지만 충분히 고통스러운 후에는 힘들었던 과거도 고통 일색은 아니었다는 정직함과 겸양을 배우게 된다. 어느 시절의 어느 기억이 나를 쓰러뜨린 까닭은 내 애정과 욕망이 함께 쓰러졌기 때문이다. 고통뿐이었다면, 환멸밖에 없었다면 나는 뒤돌아볼 까닭도 없고 떠나지 못할 이유도 없었다. 고통에 손들지 않고 사랑에 날아가지 않는 법. 고통 때문에 사랑까지 부정하지 말고 사랑 때문에 고통을 잊어버리지 말 것. 삶은 징그럽게 아름답다.

《외딴방》의 주인공이 내놓는 화해의 결말도 녹록치 않다. "이 모든 것이 사랑이었다."는 고백은 고통마저 사랑으로 승화된다는 말이 아니라 과거 전부에 대한 포용과 인정의 제스처이다. 고통은 고통대로 사랑은 사랑대로 인정하고 수긍하는 것. 정현종은 시선집 《고통의 축제》(1974)에 수록된 동명의 시 〈고통의 축제〉에서 고통 '축제주의자'로 자처한다. 어두운 시대의 냄새가 묻어 있지만 고통 축제주의자인 시인의 사랑 고백은 '생의 기미(幾微)'를 아는 사람에 대한 지지와 격려이다. "당신이 생의 기미를 안다면 나는 당신을 사랑합니다. 말이 기미지, 그게 얼마나 큰 것입니까." 말이 생의 기미지 그게 얼마나 큰 것인지, 말이 사랑이지 그게 얼마나 또 큰 것인지. 아프게 '생의 기미'를 알게 된 사람들은 사랑받을 자격이 있고 또한 스스로를 사랑할 권리가 있다. 누군가 그랬다. 사랑이란 우리를 행복하게 하기 위해 있는 게 아니라 좌절과 고통 속에서도 우리가 얼마나 견딜 수 있는가를 보여주기 위해 있는 것이라고. 고통을 피할 수 없다면 사랑도 존재할 수밖에 없다.

5

성장의 마디

- 어떤 경험이 나를 변하게 하나?
- 성장의 징표는 무엇인가?

롭 라이너 감독의 《스탠 바이 미》(컬럼비아픽처스, 1986)는 중학교 진학을 앞둔 시골 소년 네 명이 이틀 동안 겪은 모험의 기록이다. 강단 있는 문제아 ‘크리스’, 섬세한 문학소년 ‘고디’, 철없는 뚱보 ‘번’과 불우한 과격소년 ‘테디’는 마을을 전 세계로 알고 살아온 사총사이다. 시체 찾기가 이들의 마을 밖 첫 여정이 되면서 소년들은 예상치 못했던 크고 작은 에피소드를 겪는다. 영화 속에는 이후 작가로 성장한 성인 고디의 내레이션이 군데군데 삽입되어 있다.

장면 1. 크리스 패거리의 나무 위 오두막, 낮

고디와 크리스와 테디가 카드놀이를 하고 있다. 잠시 후 번이 도착하고 그는 오자마자 자기 집 현관 밑에서 우연히 엿들은 형 빌리와 형 친구의 대화 내용을 말한다. 며칠 전 행방불명된 이들 또래의 레이 브라우어가 기차에 치어 죽었다는 이야기다. 형과 형 친구는 훔친 차를 타고 그 근방을 지나가다 레이의 시체를 발견했기 때문에 아직 경찰에 신고하지 않았다. 여태껏 시체를 본 적이 없는 아이들은 레이를 보러 가자는 번의 제안에 귀를 솔깃한다.

크리스: 만약 그 애를 찾아내면 우리 사진이 신문에 날 거야.

테디: 그래, 아마 방송 출연도 할걸.

크리스: 당연하지.

테디: 영웅이 될 거야!

크리스: 맞아!

번: 글쎄, 내가 엿들었다는 걸 빌리가 알게 될 텐데.

고디: 상관 안 할걸. 찾아낸 건 우리지. 차를 훔친 자기들이 아니

니까. 어쩌면 너한테 상을 줄지도 몰라.

번: 그래, 그럴 거야.

크리스: 좋았어.

번: 부모님껜 뭐라 하지?

고디: 번이 아까 말한 대로 우린 번 집 뒷마당에서 잔다고 하고 번 너는 테디네서 잔다고 하면 돼. 다음 날엔 자동차 경주 보러 간다고 하면 되잖아. 내일 저녁까진 충분히 돌아올 수 있어.

크리스: 끝내주는 생각이다.

번: 하지만 우리가 시체를 끌고 오면 거짓말한 게 탄로날 거고 매를 맞을 텐데.

테디: 아무도 상관 안 할 거야. 우리가 시체를 찾았다고 다들 난리가 날걸. 별일 없을 거라고.

크리스: 그래도 아빤 날 때리겠지만 이 일이 그 정도 값어치는 하지.

장면 2. 철길, 낮

테디와 번이 앞서서 걸어가고 고디와 크리스가 조금 떨어져 그 뒤를 따라간다.

크리스: 학교 갈 준비는 하고 있어?

고디: 응.

크리스: 중학교 말이야. 그게 무슨 뜻인지 알지? 내년 6월이면 우

린 헤어지게 될 거야.

　　고디: 그게 무슨 소리야? 왜 헤어져?

　　걸음을 멈추는 고디.

　　크리스: 거긴 초등학교와는 다르기 때문이야. 너는 대학 진학 과
정으로 갈 거고 우린 나머지 열등생들이랑 실업반에서 재떨이나 만
들겠지. 넌 똑똑한 새 친구들을 사귀게 될 거야.

　　고디: 약골들 사귈 거란 얘기군.

　　크리스: 그렇게 말하지 마. 그런 생각은 하지도 마.

　　고디: 약골들 틈엔 안 낄 거야. 관둬.

　　다시 걷는 두 아이.

　　크리스: 그럼 넌 멍청이야.

　　고디: 친구랑 같이 있겠다는 게 멍청이야?

　　크리스: 네 친구가 널 망치니까 그렇지. 우리랑 다니면 너도 머리
에 똥만 차게 돼.

　　긴 침묵.

　　크리스: 넌 훌륭한 작가가 될 거야, 고디.

　　고디: 엿 먹으라 그래. 작가되기 싫어. 쓸데없어. 그건 시간 낭비

만 하는 멍청한 짓이야.

크리스: 그건 네 아버지 얘기야.

고디: 젠장.

크리스: 사실이야. 나도 네 아버지가 너한테 쥐똥만큼도 관심 없다는 거 알아. 오로지 데니만 위하셨지. 나도 다 알아.

장면 3. 로열리버 인근 숲 속, 낮

아이들이 목적지에 좀더 빨리 당도하기 위해 철길 대신 숲길을 선택한다. 그 바람에 습지를 만나 물웅덩이를 건너게 된다. 그런데 건너고 보니 온몸에 거머리가 달라붙어 있다. 기겁을 하며 거머리를 떼어내는 아이들. 재빨리 다 떼어냈지만 고디 혼자 표정이 심상치 않다. 고디가 팬티 속을 들여다본다.

고디: 크리스, 어쩌지. 이럴 수가.

고디가 천천히 손을 집어넣어 거머리를 꺼낸다. 손에 피가 홍건하다. 손에 묻은 피를 바라보다 그대로 쓰러지는 고디. 아이들이 고디에게 달려든다.

크리스: 고디, 괜찮아! 내 말 들려, 고디? 들려?

번: 죽었나봐.

테디: 안 죽었어. 숨을 쉬잖아, 이 멍청아.

번: 난 몰랐어.

크리스: 진정들 해. 기절한 것뿐이야.

고디가 깨어난다.

번: 하느님 맙소사! 기절한 거 처음 본다.

장면 4. 할로우로드 인근 철길, 낮

아이들이 주변을 두리번거리며 시체를 찾고 있다.

번: 찾았다! 저기 봐! 저기 봐! 내가 찾았어!

달려와 번이 가리키는 곳을 바라보는 아이들. 크리스를 선두로 하여 시체에 다가간다.

고디: *우린 숨도 쉴 수 없었다. 수풀 사이에 레이의 시체가 있었다. 기차가 그의 신발을 날려버렸듯이 그의 목숨도 앗아가 버렸던 것이다. 그는 아픈 것도 자고 있는 것도 아니었다.*

크리스가 나무 막대기로 나뭇가지에 가려져 있던 레이의 얼굴을 들춘다. 눈을 뜬 채로 죽은 레이. 머리카락은 헝클어져 있고, 얼굴은 상처투성이이며 푸른빛을 띠고 있다.

고디: 그는 죽어 있었다.

시체를 가만히 바라보는 네 아이.

크리스: 들것 만들 게 긴 가지 좀 찾아보자.

모두 가지를 찾아나서는데 고디 혼자 시체 옆 통나무에 걸터앉는다.

크리스: 고디?
고디: 넌 왜 죽어야만 했니?
번: 고디 왜 저래?
크리스: 아무것도 아냐. 가서 가지 좀 찾아봐.
테디: 알았어.

테디와 번을 보내놓고 크리스가 고디 옆에 와 앉는다.

고디: 레이는 왜 죽어야만 했지, 크리스? …… 형은 왜 죽어야만 했냐고. 왜?
크리스: 나도 몰라.
고디: 내가 죽어야 했어.
크리스: 그러지 마.
고디: 내가 죽어야 했어.

크리스: 그러지 말라니까.

고디: 난 아무짝에도 쓸모없는 놈이야. 아버지가 그랬어.

크리스: 아버진 널 모르셔.

고디: 아버진 날 싫어해.

크리스: 그렇지 않아.

고디: 날 싫어해.

크리스: 아냐. 널 모르는 것뿐이야.

고디: 날 싫어해. 날 싫어한다고. 날 싫어해. 난 아무짝에도 쓸모 없어.

크리스가 고디의 어깨를 감싸안는다. 흐느끼는 고디.

크리스: 넌 훌륭한 작가가 될 거야, 고디. 소재가 궁해질 땐 우리 애기를 쓰게 될지도 몰라.

흐느끼던 고디가 눈물을 닦으며 살짝 웃어 보인다.

고디: 나 아직 한참 멀었지?

크리스: 그래.

(중략)

번: 시체 가져갈 거야?

고디: 아니.

테디: 어렵게 여기까지 왔잖아. 영웅이 될 수도 있어.

고디: 이런 식은 아냐. 크리스, 도와줘.

고디와 크리스가 가지고 온 담요로 레이를 덮어주려 한다. 테디와 번도 돕는다.

고디: 레이의 시체는 발견됐다. 하지만 우리나 빌리 일당이 영웅이 된 건 아니었다. 우리는 익명 제보를 하기로 결정했던 것이다. 그게 최선이었다.

장면 5. 돌아오는 길, 다시 마을

저녁 무렵 어둑어둑한 강가를 지나고, 이른 새벽 한적한 들판을 지나, 마침내 마을 어귀에 도착하는 네 아이. 그렇게 돌아오는 동안 각자 떨어져 묵묵히 걷는다.

고디: 우린 집으로 향했다. 많은 생각이 스치고 지나갔지만 우린 거의 말을 하지 않았다. 우린 밤새 걸어서 노동절 전날인 일요일 새벽 5시쯤 캐슬락에 도착했다. 단지 이틀 동안 나갔다 왔는데 마을이 달라진 것 같았다. 작게 느껴졌다.

테디와 번은 작별 인사를 한 뒤 각자의 집으로 돌아가고 고디와 크리스는 같은 방향으로 조금 더 걷는다.

고디: *시간이 갈수록 테디와 번을 보는 일이 드물어졌고 결국에는 무수한 기억들 가운데 하나가 되어버렸다. 그런 일은 종종 일어난다. 친구란 식당에서 마주치는 웨이터처럼 잠깐 스치는 인연인 것이다.*

(중략)

고디와 크리스가 오두막이 있는 언덕에 나란히 서서 작은 마을을 내려다본다.

크리스: 난 이 마을을 못 벗어날 거야, 그렇지?
고디: 넌 뭐든지 할 수 있어.
크리스: 그래.

서로를 쳐다보는 두 아이.

크리스: 악수하자.
고디: 또 보자.
크리스: 내가 먼저 널 찾지 않더라도.

크리스가 집으로 발걸음을 옮기고 고디가 가만히 그 뒷모습을 바

라본다. 크리스가 저만치 앞에서 뒤돌아 손을 흔들자 고디가 답례
한다.

　고디: 크리스도 떠났다. 그는 나와 함께 진학반에 등록했고 힘은
들었지만 언제나 그랬듯이 열심히 살았다. 그는 대학에 진학한 후
변호사가 되었다. 지난주에 그는 한 식당에 들렀다. 마침 두 남자가
싸우는데 하나가 칼을 빼들었다. 항상 평화를 원하는 크리스는 그
둘을 화해시키려다 목에 칼을 맞았고 그 자리에서 절명했다.

시체 찾기의 경험은 아이들을
어떻게 변화시키나?

영화 〈스탠 바이 미〉는 네 명의 초등학교 졸업반 아이들이 시체를 찾으러 가는 이야기를 담고 있다. 초등학생들이 시체를? 이 사실 자체가 하나의 사건감이다. 초등학생이라면 삶에만 익숙해서 죽음 따위와는 거리가 있는 삶을 살아야 하고 또 그러고 싶어할 텐데 이 아이들의 경우는 달랐다. 아니 이들이 처한 환경은 그렇게 온실 같은 삶을 살도록 허락하지 않았다. 아이들에게 '시체'란 대단히 낯선 만큼 호기심을 불러일으키기에 충분하다. 그래서 이들의 시체 찾기는 삶의 한 극단과 죽음의 한 극단이 만나는 사건이다. 성장의 초기에 있는 아이들에게 시체와의 만남은 틀림없이 엄청난 일이다. 현재 자신들의 모습과는 극명하게 대비되는 '죽은 사람'을 만나러 가는 데 마음이 들뜨지 않을 수 없다. 하지만 네 아이 가운데 고디에게만은 시체 찾기가 단순한 흥밋거리가 아니었다. 그는 형의 죽음을 경험한 적이 있기 때문이다. 여기서 그들의 시체 찾기 여행은 크게 두 방향에서 주제 '성장'과 관련하여 조명될 수 있다. 하나는 시체 찾기의 여행 과정이 어떤 점에서 아이들에게 성장의 계기가 되었나 하는 것이고, 다른 하나는 그 여행이 결과적으로 아이들을 어떻게 변화시켰나 하는 문제다.

우선 첫 번째 물음과 관련하여 우리는 여행 과정에서 아이들이 겪는 에피소드에 주목해야 한다. 발췌된 텍스트에는 대표적으로 '거머리 사건'만 선보이고 있는데, 자기 팬티 속에서 거머리를 발견한 고디가 기절하는 장면, 이어서 번이 "기절한 거 처음 본다."고 뇌까리는 대목에 집중해야 한다. 그리고 마땅히 시체와 대면하는 장면에 초점을 모아야 한다. 여기서 고디가 하는 말. "기차가 그의 신발을 날려버렸듯이 그의 목숨도 앗아가 버렸던 것이다. 그는 아픈 것도 자고 있는 것도 아니었다. 그는 죽어 있었다." 이 말은 무얼 의미하는 걸까? 신발과 목숨은 기차에게는 같은 걸까? 죽은 것은 아픈 것이나 자는 것과 어떻게 다를까? 그들에게 시체는 어떻게 다가온 것일까? 시체와의 만남이 그들에게 어떤 변화를 일으킬 수 있을까? 충격적인 경험은 인간의 성장에 어떤 영향을 미칠까?

다음으로 주목할 점은 시체 찾기의 여행에 대한 결과적인 평가이다. 이는 아이들의 성장의 정체와 직결되는 사항이다. 텍스트에서 우리는 두 가지 서로 다른 성장의 실상을 목격한다. 스토리 전개의 중심에 있다고 볼 수 있는 고디의 성장, 그리고 고디의 재능을 인정하는 다른 아이들의 성장이다. 이들은 시체 찾기에 동행하지만 이들에게 그 여행이 갖는 의미는 서로 조금 다르다. 그래서 '성장'과 관련하여 이 두 경우를 일단 나누어 이해할 필요가 있다. 먼저 고디의 경우 시체를 보고 난 뒤에 죽은 형을 염두에 두면서 "내가 죽어야 했어.", "아버진 날 싫어해." 하는 대목, 그리고 "넌 훌륭한 작가가 될 거야."라는 크리스의 말에 고디가 보이는 반응에 주목해야 한다. 영화나 소설에서 이해의 관건은 항상 등장인물 간의 '관계', 특히 애증(愛憎)관계에 있고, 위기의 극복은 애증관계가 어떻게 풀려나가느냐에 달려 있다고 할 수 있다. 따라서 텍스트에서 고디와 아버지, 그리고 죽은 형 사이의 관계가 풀려가는 방식을 파악하면 고디가 형과 아버지를 어떻게 이해하는지, 그리고 그 이해가 어떻게 고디의 성장으로 이어지는지 그 과정을 알 수 있다.

이와 같은 비중으로 다루어야 할 중요 사항은 고디처럼 재능이 뛰어난 아이가 아니라 평범한 다른 세 아이들의 성장과 관련된 부분을 읽어내는 일이다. 이들이 이야기의 중심에 서 있지 않고 표면적으로는 고디의 들러리 격으로 배경을 이루고 있으나 실은 이들에게도 성장과 관련하여 정당한 몫이 할당되어야 한다. 이틀간의 여행을 마치고 아무 말 없이 자기네 마을 어귀에 들어서면서 고디의 내레이션을 통해 그들 전체의 심정이 전달된다. "마을이 달라진 것 같았다. 작게 느껴졌다." 실은 마을이 아니라 그들이 달라진 것이다. 그들이 큰 것이다. 그들은 성장했다. '그들'에는 당연히 크리스와 번과 테디도 포함된다. 하지만 크리스는 고디를 향해 "너는 대학 진학 과정으로 갈 거고 우린 나머지 열등생들이랑 실업반에서 재떨이나 만들겠지." 하고 말한 적이 있다. 이렇게 스스로를 열등생으로 여기는 아이들에게 '성장'은 어떤 의미를 갖는지, 이들이 성장한다는 것은 무슨 뜻인지를 텍스트에 근거하여 해명해야 한다.

어떤 경험이
나를 변하게 하나?
어떤 경험이
나를 변하게 하나?

나연 내가 여행하고 싶은 데는 온몸이 소스라치게 추운 곳이야. 시베리아나 남극 같은 곳. 난 여행 가서 평소에 상상도 못하던 걸 경험하고 싶어. 가장 추운 곳에서 가장 뜨거운 경험을 할 수 있는 법.

시후 나연 낭자의 무늬만 시적인 화법 또 나온다. 가장 추운 데서 가장 뜨거운 경험을 한다고? 너 남극에 일주일만 있어보면 뜨거운 맛을 보긴 볼 거다.

준서 그러는 넌 어디를 가고 싶은데?

시후 가긴 어딜 가. 누가 비행기 샀, 호텔비 다 대준다면 몰라도. 난 어디 안 가. 아늑하고 사랑스런 우리 집이 최고지.

나연 정확히 말해서 네 집이 아니라 네 방이지. 하긴 먼지가 그 정도 쌓이면 푹신푹신하고 참 아늑할 거야.

준서　하람아, 넌 어디로 여행가고 싶어?

하람　나는 〈스탠 바이 미〉에서 아이들이 걸었던 철길을 따라가고 싶은데. 농담이고, 난 우리나라도 가고 싶은 데가 많아. 외국이라면 글쎄, 일본? 이탈리아? 그런데 〈스탠 바이 미〉는 그냥 얘기한 거 아냐. 애들 여행이 참 특이하지 않아? 여행에서 돌아오고 나니까 예전에는 세상의 전부였던 마을이 이제는 "작게 느껴"진대.

준서　이틀 사이에 마을이 작아지다니. 그새 키가 컸을 리는 없고 말하자면 마음이 자란 건데. 아이들은 어떻게 자란 걸까? 여행에서 무슨 경험을 했길래 마음이 자랐을까?

나연　얼마나 중요한 경험인지는 모르겠지만 난 '거머리 사건'이 재밌었어. 아이들이 늪 비슷한 웅덩이를 건너다가 온몸이 거머리로 뒤덮이는 장면 말이야. 거머리가 거시기에 피를 낸 걸 보고 기절하는 고디도 귀엽고 거기다 대고 번이 하는 말도 재밌어. 주책 맞게 "죽었나봐." 이러지?

하람　사람이 기절한 걸 처음 본 거지. 나도 기절한 모습은 실제로 본 적이 없는걸. 어쨌든 곧바로 이어지는 다음 장면에서 아이들이 시체를 발견해. 시체를 목격한 건 여행에서 가장 특이한 경험일 거야.

시후　시체를 직접 본다는 게 특별한 경험이긴 하지. 근데 그게 어떻

게 애들을 자라게 하는 거야? 시체를 봐서 사람이 자란다면 세상에
서 장의사만큼 성숙한 사람은 없겠네.

준서　장의사하고 아이들하고 다른 점이 있어.

시후　그게 뭔데?

준서　죽은 사람을 눈이 닳도록 본 장의사는 시체를 봐도 눈 하나 깜
짝하지 않지만 죽은 사람을 처음 보는 아이들은 크게 놀라. 아이들
의 놀람이 바로 장의사와 아이들을 구별 짓는 차이야. 왜, 아이 같은
눈으로 사물을 바라보라는 말이 있잖아. 모든 것을 처음 보듯이 보
라는 말. 이 경우 '아이 같은 눈'은 비유가 아니라 사실인 거지.

하람　그런데 아이들이 시체를 보고 정말 크게 놀라나? 겉으로 보기
엔 그다지 놀라는 것처럼 보이지 않아. 비명을 지르지도 않고 특별
히 거북해하지도 않잖아. 잠시 시체 앞에 서 있다가 들것을 만들기
위해 나무를 찾으러 가는데.

준서　겉으로 드러나지 않았을 뿐이야. 아이들은 분명히 놀랐어. 놀
라서 몸이 움찔하거나 떨릴 수도 있지만 반대로 손가락 하나 까딱하
지 못할 수도 있어. 아이들은 보이지 않게 충격을 받은 거지.

나연　나는 준서에 한 표. 시체에 다가가는 장면에서 고디는 이렇게

회상해. "우린 숨도 쉴 수 없었다."

준서 생각해보니까 '거머리 사건'도 시체를 목격한 것과 비슷한 데
가 있어.

나연 어떤 점이?

준서 기절한 사람도 처음 보고, 시체도 처음 보았어. 그래서 크게
놀랐지. 이 점이 닮았고.

시후 그래. 네 말대로 아이들이 이런저런 일로 크게 놀랐다고 치자.
뭐, 놀란 건 맞는 것 같다. 그렇다고 해도 놀람의 경험이 아이들이
자란 것과 무슨 관계가 있는 거야? 놀라면 사람이 변해?

준서 아이들이 시체를 보기 전에 시체를 어떻게 하려 했는지 생각
해봐. 원래 실종된 시체를 찾아내서 방송에 이름을 알리려는 생각
이었어. 하지만 시체를 직접 보고 나서 생각이 백팔십도로 바뀌지.
시체의 위치를 익명으로 제보하기로 해. 이 정도면 많이 변한 거 아
니야?

하람 시후 질문에 충분히 답하지 않은 것 같은데. 그냥 놀라서 변했
다는 설명만으로는 부족해. 놀라서 변한다면 놀라서 어떻게 변하는
지도 궁금하고, 놀람 자체도 궁금해. 사람들이 언제 놀라는 거지?

아이들이 처음 봐서 놀랐다고 준서가 말했는데 처음 보지 않아도 놀라는 경우가 있잖아.

준서 차이가 놀람의 원인이야. 어떤 것이 우리가 상상하던 것과 다를 때 보통 놀라잖아. 시체만 해도 그래. 오두막에서 시체 찾으러 가자고 했을 때 아이들이 생각하던 시체란 건 '얼굴이 창백하고 몸이 차가운 사람' 정도 아니었을까? 그런데 막상 눈으로 보니 너무 다른 거지. 시체는 눈도 뜨고 있었고 머리칼은 엉망에다 얼굴은 상처투성이였어.

시후 흠……, 뭔가를 처음 볼 때 놀란다는 준서 말이 일리가 있구먼. 본 적이 없으니 영 엉뚱하게 상상할 수밖에. 그러다가 실제로 마주치면 기대가 깨져서 놀라기 쉽고. 그러고 보니 장의사가 '아이의 눈'으로 시체를 보긴 정말 어렵겠어. 온갖 시체를 다 봤으니 뭐 달리 보일 게 있어야지.

하람 그러네. 예상과 달라서 놀라는 건 똥개 '차퍼' 얘기와도 통해. 아이들이 길을 가던 도중에 물을 얻으려고 잠깐 고물상에 들르는데 그 고물상에 조그만 똥개 한 마리가 살았거든. 원래 아이들은 그 개가 똥개란 걸 몰랐어. 고물상에 아주 난폭한 개가 있더라, 몇 사람은 물어뜯겨서 혼쭐이 났더라, 이런 소문만 듣고 '차퍼'를 무서워했지. 그렇게 알고 있던 차에 그 고물상에 들렀다가 아이들은 진짜로 '차퍼'를 보게 돼. 근데 이게 웬걸, 영락없는 똥개였던 거야. 그 장면에선 고디가 이렇게 회상해. "난 처음으로 전설과 현실의 차이를 알았다."

나연 그런데 정말 아이들이 시체를 보고 놀란 게 시체가 자기들이 상상하던 것과 달라서였을까? 난 상상만 하던 시체를 실제로 봤기 때문에 놀란 것 같아. 고디가 시체를 보고 숨도 쉴 수 없을 만큼 놀라서 이렇게 말해. "그는 아픈 것도 자고 있는 것도 아니었다. …… 그는 죽어 있었다." 아이들이 시체에 대해 어떻게 생각했는지는 중요하지 않아 보여. 중요한 건 진짜 시체를 봤다는 거야. 진짜 시체만이 풍길 수 있는 그 아우라에 놀란 거야. 일상에서 만날 수 없는 깊은 고요함, 거기서 나오는 어떤 불길함, 기차에 치인 시체의 참혹함, 거기서 느끼는 허무함, 이런 게 충격을 주는 거야. 시체가 아무리 끔찍하고 비참하리라 예상했어도 실제로 봤을 때는 놀라지 않을 수 없었을걸.

준서 음……. 나연이 생각이 맞는 거 같다. '아픈 것과 자고 있는 것'에서 '죽어 있는 것'으로 이행하는 데 따른 충격은 '생각하던 시체'와 '실제의 시체' 간의 차이에서 비롯했다기보다 생각만 하던 것이 실제로 확인되는 데서 비롯한 충격이었어. 그러니까 초점은 생각과 사실의 '차이'보다는 생각이 사실로 '확인'되었다는 데 있지. 그렇게 보면 나중에 아이들이 변하는 것도 더 이해하기 쉬워. 애들은 죽음의 초라함, 엄숙함에 충격을 받았어. 그래서 알게 된 거지. 죽음은 결코 가볍게 생각할 일이 아니란 걸. 명성을 얻기 위한 수단으로

삼을 만한 건 더더욱 아니란 걸. 아무튼 그렇게 들뜬 허영심을 버렸
으니 한 뼘 정도 자란 거지.

시후　나연 양이 제대로 한 건 했구먼. 여기서 잠깐 정리. 아이들은
여행에서 놀라는 경험을 했다. 똥개 차퍼의 경우처럼 실재가 상상하
던 것과 다르기 때문이기도 하고, 시체 목격의 경험처럼 상상만 하
던 실재를 마주하게 되기 때문이기도 하다. 어쨌든 그 결과 애들이
의젓해지고 자랐다.

나연　그런데 아이들이 다 변한 거니? 일반화 잘하는 준서의 특기에
우리가 또 말려든 건 아닐까. 시체를 익명 제보하기로 한 것도 크리
스와 고디가 중심이었지.

시후　옳거니. 시체를 익명 제보하기로 결정한 것도 애들 넷이 만장
일치로 합의본 건 아니야. 어찌나 자기답게 의견을 내는지. 번. "시
체 가져갈 거야?" 테디. "어렵게 여기까지 왔잖아. 영웅이 될 수도
있어."

하람　처음엔 그렇게 생각했을지도 모르지만 테디와 번도 결국 동의
를 했으니까 익명 제보를 한 게 아니겠어. 사실 둘을 놓고 변했다,
안 변했다 말하기에는 비중이 너무 작아. '깍두기'의 설움이지. 글
쎄, 그래도 예전과 전적으로 똑같지는 않을 테니까 조금은 변했다고
해야 하겠지.

준서　그러니까 너희들 얘기는 아이들이 모두 같은 정도로 변한 건 아니다, 테디와 번은 정말로 변했다고 말하기 뭣하다, 그러므로 변화에 대한 논의는 크리스와 고디에 한정해야 한다는 거야?

나연　응. 변화를 얘기하려면 크리스나 고디에 집중해야지.

하람　앞에서 아이들이 시체 발견하는 장면을 살펴볼 때 고디 얘기를 안 했어. 시체를 보고 가장 크게 반응한 건 사실 고딘데.

준서　맞아. 고디만 시체 앞을 떠나지 못하고 막 울지. 근데 난 솔직히 그 장면이 잘 이해가 안 됐어. 왜 그렇게 서럽게 우는 거야?

시후　죽은 형 생각이 나니까. 고디가 열두 살이던가. 형이 죽은 게 얼마나 충격이겠냐. 막 사춘기에 접어드는 나이, 모든 것에 예민해지기 시작하는 나이. 안 그래도 형 생각이 날 때마다 눈물이 찔끔찔끔 나오는데, 시체를 보니까 그 강렬한 자극이 형을 상기시키고 눈물샘을 쥐어짜는 거지.

하람　그렇지. 일단 슬퍼서 우는 거지. 그런데 고디의 울음엔 뭔가 의미가 더 있어. 형은 고디한테 정말 특별한 존재였거든. 형제가 둘뿐이었으니까 둘 사이가 각별했던 건 당연하고, 특히 형이 고디를 많이 위해줬어. 부모님은 잘 나가는 미식축구 선수인 형한테만 관심을 쏟고 고디에겐 무관심했어. 형만 유일하게 고디를 인정해줬지. 고디의 글쓰기 재능을 알아보고 칭찬해주고. 크리스가 훌륭한 작가가 될 거라고 고디를 계속 격려하는 것처럼 그렇게 고디를 격려해줬어.

나연　나름의 속사정이 있어서 고디가 시체 곁을 못 떠나고 울음을 터뜨리는구나. 결국 시체의 의미가 다른 아이들에 비해 좀더 남달랐다는 얘기네. 형의 죽음이랑 관련되니까.

하람　고디가 우는 부분 있지. 거기서 고디가 시체를 보고 처음 하는 말이 "넌 왜 죽어야만 했니?"야. 그런데 바로 그 다음엔 형에게 말을 걸고 있어. "형은 왜 죽어야만 했냐고."라고.

나연　시체를 보고 죽음은 허망하다, 아무것도 아니다, 나머지 아이들이 이렇게 생각했다면, 고디는 좀더 구체적으로 생각했을 거야. 형도 이 시체처럼 죽었다, 속으로 이렇게 말하지 않았을까?

시후　그런데 이 녀석 한참 울다가 왜 갑자기 웃는 거야? 엉덩이에 뿔나고 싶은가? 크리스가 자기더러 훌륭한 작가가 될 거라고 위로하니까 "나 아직 한참 멀었지?" 이렇게 애교도 살짝 섞어서 대답하고. 형 대신에 자기가 죽었어야 했다고 말하지 않았나? 그 정도로 자기를 끝까지 비하하던 녀석이 어떻게 순식간에 생각이 유턴한 거지?

준서　이제 좀 알 것 같다. 역시 시체를 보고 죽음을 느낀 게 결정적이지 않을까. '형은 이 시체처럼 죽었다.' 나연이 말대로 정말 이런 생각이 들었을 거야. 그런데 생각은 여기서 그치지 않아. 내가 한번 추리해볼까. 시체의 의미는 곧 자기 자신의 문제로 이어져. 나를 사랑하는 사람은 돌아오지 않는다. 아무리 내가 그 사람이 살아 있기를 원해도 나를 사랑해주기를 바라도 그는 여기 없다. 그러니 그가 내 곁에서 나를 사랑해주길 원하는 건 어리석다. 결론적으로 그는 그고 나는 나다. 나를 사랑해주는 사람이 없어도 난 나대로 가치 있다. 이 지점에 고디가 이르지 않았나 싶어.

하람 그래서 고디가 다른 애들과 다르구나. 테디와 번은 시체의 의미를 자기와 연결시키는 데까지 못 갔어. 시체로 영웅이 될 생각은 포기했지만 그들 자신이 변하진 않았지. 같이 여행하고 같이 놀라지만 자기를 대하는 태도가 변한 사람은 고디야.

나연 고디는 단순히 변한 정도가 아니라 '자랐다'고까지 말할 수 있는 거 아니니? 갈팡질팡 갈피를 못 잡던 상태에서 벗어나 자기를 있는 그대로 인정하게 됐잖아. 그는 그고 나는 나다.

준서 엄밀히 따지자면 무엇을 보고 성장했다고 말하나, 이건 좀 다른 문제야. 어려운 문제기도 하고. 어쨌든 고디가 크게 변한 건 깜짝 놀란 경험을 했기 때문이고, 그것을 자기 문제와 연결시켰기 때문이야. 그 두 가지 과정이 아주 잘 맞아떨어졌어.

시후 고디 녀석, 나와 비슷한 데가 있다니까. 놀람을 자기 문제로 연결시키기. 이게 내가 집에서 하는 거야. 게임의 바다에서 매 순간 놀라면서 게임의 경험을 모조리 자기 것으로 만드는. 돈 들여서 멀리 여행할 필요가 없다고.

하람 나연아, 네 남극 여행 컨셉트도 좀 바꿔야 하지 않을까? 놀람도 중요하지만 자기를 돌아보는 것도 중요하다잖아. '생각하는 여행', 어때?

나연 아니야. 일단 생각하는 것도 좋지만, 난 왜 화끈한 게 더 당기는지 몰라. 모두 부러워할 짜릿짜릿한 여행을 하고 말 거야!

많은 경험이 아니라 놀라운 경험이 나를 키운다

　'성장'을 말할 때 흔히 양(量)이 쌓여서 일어나는 점진적인 변화를 생각하기 쉽다. 예를 들어 수능 점수는 어떻게 오르나, 라는 심심한 질문에 대해서 점수란 금방 오르는 게 아니라 꾸준히 공부하다 보면 어느 순간에 성적이 오른다는 식의 대답이 돌아오기 십상이다. 하지만 반복적이고 지속적인 훈련과 경험을 통해서만 성장할 수 있나? 나이를 먹으면서 자연스럽게 어른이 되어갈까? 그렇지는 않다. 축적에 의한 성장의 반대편에 충격에 의한 성장이 있다. 경험의 양과 상관없이 단 한 번의 충격으로도 사람이 변하고 성장할 수 있다. 더구나 충격에 의한 성장은 축적을 통한 성장에 비해 훨씬 강력해서 한 개인의 삶을 백팔십도로 바꾸어놓기도 한다.

　충격은 축적보다 순간적으로 더 큰 고통과 공포를 유발한다. 하지만 다른 한편으로는 강도 높은 감동을 유발하여 한 개인의 삶의 방식에 불연속선을 그음으로써 새로운 인간을 탄생시키는 경우가 있다. 예컨대 '어떤 책이나 음악을 접하고 나서 내 인생은 바뀌었다'는

식의 고백을 성공한 작가와 음악가의 입에서 어렵지 않게 들을 수
있다. 사실 급격하고 충격적인 변화와 점진적이고 축적적인 변화는
세상의 변화를 설명하는 두 가지 큰 틀로서 어느 쪽이 옳다고 말하
기는 힘들다. 혁명인가, 개혁인가? '돈오(頓悟)'인가, '점수(漸修)'
인가? 쉽게 답변하기 어려운 이 문제에 대해 적어도 영화 〈스탠 바
이 미〉가 그리는 네 아이의 여행과 성장은 축적보다는 충격의 편에
손을 들어준다.

〈스탠 바이 미〉의 어린 주인공 고디가 나중에 성인이 되어 과거
를 회상할 때 그의 머릿속에 가장 먼저 떠오르는 사건은 아마도 '형
의 죽음'일 것이다. 형제만 둘인 사이에서 이제 막 사춘기에 접어드
는 예민한 소년에게 형의 갑작스런 죽음은 분명히 커다란 충격이었
을 것이다. 이러한 충격은 사건을 당하고 난 당분간은 매우 고통스
러웠겠지만 그러한 경험을 반드시 부정적으로만 바라볼 필요는 없
다. 미국의 현대 철학자 퍼스(C. S. Peirce)에 따르면, '충격'은 진정
한 '경험'의 필수적인 조건이다. 그는 물론 '경험'을 일차적으로는
'새로운 지식의 습득'이라는 차원에서 사용하지만, 그 적용 영역은
지식에만 국한되지 않고 일상적인 행위의 질적인 변화에까지 확장
될 수 있다. 일례로 다른 이들과 비교하여 별로 두드러지지 않던 이
가 어떤 일을 계기로 전혀 딴사람이 되어 발군의 실력을 발휘해 주
위 사람들을 놀라게 하는 경우가 있다.

어떤 일을 하는 데 미숙한 상태에서 노련한 상태로 진입하기 위해
서는 항상 질적인 비약이 요구된다. 그런데 이 비약은 미숙한 상태
와의 단절과 불연속을 전제한다. 이를테면 미숙련공과 숙련공의 차

이 또는 아마추어와 프로의 차이는 양적인 것이 아니라 질적인 것으로서, 미숙련공이나 아마추어의 실력이 양적으로 향상되었다고 해서 곧 숙련공이나 프로가 될 수 있는 것은 아니다. 쿤(H. Kuhn)의 용어를 빌리면, 새로운 단계로 진입하기 위해서는 '패러다임의 전환'이 이루어져야 하는데 이 전환은 이전 단계의 자기와 불연속적인 단절을 이룬다. 퍼스가 말하는 '경험'은 이렇게 '이전과 이후의 단절적인 변화'를 의미하며, 경험을 얻은 사람은 이제 세상의 모든 것과 새로운 관계를 맺게 된다.

퍼스가 든 기차의 '기적 소리'를 예로 들어 충격에서 경험으로 나아가는 과정을 알아보자. 멀리서 기차의 기적 소리가 나지막이 들려온다. 그 소리의 음조가 서서히 높아진다. 그런데 기차가 내 옆을 막 지나는 '순간'의 기적 소리는 이전과 이후를 날카롭게 갈라놓아서 나를 깜짝 놀라게 한다. 나의 놀람은 이전 소리의 갑작스런 상승과 이후 소리의 갑작스런 하강 사이의 '격차'에서 생기는데 이를 퍼스는 "지각의 갑작스런 변화"라고 설명한다. 순간적으로 자신의 귀를 때리는 폭발적인 굉음은 이전의 소리에 대한 관성적인 기대를 저버리고 급속도로 귓전에서 멀어져 간다. 이러한 충격의 불연속적인 경험을 통해 우리는 세계를 새롭게 인식하고 세계와 새롭게 관계할 수 있는 눈을 뜨게 된다. 텍스트의 고디에게 형의 죽음은 궁극적으로 그를 거듭나게 하는 충격이었다. 형의 '갑작스런' 죽음은 지각의 급격한 변화를 낳는 충격적인 사건이었다. 형의 존재에 익숙해져 있던 고디에게 형의 갑작스런 소멸은 그의 관성과 충돌하여 망치로 뒤통수를 한 대 얻어맞는 것 같은 충격을 야기한다.

하지만 이러한 충격 자체가 바로 고디에게 새로운 자기를 만나게 하는 '경험'으로 이어지지는 않는다. 형이 죽었을 때, 장례식에서 관을 내려다보았을 때만 해도 고디는 '형의 죽음'을 사실로 받아들이지 못했다. '형의 소멸'이 곧 '형의 부재에 대한 인식'으로 나아가는 데에는 만만치 않은 시간이 소요되었다. 형의 죽음에서 받은 충격을 흡수하여 형의 죽음을 자기의 문제와 연결시키기까지 고디는 힘든 시간을 견뎌내야 했다. 여기서 주목할 점은 '충격'이란 단순히 외부적인 힘의 급작스런 개입에 그치지 않고 그 힘이 '자기'에 대하여 지니는 의미와 연결되는 한에서 한 개인에게 '새로운 경험'으로 다가갈 수 있다는 사실이다. 따라서 고디가 겪은 어려움은 '새로운 경험에 따르는 일반적인 어려움'이라는 틀로만 설명될 수는 없다. 그가 형의 죽음을 쉽사리 받아들이지 못했던 데에는 형이 고디에게 남다른 의미를 지녔던 까닭이 더 크다.

• • •

고디에게 형은 어떤 존재였을까? 영화 속에 나오는 두 장면을 참고해보자. 먼저 가족이 함께 식사를 하는 장면. 부모님은 미식축구 선수인 형의 경기를 대화의 화제로 삼으면서 형에 대한 뿌듯함과 사랑을 표현한다. 그 순간 자연스럽게 배제되는 사람은 고디다. 이를 눈치 챈 고디의 형은 고디가 글짓기 대회에서 상을 탄 일로 이야기를 돌리며 고디를 칭찬해준다. 다른 장면은 형이 죽은 이후의 상황이다. 고디는 집 안에서 물통을 찾고 있었다. "그해 여름, 집에서 난 관심 밖의 아이였다."라는 고디의 내레이션대로 그는 물통이 어디 있는지 어머니께 물어보지만 신통한 대답을 듣지 못한다. 혹시나 해서 형의 방으로 찾으러 가자, 아니나 다를까 뒤따라온 아버지가 괜스레 고디를 형과 비교하며 꾸짖는다.

이렇듯 고디의 형은 고디에게 호의적이지 않은 환경에서 고디를 인정하고 긍정하는 거의 유일한 사람이었으며, 형이라는 방패가 사라지고 벌거벗겨진 고디가 스스로 자기를 긍정하기란 매우 어려운 일이었다. 그래서 형의 죽음에 따른 충격은 자기 자신에 대한 부정적인 생각과 얽혀서 고디를 짓누르는 것이었다. 평소에도 고디는 자신에게 무관심해 보이는 부모님 때문에 속병을 앓았겠지만, 형의 죽음은 어린 소년에게 상실의 슬픔을 주었을 뿐만 아니라 그 고통을 심화시키는 결정적 계기가 되었다. 이것이 고디가 충격을 받은 시기로서 '충격기'라 부를 수 있다.

고디는 형의 죽음에 사로잡혀 있는 인물이다. 그는 기차에 치어 죽었다는 또래 아이의 시체를 찾아나서는 모험 여행에 자기도 모르게 마음이 끌린다. 정확히 말해서 그는 죽음에 끌린다고 할 수 있는데, 시체를 찾으러 가는 네 아이 중에서 오직 고디만이 외계 생명체나 숨겨진 보물이 아닌 '죽은 사람'을 보러 간다는 사실을 의식하기 때문이다. 사람의 시체를 본 적이 없는 아이들은 그것을 발견하여 언론에 제보하면 영웅이 된다고 들떠 있는 상태지만 고디는 좀 달라 보인다.

고디의 내면을 들여다보자. 테디가 고물상 아저씨와 심하게 싸우고 나서 친구들에게 분위기를 망쳐놓은 것에 대해 사과를 하는 대목이다. 고디는 테디의 사과를 받아들인다는 건지 아닌지 알쏭달쏭하게 말을 건넨다. "기분이 좋아야 하는 거니?" "죽은 애 보러 가는데 기분이 좋아선 안 되잖아." 고디는 형의 죽음을 겪고 무의식중에 '죽음'에 대해 숙연한 태도를 취한다. 나아가 고디가 기분 좋을 수 없는 결정적인 이유가 있다.

형은 고디를 '인정'해주는 유일한 인물이었다. '자기를 인정'해 주던 형이 죽은 이후 고디에게 '죽음' 또는 '시체'는 곧 자기 자신에 대한 부정적 인식, 즉 상징적으로는 '자기의 죽음'을 확인하는 행위와 연결된다. 따라서 시체를 찾으러 떠나는 여행은 고디에게 더욱 비장하고 남다른 의미를 지닐 수밖에 없다. 철길 위에서 고디가 크리스와 대화하는 장면을 보자. 이 장면에서 크리스는 고디의 작가적 기질을 지지해준다. 고디는 글쓰기에 남다른 재능이 있으며 그 재능을 꽃피울 수 있는 진로를 선택해야 한다는 게 크리스의 충고이다. 하지만 고디는 크리스의 말에도 좀체 자기를 인정하지 못한다. 이 장면 말고도 충격의 상흔은 여기저기서 나타나는데 그것은 고디의 악몽에서 가장 극단적 형태로 드러난다. 고디는 형의 장례식에 참석하는 꿈을 꾼다. 장례식에는 아버지도 있다. 그의 나지막한 한마디가 고디의 가슴에 비수처럼 꽂힌다. "형 대신에 네가 죽었어야 했어!"

• • •

시체를 직접 대면하는 순간부터 고디는 일종의 '수습기'로 이행한다. 시체의 모습은 한편으로는 초라하고 한편으로는 엄숙하다. 고디는 다른 친구들과 달리 시체 앞에서 좀처럼 자리를 뜨지 못한다.

그가 시체 앞을 떠나지 못하는 이유는 우선 시체가 죽은 형을 상기시키기 때문이지만, 더 중요한 사실이 있다. 시체를 보면서 고디는 형의 죽음을 다시 경험하고 그 죽음이 야기한 자기 부정을 강렬히 체험한다. 고디가 시체에게 던지는 질문은 죽은 형에게 향한 질문으로 바뀐다. "넌 왜 죽어야만 했니? …… 형은 왜 죽어야만 했냐고." 그리고 고디는 꿈에서 아버지가 자기한테 했던 말을 반복하면서 자기를 비하한다. "내가 죽어야 했어." 그리고는 형이 없는 상황에서 자기에 대한 아버지의 증오심을 확대시키며 어쩔 줄 몰라한다. "[아버지는] 날 싫어해. 날 싫어한다고. 날 싫어해. 어떡해."

여기까지만 보면 시체를 대면하는 경험은 고디의 내적인 고통과 갈등이 표면화되는 '혼란기'의 사건과 별반 달라 보이지 않는다. 하지만 시체 앞에서 혼란스러워하는 고디를 크리스가 격려하는 대목은 고디가 충격기에서 벗어나 수습기로 전환하고 있다고 볼 수 있는 중요한 단서가 된다. 영화 전편에 걸쳐 그랬던 것처럼, 크리스는 고디의 자기 비하를 막고 고디가 스스로 자기 재능을 인정하도록 하는 데 힘쓴다. 특히 고디에 대한 그의 아버지의 무관심하고 냉랭한 태도는 고디를 미워해서라기보다 제대로 알지 못하는 데서 기인한다고 격려하고 설득한다. 고디를 인정해주고 그에게 힘을 주던 형이 사라진 빈자리에 이제 크리스가 들어선다.

고디는 이제 한 뼘 자란 걸까? 형 대신 크리스가 나타났다고 해서 고디가 자란 건 아니다. 고디의 내면을 좀더 들여다보자. 시체를 보고 난 다음에 이어지는 고디의 독백을 보자. "기차가 그의 신발을 날려버렸듯이 그의 목숨도 앗아가 버렸던 것이다." "그는 죽어 있었다.” 시체를 보고 고디는 죽음의 실상을 차갑게 인식한다. 죽음은 영원한 이별이다. 기차가 날려버린 신발처럼 죽은 사람은 다시 돌아오지 않는다. 여기서 막연하던 ‘형의 죽음’이 사실로 확인된다. 형은 이제 ‘없다’. 그건 ‘사실’이다. 형이 ‘죽지 않았으면’ 하는 소망이나 형이 ‘죽지 않았더라면’ 하는 가정은 더 이상 의미가 없다. ‘죽지 않았다면’ 하는 가정법은 ‘죽었다’는 현재완료로 확실하게 마침표를 찍는다. 시체를 통한 죽음의 인식과 크리스에 의한 자기 인정은 고디에게 새로운 자기를 만날 수 있는 길을 열어놓는다. “넌 훌륭한 작가가 될 거야, 고디.”라는 크리스의 위로에 고디는 예전과 달리 긍정적으로 반응할 수 있게 된다.

형의 죽음은 이제 기정사실이 된다. 형은 죽었지만 고디는 죽지 않았다. 자기를 인정해주던 형이 죽고 나서 자기 존재를 확신할 수 없어 방황했던 고디는 스스로를 인정하는 법을 아프게 연습해내었다. 가족이나 주변인들이 자기를 몰라준다고 해서 자기가 쓸모없어지는 것은 아니다. 아버지가 자기의 재능을 몰라주었다고 해서 자기의 재능이 어디로 도망가는 것은 아니다. ‘주변인이 인정하는 나’에서 ‘스스로 인정하는 나’로 변한 것. 중학교에 진학하기 전에 고디는 벌써 한 뼘 자란 모습이다.

사실 스스로를 인정하지 못하고 사랑하지 못하는 사람이 얼마나 많은가. 자기를 내세우는 사람도 많고 자기를 선전하는 사람도 많지만 자기를 좋아하고 인정하는 사람은 많지 않다. 끊임없이 목표 미달의 상태에 시달리거나 주위의 인정을 받지 못해 불행해하는 어른들은 또 얼마나 많은지. 더 이상 형과 자기 사이에 연결된 끈에 연연해하지 않고 형의 말과 크리스의 말을 새롭게 연결시켜 자기 안의 작가적 재능을 인식하고 인정하는 데서 고디의 '경험'은 완성된다. 그래서 고디는 자란다.

• • •

긴 여행을 떠나거나 오랜 타관살이 이후 '현명한 눈'을 가지고 돌아오는 인물은 소설이나 영화에서 종종 목격할 수 있다. 그런데 새로운 나를 만나는 경험은 〈스탠 바이 미〉의 경우처럼 반드시 어린 시절에만 국한되지는 않는다. 염상섭의 중편소설 《만세전》은 주인공 이인화가 여행을 하던 도중에 충격적인 체험을 겪으면서 변화하는 과정을 담고 있다. 1910년대 말 동경에서 대학을 다니던 조선인 유학생 이인화는 고국에 있는 아내가 위독하다는 소식을 듣고 집을 향해 여행을 떠난다. 여행을 시작하는 시점의 이인화는 특별한 현실 인식을 갖고 있지 않다. 그는 적당히 공부하고 적당히 기생과 노닥거리기도 하는 어찌 보면 평범한 유학생이었다. 그러던 그가 동경에서 조선으로 귀국하는 여정에서 식민지 조선의 구체적인 현실을 목격하게 된다. 수많은 노동자들이 형편없이 싼 임금에 일본의 열악한 탄광 작업장으로 일하러 떠났으며, 대전역에서 마주친 젊은이들은 "시든 배춧잎"같이 육체와 정신이 쇠락해 있었다.

그런데 이러한 식민지 조국의 현실 앞에서 서울의 가족과 친지들은 무엇을 하고 있었나? 아버지는 귀족 신분의 친구들과 어울려 어설픈 친일단체에서 활동하느라 여념이 없었으며, 형은 철저한 현실주의자가 되어 하루하루 앞만 보고 험한 사회에 적응하여 생존하기에 바빴다. 이런 속내를 충격적으로 경험한 주인공은 아내의 임종을 치른 후 결국 일본으로 돌아가지 않고 조선에 남기로 결심한다. 그는 식민지 조선의 현실에 눈을 뜨고 이전의 자기와 단절하여 새로운 자기를 찾아나선다.

현실에 대한 새로운 인식과 태도의 변화는 그가 동경에서 어울리던 기생에게 보내는 편지에서 분명하게 드러난다. “지금 내 주위는 마치 공동묘지 같습니다. 생활력을 잃은 백의(白衣)의 백성과 백주에 횡횡하는 이매망량(魑魅魍魎) 같은 존재가 뒤덮은 이 무덤 속에 들어앉은 나로서 어찌 ‘꽃의 서울’에 호흡하고 춤추기를 바라겠습니까. …… 소학교 선생님이 ‘사벨(환도)’을 차고 교단에 오르는 나라가 있는 것을 보았습니까? 나는 그런 나라의 백성이외다.”

앞에서 예로 들었던 퍼스의 ‘기적 소리’는 충격에서 경험으로 이르는 과정이 ‘순간적으로’ 이루어진다는 인상을 주지만 그 과정은 ‘시간적 계기’를 가지기도 한다.《만세전》의 경우 충격은 시간적 계기를 지니기는 하지만 주인공의 다양한 현실 체험 때문에 그 계기를 순차적으로 드러내기는 어렵다. 〈스탠 바이 미〉의 고디는 충격기, 혼란기, 수습기라고 부를 수 있는 세 단계를 명쾌하게 드러낸다. 자기가 사랑했고 자기를 사랑하고 인정했던 형의 죽음은 고디에게 충격이었다. 충격기에 이어 여정의 대부분을 차지하는 혼란기에 충격은 관성의 저항에 맞선다. 형의 부재에서 오는 상실감과 자기에 대한 부정이 형의 죽음을 사실로 수용하지 못하고 자기를 인정받고자 하는 관성과 부딪치면서 이 시기의 고디를 혼란과 고통 속에 몰아넣는다. ‘충격기’ 다음에는, 충격이 지속되면서 저항에 부딪히는 '혼란기'와, 저항과 충격이 사라지면서 진정한 의미의 경험이 완결되는 '수습기'가 따른다. 〈스탠 바이 미〉에서 아이들이 시체를 찾아 떠나는 모험 여행의 대부분은 충격이 일으킨 긴장과 혼란에 싸여 있으면서 동시에 자잘한 다른 충격들을 맞이하는 '혼란기'라고 부를 수 있다.

고디는 시체와 맞서며 죽음 자체를 직시하는 수습기에 이르러 이전의 충격과 관성을 극복하고 달라진 모습을 보여준다. 그는 시체를 직시함으로써 형의 죽음을 사실로서 인정하게 되고 스스로를 인정하는 법을 배운다. 누구에게 인정받는 자기가 아니라 스스로에게 인정받는 자기가 되기는 결코 쉽지 않다. 〈스탠 바이 미〉의 고디는 이 놀랄 만한 변화와 성장이 양의 점진적인 축적보다는 어떤 순간의 충격적인 체험에서 비롯한다는 사실을 보여준다. 시간이 흘러 거저 어른이 되지는 않는 모양이다. 어른 되는 길이 미리 주어져 있지는 않다. 어제의 나와 오늘의 나 사이의 불연속적인 단절이 나를 어른으로 만든다.

성장의 징표는 무엇인가?

나연 역시 우리 할머니 말씀이 옳아. 사람은 놀랄 만한 일을 겪어봐야 한다고 하셨거든. 무엇을 경험한다, 직접 느낀다, 그것도 놀랍게. 말만 들어도 뭔가 대단하다는 생각이 들어. 참 멋있는 일 아니니?

시후 넌 항상 둘 가운데 하나구나. 무너지든가, 아니면 혼자 만리장성을 쌓든가.

나연 너 말 한번 잘했다. 우리 사촌 오빠가 얼마 전에 진짜로 만리장성 갔다 왔거든. 중국 여기저기 참 많이도 다녔더라고. 내가 찍어 온 사진에 넋 놓고 있는데 오빠가 그러더라. 딱 한 달 나갔다 왔는데 한국이 달라 보이더라고. 서울이 너무 답답하게 느껴졌대. 아이들이 느낀 걸 사촌 오빠도 느낀 거야. 살던 곳이 다르게 보이는 거지. 이런 게 성장이 아니고 뭐겠어?

시후 허허, 결론 빨리 내리기는 내가 특허 냈는데. 표절을 하려거든 좀 제대로 하든가. 그게 왜 성장이냐? 바깥에 나갔다 온 건 고디와 똑같을지 몰라도 뭐 크게 놀랄 일은 없었을걸. 중국이 이렇다 저렇다, 최소한 50퍼센트 정도는 알고 가지 않나? 때문에 네 오빠가 크게 달라지진 않았을 거란 게 내 추측이다. 부지런해졌어? 불우 이웃 돕기라도 시작했어? 공부를 더 열심히 해? 서울이 답답하다, 그냥 거기서 끝이겠지. 사람이란 게 다 그래요. 바깥 공기를 좀 쐬고 오면 꼭 새 사람이 된 것 같거든. 그런데 자고 일어나면 어제와 똑같아. 그냥 다시 여기 사람이 돼.

하람　맞아. 바람 쐬는 건 많은 경우가 잠깐의 일탈일 뿐이지. 그럼 이 말도 단순히 겉만 번지르르한 건가? 난 영화를 다 보고선 이 말이 제일 남더라. "우리는 어떤 소중한 느낌으로 충만했고 모든 것이 우리 주위를 둘러싸고 있었다. 우린 우리가 누구이며 어디로 가는지 알고 있었고 그건 굉장한 일이었다."

준서　"우리가 누구이며 어디로 가는지 알고" 있었다면 결코 겉만 번지르르한 게 아니지. 자신들이 처한 현재 상황을 정확하게 파악하고 있다는 얘기니까. 고물상 장면이었나? 거기서 아이들이 아는 것은 아직까진 유치한 수준이야. 그러니까 아이들은 두 가지를 알고 있었어. 자신들의 목표는 시체를 찾는 것이고, 시체를 찾는 이유는 영웅이 되기 위해서다.

나연　그 다음 얘기가 어떻게 진행되는지 기억이 새록새록 난다. 처음엔 "신문"에 나고 "방송"에 출연해서 영웅이 될 거라고 호들갑을 떨다가 마지막에 가선 "우리는 익명 제보를 하기로 결정했던 것이다. 그게 최선이었다." 깨갱. 그사이에 죽음을 대하는 태도가 의젓해졌잖아. 죽음의 진짜 모습을 알고 나서.

시후 이놈들, 주목받고 싶었지 뭐. 누구한테? 어른들한테. 자신들의 존재를 인정받으려고 발버둥친 거지. 예쁨 받고 싶었던 거야. 하지만 알다시피 예쁨 받는 건 물 건너갔지. 시체가 어디 그리 호락호락하던가.

나연 지금 '인정'의 문제가 툭 튀어나왔어. 앞에서 고디가 자기를 인정했느냐 안 했느냐 이 문제 따지려던 찰나에 토론을 그만두지 않았니? 그런데 아이들이 죽음이 뭔지조차 잘 모르는 시점인데도 '인정' 문제가 턱 하니 걸렸어.

준서 나연아, 고디와 아이들은 달라. 영웅 되기는 자기를 '인정하는' 문제가 아니라 남들에게 '인정받는' 문제야.

하람 그럼 본격적으로 고디의 인정 문제로 들어가 보자. 당연히 시체와 만나는 장면에서 시작해야겠지? 역시 눈에 들어오는 부분은 여기야. 레이의 시체를 보고 "넌 왜 죽어야만 했니?"라고 말해놓고 바로 이어서 "형은 왜 죽어야만 했냐고. 왜?"라고 묻는 대목. 레이의 죽음이 형의 죽음으로 자연스럽게 연결되는 지점이지.

나연　맞아. 첫 번째 토론 때 말했잖아. 형도 이 시체처럼 죽었다, 형은 이제 이 세상에 없다, 이제부터 나를 챙겨줄 사람은 바로 나 자신밖에 없다.

시후　딩동! 자~ '인정'이 무대 위로 올라옵니다~. 근데 난 아직도 잘 모르겠어. 자기를 인정하는 거 하고 "나 아직 한참 멀었지?" 이 멘트하고 대체 무슨 관계인 거야? 뭐 부적절한 관계? 그건 아닐 테고. 인정과 성장, 누가 연결 좀 시켜줘 봐.

준서　자기를 인정해서 형의 그늘에서 벗어나기 시작했지. 여기 봐. 형이 왜 죽어야만 했냐고 따진 다음에 고디가 하는 말이 가관이야. "내가 죽어야 했어." 다음엔 또 뭐라고 하지? "난 아무짝에도 쓸모없는 놈이야. 아버지가 그랬어." "아버진 날 싫어해." 아버지 콤플렉스가 장난이 아니야.

하람　눈치 보는 거구나. 크리스와 철길을 걸을 때도 그래. 크리스가 고디더러 훌륭한 작가가 될 거라니까 "그건 시간 낭비만 하는 멍청한 짓이야."라고 받아쳐. 그런데 크리스 말로는 그게 고디 아버지 얘기래. 고디는 아버지 때문에 스트레스를 받고 있어. 아버지에게 예쁨을 받고 싶은데 전혀 그렇질 못한 거야. 아버지가 형 데니만 좋아하고 고디는 싫어했잖아. 아버지가 날 인정해주지 않는다니, 정말 죽고 싶은 심정이겠지.

준서　이때, 구세주가 나타나. 바로 크리스. 고디는 오로지 아버지가 날 좋아하나 싫어하나 이것만 따지고 있는데, 크리스가 대뜸 "아버진 널 모르셔." "널 모르는 것뿐이야."라고 말해. 기준을 완전히 새롭게 생각하자는 거지. 지금까지 고디의 기준은 '아버지는 나를 좋아한다/싫어한다'였어. 하지만 지금부터 그 기준을 '아버지는 나를 안다/모른다'로 바꾸자는 거야. 그럼 뭐가 달라지는 줄 알아? '좋아한다/싫어한다'는 오로지 아버지의 주관적 판단의 문제야. 좋아하든 싫어하든 그건 아버지가 하는 거야. 하지만 '안다/모른다'는 아버지가 맘대로 정할 수 있는 문제가 아니야. 왜냐하면 그 판단의 대상이 바로 고디의 글쓰기 능력이거든. 그건 아버지가 안다고 해서 생겨나고, 모른다고 해서 없어지는 게 아니야. 그건 아버지와 상관없이 고디 안에 계속 있던 거야. 크리스는 바로 이 사실을 강조해.

하람　그렇지. 그건 사실이지! 객관적으로 고디가 가지고 있는 거지.

준서　더 중요한 건 크리스가 그 사실을 강조했다는 거야. 그것이 사실로 엄연히 존재하는 데도 고디 자신조차 그걸 모르고 있었어. 지금 아버지 눈치 보느라 자신의 능력을 제대로 파악하지 못하고 있는 상황이지. 아니, 모르기보다 모르는 척하고 있어. 이제부터 고디가 해야 할 일은 자기 안으로 눈을 돌려서 자기의 작가 기질을 스스로 인정하는 거야. 그러니까 지금 고디는 자기를 오해하고 있어. 능력이 있으면 뭐해. 있는 능력을 객관적으로 바라볼 줄도 알아야지. 내가 나를 오해하고 있었다는 사실을 빨리 알아차리고 얼른 자기 안으로 들어가야지.

하람　그래서 안으로 들어갔어. 시후야, 잘 들어. 바로 여기야.

시후　흐흠, 듣고 있어. 계속해봐.

하람　철길을 걸을 때만 해도 자신의 능력을 인정하라는 크리스의 충고에 "젠장." 하던 녀석이 레이의 시체 앞에서는 눈물을 닦으면서 "나 아직 한참 멀었지?"라고 꼬리를 내려. 여태껏 스스로를 오해하고 있던 것도 인정하고 내 안에 글을 쓰려고 하는 욕구가 있다는 것, 그리고 그럴 만한 능력도 있다는 걸 지금부터라도 인정하겠다는 거야. 태도에 분명 변화가 생긴 거지. 이건 누가 봐도 확실한 성장이야. 나를 있는 그대로 받아들여서 성장한 거야. 물론 크리스의 충고가 없었다면 불가능한 일이었지.

나연　역시 크리스는 맘에 들어. 왜 이런 우정은 영화나 소설 속에서만 등장하는 걸까? 준서랑 시후 너희 둘은 그냥 각자 무미건조할 뿐이잖아.

시후　자기 자신을 잘 파악하고 인정하면 성장한다, 뭐 이런 식으로 정리되고 있는데……. 근데, 그럼 이건 어떻게 설명할래? "내년 6월이면 우린 헤어지게 될 거야." "너는 대학 진학 과정으로 갈 거고 우린 나머지 열등생들이랑 실업반에서 재떨이나 만들겠지." "우리랑 다니면 너도 머리에 똥만 차게 돼." 크리스가 변호사가 된 건 나중 일이고, 어쨌든 이렇게 얘기하고 있는 지금은 자기 자신을 이런 식으로 인식하고 인정하는 것 아냐? 인정하기 좀 거시기 하지만 분명히 자기를 인정하는 거야.

하람　성장에 도움 안 되는 자기 인정도 있다?

시후　아니지. 이런 게 바로 성장이지. 불합리한 현실을 직시하고 운명을 받아들이기 시작한다고나 할까. 괜히 헛된 꿈꾸지 말고.

하람　그 운명을 개척하는 게 성장 아닐까? 초등학생이 운명 타령하는 건 너무 빠른 것 같은데. 사람들이 크리스네 식구들을 깔보는 건 순전히 편견이야. 크리스는 용감한 변호사가 됐다고.

시후　거 참, 지금 변호사가 중요한 게 아니야. 크리스가 한 말을 테디와 번이 했다고 쳐보자. 뭐 영화 속에서 하는 행동들을 보면 둘 다 완전 무념무상이긴 한데, 어쨌든 크리스처럼 현실을 깨달았다고 가정해보자고. 둘의 미래가 어떤지 알아? 테디는 교도소 단골손님이 됐고, 번은 툭 하면 직장 옮기는 동네 한량이 됐어. 음……, 이건 결과가 좀 상당히 안 좋긴 하다. 아무튼 내 얘기는 실제로 많은 사람들이 이렇게 살더라는 거야. 나는 이렇게밖에 안 되겠구나 깨닫고, 그렇게 깨닫고 인정한 대로 평범하고 못나게 살더라 이 말이지.

하람 그건 자기를 오해하고 있는 거야. 고디처럼. 그걸 바꿀 수도 있다는 생각을 왜 못하지? 자기를 개척할 수 있는 사람과 개척할 수 없는 사람이 처음부터 정해져 있나? 그렇게 나눈다는 건 말도 안 돼. 다 개척할 수 있는데, 그렇게 하지 않는 사람들이 있을 뿐이지.

나연 난 당연히 하람 편. 《데미안》 기억 안 나? 다 인간이 되도록 태어났는데, 누구나 다 알을 깰 수 있는데, 그걸 망각하고 산다고 했어. 그래서 도마뱀이 되기도 하고, 또는 반만 사람이고 나머지 반은 물고기인 괴물이 되기도 해.

시후 난 그렇게 괴물 되는 것도 성장이라고 봐. 물론 고디처럼 오해하는 경우도 있겠지. 하지만 그게 오해가 아닌 경우도 있다니까. 생각해봐. 테디와 번이 두 주먹 불끈 쥐고 '내 운명은 내가 개척하겠어!' 이러면서 진학반에 들어가려고 발버둥치면? 그게 되나. 자기 분수를 인정하고 수용하는 건 뭐 쉬운 줄 아니? 얼마나 가슴이 아프겠어. 내가 이것밖에 안 되는데. 하지만 그 진실을 겸허히 받아들이는 거지. 이 겸허한 태도, 이게 성장이 아니고 뭐겠어.

하람 아니야. 분명 속임수가 있어. 이건 분명히……

준서 고디처럼 "멍청한 짓이야."라면서 지레 포기하는 것도 어리석지만 자기를 냉혹히 판단하지 못하고 무작정 덤비는 것도 어리석어. 시후 말대로 세상엔 이것밖에 안 되는 자기를 인정하고 제자리걸음으로 평생을 살아가는 사람들이 더 많아. 그렇게 제자리걸음만 하는 못난 사람이 됐다고 계속 자기를 자책하는 사람이야말로 성장하지 못한 사람이야. 가슴 아픈 진실을 기꺼이 받아들이는 게 진짜 성장이지. 영화 마지막 부분으로 가면 이런 말이 나와. 어른이 된 고디의 내레이션이야. "친구란 식당에서 마주치는 웨이터처럼 잠깐 스치는 인연인 것이다."

시후 어허, 웬일일까. 오늘따라 준서가 상당히 멜랑꼴리한데.

나연 난 이런 말 들으면 무서워.

준서 나도 실감나진 않는데, 어른 고디에겐 분명 사실일 거야. 이건 현실이지. 현실이니까 받아들여야 해. 각자의 분수대로 각자의 길을 걸었기 때문에 뿔뿔이 흩어질 수밖에 없는 거야. 누구는 작가가 되고 누구는 한량이 되고. 타임머신이 있다면 과거로 돌아가서 한번쯤 다시 만날 순 있겠지.

시후 옳으신 말씀. 잘났든 못났든 자기 자신을 있는 그대로 바라보고 그런 자신을 인정하자. 이것이 성장의 징표다. 아무튼 어른이 하는 말은 잘 새겨들어야 해. 다 뼈가 되고 살이 되는 거야. 이거 또 외워야겠네. "친구란 식당에서 마주치는 웨이터처럼 잠깐 스치는 인연인 것이다."

나연 나 타임머신 발명할래.

하람 굳이 그럴 필요까진 없어. 결국은 자기의 능력 역시 자기의 지금을 변화시키는 동력이 될 테니까.

있는 그대로의 나를
인정하는 건 굉장하다

　"아버진 널 모르셔." "널 모르는 것뿐이야." 이렇게 말하긴 쉽다. 아버지에게 인정받지 못해 고민하는 친구가 있다면 사람들은 십중 팔구 다음과 같이 얘기할 것이다. "아버지가 너에 대해 뭘 아시겠니. 기운 내라." 이런 흔해빠진 위로는 명확한 근거도 없이 친구의 자존심만 자극하기 일쑤이다. 하지만 크리스는 달랐다. 그는 명확한 근거를 가지고 있었다. "넌 훌륭한 작가가 될 거야, 고디." 크리스는 이유 없이 반항하라고 부추기지 않았다. 그는 '미래의 작가 고디'에 자부심을 가지라고 말한다. 그는 '고디 자체'가 바로 고디가 반항할 명분이라고 본 셈이다. 고디의 타고난 글재주와 그 글재주가 품은 작가의 가능성은 아버지가 건드릴 수 없는 고디 고유의 속성이기 때문이다. 아버지가 고디를 싫어한다고 해서 글재주가 줄어드는 것도, 또 좋아한다고 해서 글재주가 늘어나는 것도 아니다. 누가 쳐다본다고 해서 나의 타고난 얼굴 생김새가 바뀌지 않듯, 아버지가 쳐다본다고 해서 고디의 능력이 바뀌지는 않는다.

고디의 능력은 자기 안에서 고스란히 보존되고 있었다. 이런 자신만의 속성에 주목하면 '나는 누구누구가 좋아하는, 또는 싫어하는 사람'이란 규정은 힘을 잃는다. 더 이상 '누구누구'는 중요하지 않게 된다. 이제부터 고디는 '나는 무엇 무엇을 가지고 있는, 또는 가지고 있지 않는 사람'이다. 지금껏 고디는 아버지에게 사랑 '받아야 하는 사람'이었다. '~해야 하는' 당위의 소년이었다. 하지만 이제 고디는 크리스의 충고 덕에 내 안에 무엇이 있는지를 따지는 예비 청년이 되었다. 지금 중요한 건 과연 나에게 글재주가 있는가, 없는가? 이것이 진실인가, 거짓인가? 이 물음뿐이다. 마침내 고디는 자기 안의 진실을 인식하고 그 가능성을 긍정하기로 한다. 크리스가 "넌 훌륭한 작가가 될 거야, 고디."라고 말하자 고디는 "나 아직 한참 멀었지?"라며 살짝 웃어 보인다. 미래의 작가 고디는 한참이나 멀리 있었지만, 지금의 고디는 그 미래를 충분한 가능성으로 받아들인다. 그 가능성 그대로 고디는 작가로 성장한다.

불행히도 카알은 성년이 되어서까지 아버지에게 '사랑 받아야 하는' 사람이었다. 스타인벡의 소설《에덴의 동쪽》에 등장하는 아담의 아들 카알이 그랬다. 주변에 크리스 같은 똘똘한 친구가 없었던 탓일까? 형 아론만 편애하는 아버지 때문에 그는 어린 시절부터 줄곧 질투의 화신이었다. 콩 장사로 번 거액의 돈을 아버지 앞에 내밀던 날 그의 질투는 절정에 달한다. 상추 농사를 망친 아버지를 위한 나름의 깜짝쇼였지만, 노략질한 돈은 농부에게 다시 돌려주라며 아버지는 되레 역정을 냈기 때문이다. 선물 따위는 필요 없으니 형의 훌륭한 생활 태도나 본받으라는 아버지의 말은 카알에게 직격탄을 날린다. 이성을 잃은 카알은 보란 듯이 복수를 감행한다. 형을 창녀촌의 악녀 케이트에게 데려간 것이다. 그녀는 다름 아닌 두 형제의 엄마였다. 카알은 이미 과거에 케이트와 대면한 적이 있었다. 그는 그때 그녀 앞에서 "내 안에 당신이 있을까봐 걱정했지만" "나는 나고 당신은 그저 당신일 뿐이에요."라고 말하며 당당히 맞섰다.

하지만 형 아론은 '나는 나고 엄마는 엄마'라는 공식을 세우기엔 너무나 모범적인 생활 태도의 소유자였다. 결국 엄마의 과거와 현재를 몽땅 알아버린 아론은 곧장 1차 세계 대전 중이던 군대로 도피하고 얼마 지나지 않아 전사하고 만다. 아버지를 극복하지 못한 카알과 어머니를 극복하지 못한 아론이 합작한 비극일까? 이 비극의 화해는 아버지 아담의 임종을 맞아 이루어진다. 형의 죽음 때문에 오래도록 괴로워한 카알을 대신해 중국인 집사 리가 아담에게 먼저 화해를 요청한다. "그를 받아들이지 않으면 안 됩니다." "아담, 이 아이를 축복해주세요. 죄를 짊어지고 살지 않도록 하세요." 아담은 짧고 굵은 한 마디를 남기고 눈을 감는다. "팀셸!" '다스리다'라는 뜻의 히브리어 팀셸(Timschel).《구약성서》에서 하나님은 살인자 카인을 추방하며 "네 죄를 다스려라."라고 말한다. 언뜻 듣기에 죄를 지었으니 반성하고 추스르라는 뜻으로 들리지만, 중국인 집사 리는 일찍이 이 말을 '선택의 기회를 준다'로 해석한다. 그러니까 하나님은 카인을 동쪽으로 추방한 것이 아니라 동쪽으로 놓아주었다는 것이다. 자신만의 기준을 세워 *스스로를 다스리리며.*

아담이 말한 팀셸도 분명 집사 리의 버전이었을 것이다. 리의 요청대로 아담은 카알을 받아들였고, 이로 인해 카알은 자기 자신을 받아들일 수 있게 되었다. 무슨 짓을 하든, 그것이 죄라 할지라도, 이제부터 카알이 눈치를 봐야 할 것은 바로 자기 자신인 것이다. 이런 눈치 보기의 변화는 고디에게도 똑같이 일어난다. 크리스의 도움을 받기 전까지 고디는 오로지 아버지 눈치만 봤다. 형처럼 살지 못하면 아버지는 물론이요 누구도 날 인정해주지 않을 거라는 강박에 시달려온 탓이다. 고디는 아버지의 시선에 억눌려 그 시선을 아버지에게 되쏘며 살아왔고 그렇게 되쏘며 사느라 정작 자기 자신을, 자신의 능력을 쳐다보지 못했다. 영화의 결말에 이르러 고디는 남이 아니라 나를 쳐다보기 시작한다. 카알이 엄마 케이트에게 말했던 것처럼, 고디에게도 나는 나고 아버지는 아버지일 뿐이란 생각이 싹튼다.

사실 고디의 진짜 고뇌는 나에게 글쓰기 재주가 있는가 없는가 하는 것보다는 그 재주를 인정할 것인가 말 것인가 하는 문제였다. 제삼자인 크리스가 보기에 고디의 재주는 객관적으로 인정할 만했지만, 정작 당사자인 고디는 오랫동안 자기 능력을 인정하려 들지 않았다. 자신의 능력을 두고 "그건 시간 낭비만 하는 멍청한 짓"이라고 평가했다. 그러니까 내 안에 어떤 무엇이 '숨어 있다'고 할 때, 초점은 '있다'가 아니라 '숨었다'에 맞춰져야 한다. 숨었다면, 그걸 내가 숨겼다면 그건 그냥 없는 것이 된다. 인정하면 있는 것이 되어 겉으로 드러나지만 인정 안 하면 그냥 없는 것이 되어버린다. 아무리 타인이 숨은 장소를 가리킨들 내가 없다고 시치미 뗀다면 나는 그곳을 볼 수 없다. 결국 관건은 나를 오해하지 않는 것이다. 객관적으로 있는 것을 있지 않다고 부정하는 건 이해가 아니라 오해다. 잘못 알고 있는 것이다. 자기 자신을 제대로 인식하지 못한다면 제대로 긍정할 수도 없는 법이다.

• • •

언뜻 생각하기에 내가 나를 인정하는 일은 간단해 보인다. 세상에서 나를 가장 잘 아는 건 바로 나 자신이란 말도 있지 않은가. 하지만 실상은 그렇질 못하다. 남을 인정하지 못하는 것도 아니고 내가 나를 인정하지 못하다니. 이런 고민이 바로 보통 사람들의 고민이다. 왜 그럴까? 고디와 카알의 경우를 보면 답은 간단하게 나온다. 고디는 영화 막바지에 이르러서야 겨우 아버지에게 향해 있던 시선을 자신에게 돌렸고, 카알은 숫제 아버지가 돌아가실 때까지 시선을 옮겨오지 못했다.

아버지 때문이란 말인가? 내가 나를 보지 못하게 만드는 주범이 타인이란 말인가? 그렇다. 문제는 타인의 개입 정도가 단순히 다른 의견을 제시하는 선에서 그치지 않는다는 데 있다. 고디와 카알의 아버지는 결코 '형처럼 살아보지 않으련?' 하며 가볍게 권유하지 않았다. 두 아버지에겐 아들이라면 응당 큰아들처럼 사는 것이 정답이었다. 데니처럼 씩씩하고 아론처럼 온화한 것만이 아들이 보여줘야 할 올바른 모습이었다. 그 외의 방식은 틀린 것이다. 고디처럼 계집애 같고 카알처럼 멋대로 나돌아다니는 것은 처음부터 잘못된 삶의 방식으로 간주되었다.

고디와 카알이 스스로를 인정하지 못한 건 당연해 보인다. 아버지가 잘못되었다고 지적해준 대로 그렇게 스스로를 잘못되었다고 여겼기 때문이다. 보통 사람들도 많은 경우 이런 처지에 놓인다. 고디와 카알처럼 실제로 아버지가 그럴 수도 있고, 아니면 일가친척이나 친구들이 그럴 수도 있으며, 더 넓게 보자면 사회 전체가 그럴 수도 있다. 자기가 가고자 하는 길, 자기 자신에겐 지극히 자연스러운 길을 틀린 길이라고 나무란다. 특히나 틀렸다고 하는 길이 고디의 경우처럼 버젓한 작가가 되는 길이 아니라면? 자신의 평범한 길을 스스로 인정하기란 여간 착잡한 일이 아니다. 인정해야 하지만 정말로 인정하기 싫어진다. 사회의 기준이 그렇다. 어떤 길을 두고 틀렸다고 하는 건 대개 그것이 버젓하지 않기 때문이다. 아버지가 나의 길을 인정하려 들지 않을 때, 그 길이 작가라면 맞서 투쟁할 만하다고 여기지만 그 길이 평범한 셀러리맨이라면 명분이 없다고 여긴다. 사실 평범한 길은 틀린 길이라기보다는 못난 길이다. 못났기 때문에 그 길이 '너의 길이 아니길 바란다'라며 가족이 안쓰러워하는 것이다.

〈스탠 바이 미〉에서는 크리스가 자신을 못나고 평범하다고 인정하는 인물로 그려진다. 크리스는 자신의 인생이 소박함과 평범함 속에서 맴돌 것이라고, 그것이 내 성장의 전부일 거라고 단정 짓는다. "우린 나머지 열등생들이랑 실업반에서 재떨이나 만들겠지." "난 이 마을을 못 벗어날 거야." 물론 크리스는 자신의 비관적인 전망과는 달리 용감한 변호사가 되지만, 테디와 번은 크리스의 예언을 그대로 실천하는 신세가 되고 만다. 테디는 교도소를 들락날락하는 사회 부적응자가 되어, 2차 세계 대전 참전으로 정신병자가 된 아버지와 함께 비참한 듀챔프 일가를 이룬다. 번은 좁은 캐슬락을 못 벗어난 채

이곳저곳 직장을 옮겨 다니는 동네 한량이 된다. 아마 둘은 실업반에서 재떨이를 만들었을 것이고, 훗날 진학반의 약골들을 보고 조금씩 조금씩 열등감을 체득했을 것이다.

그런데 무능력이 무조건 열등감으로만 이어져야 할까? 나의 성장 곡선이 나의 단점과 한계를 인정하는 데서 멈춰 선다고 할 때, 그 멈춤 자체를 수용하는 것은 성장으로 볼 수 없는 것일까? 아니다. 이것도 엄연한 성장이다. 누구처럼 유명인사가 되지 못했다고, 누구처럼 경제적으로 성공하지 못했다고 '난 이것밖에 안 돼'라고 자괴감에 빠져 산다면, 이것이야말로 성장하지 못한 것이다. 자괴감에 빠지는 것 자체가 어쩌면 고디가 아버지의 눈치를 살폈던 것처럼 세상을 향한 눈치 보기일지 모른다. 단점과 한계를 넘어서지 못하는 것이 내 성장의 마지막이라고 기꺼이 인정한다면, 그렇게 마지막에 도달한 나는 성장의 궤적을 무사히 끝마친 것이다.

• • •

대개의 사람들은 실제로 자신의 성장을 '소시민'에서 마감한다. 그리고 그렇게 마감된 자신의 성장을 기꺼이 받아들인다. 못나고 평범한 나의 한계를 부끄럽게 여기고 그것을 극복하려 하는 대신, 그 극복에 쓸 에너지를 죽을 때까지, 특별히 잘난 것이 없는 평범한 나를 긍정하는 일에 조금씩 나눠 쓴다. 이를 두고 사람들은 그럭저럭 살아간다고 겸손히 말한다. 그리곤 종종 〈패밀리 맨〉 같은 영화를 통해 소시민의 삶을 적극 찬양하기도 한다. 영화가 시작될 때 주인공 잭은 뉴욕 월스트리트의 최고 투자 전문가로 등장한다.

자칫 보잘것없는 필부(匹夫)가 될 수도 있었지만, 13년 전 사랑하는 애인 케이트를 남겨두고 유학길에 오른 덕에 뉴욕의 유명인사가 되었다.

그는 팬트하우스와 최고급 페라리와 한 다스의 미녀들에게 둘러싸여 남부러울 것 없는 인생을 보낸다. 그러나 그해 크리스마스이브, 그는 편의점에서 마주친 한 흑인 부랑자의 농간으로 다음 날 아침 케이트의 남편이자 두 아이의 아빠가 되어 침대에서 눈을 뜬다. 부랑자로 변장한 조물주가 '만약 13년 전 유학을 떠나지 않았다면?' 버전으로 잭을 몰아넣은 것이다. 당연히 잭은 소시민으로 전락한 자신의 정체성에 고전한다. 그는 갓난쟁이 둘째의 똥기저귀를 갈아야 하는 타이어 판매원이 되어버렸다. 하지만 시간이 갈수록 잭은 두 아이의 아빠와 케이트의 남편이라는 정체성에 빠르게 적응하고 결국은 가족을 열렬히 사랑하는 가장으로 탈바꿈한다.

영화의 후반부, 우여곡절 끝에 조물주의 마법에서 풀려나 예전처럼 월스트리트로 복귀한 잭은 13년 전의 자신처럼 지금 유학을 떠나려 하는 케이트를 찾아가 마법 체험을 늘어놓는다. "가끔 둘째 조시를 보고 있노라면 뭔가 배우고 있는 것 같았어." 가정을 꾸렸던 시간이 잭에겐 새로운 성장이었던 셈이다. 그리고 마침내 그는 고백한다. "우린 둘 다 각자의 삶을 살 수 있고, 아마 잘 살겠지. 하지만 난 우리가 함께할 수 있다는 사실을 봤어. 그래서 난 우리를 택하겠어."

한 가지 유념해야 할 것은, 그렇다고 잭처럼 일부러 소시민으로 살 필요는 없다는 것이다. 〈패밀리 맨〉의 용도는 잭처럼 사는 사람들을 위로하는 데 있다. 잭처럼 사는 것이 옳다는 게 아니다. 고디처럼 좀더 버젓하게 될 만한 능력이 충분한데도 무작정 소시민 공동체를 따른다면 불행한 일이다. 가족에 투신하고 회사에 투신하는 것이 모든 이가 바라는 성장의 필수 항목은 아닐 터이다. 그러나 여전히 성장의 첫 단추인 자기를 이해하는 일, 나에게 무엇이 있고 무엇이 없는지를 꼼꼼히 탐색하는 일은 만만치가 않다. 요즘은 더욱 그렇다. 생존 경쟁이 그 어느 때보다 치열하여 1퍼센트만이 버젓한 사람이 되고 99퍼센트는 평범한 자기를 허심탄회하게 인정하는 선에서 그치기 때문일까? 하지만 정작 문제가 되는 것은 내가 사회의 1퍼센트에 편입되든 99퍼센트에 편입되든 관계없이 이제는 그에 따르는 과정마저 세상이 나에게 강요하려 한다는 점이다.

'성공하는 사람들의 ○가지 습관', '○○형 인간'에 관한 조언이 1퍼센트에 대한 지침이라면, '맛집 기행', '○○ 여행 가이드' 등은 99퍼센트를 위무하며 애써 긍정하려는 지침이 아닐까? 이런 지침들은 일견 친절해 보인다. 시행착오를 줄여주고 빠른 시간 내에 성장의 궤적을 마치도록 도와주는 지름길처럼 보인다. 하지만 여기엔 '내가' 빠져 있다. "나 아직 한참 멀었지?"와 같은 지난한 자기 탐구가 없다. '어떻게 하면 가장 매끈한 지름길을 찾을 것인가' 하는 강박이 있을 뿐이다. 이처럼 요즘은 성장 없이 성공하는 법을 가르친다. 또 성장 없이 자기를 수용하는 법을 가르친다. 과연 이 방법에 자기 이해의 여지는 얼마나 있을까?

고디 일행은 익숙한 캐슬락을 벗어나 소중한 경험을 얻었지만, 요즘 사람들은 익숙한 지침서를 벗어나면 낙오자가 되거나 왕따가 되기 십상이다. "우린 우리가 누구이며 어디로 가는지 알고 있었고 그건 굉장한 일이었다." 그것이 굉장한 건 그걸 나 스스로 터득했기 때문이다. 사실 고디가 버젓한 작가가 된 과정도 무슨 대단한 투쟁이었던 건 아니다. 없는 걸 쟁취한 게 아니다. 자기 안에 있는 걸 있는 그대로 바라보고 인정했을 뿐이다. 그렇게 있는 그대로의 나를 본다는 건 빵빵한 사람에게도 소시민에게도 굉장한 일이다. 성장의 척도는 세상이 나에게 부여하는 삶의 내용이 아니라 삶에 대한 나의 태도에 있다. 내가 나를 이해하고, 내가 나를 인정하며, 내가 나를 꺼내 보이는 자에게 성장은 찾아온다. 성장의 완성은 오롯이 나의 몫이다.

읽기-말하기-쓰기 **통합적으로 철학하기 2.** 성장

지은이 | 텍스트해석연구소 유헌식 외

1판 1쇄 발행일 2007년 1월 15일
1판 1쇄 발행부수 2,500부 총 2,500부 발행

발행인 | 김학원
편집인 | 한필훈 이재민 선완규 한상준
크리에이티브 디렉터 | 김영철
기획 | 황서현 유은경 박태근 유소연
마케팅 | 이상용 하석진
저자·독자 서비스 | 조다영(humanist@hmcv.com)
스캔·표지 출력 | 이희수 com.
조판 | 홍영사
용지 | 화인페이퍼
인쇄 | 청아문화사
제본 | 정민제본

발행처 | (주)휴머니스트 퍼블리싱 컴퍼니
출판등록 제313-2007-000007호(2007년 1월 5일)
주소 | 서울시 마포구 연남동 564-40 121-869
전화 | 02-335-4422 팩스 | 02-334-3427
홈페이지 | www.hmcv.com

ⓒ 유헌식, 2007
ISBN 978-89-5862-136-2(세트)
ISBN 978-89-5862-138-6 03100

만든 사람들

편집 주간 | 선완규(swk2001@hmcv.com)
책임 편집 | 임미영
일러스트레이션 | 양시호
표지·본문디자인 | AGI 황일선